# CONTEÚDO DIGITAL PARA ALUNOS
Cadastre-se e transforme seus estudos em uma experiência única de aprendizado:

**1** Entre na página de cadastro:
https://sistemas.editoradobrasil.com.br/cadastro

**2** Além dos seus dados pessoais e dos dados de sua escola, adicione ao cadastro o código do aluno, que garantirá a exclusividade do seu ingresso à plataforma.

4152853A2355462

**3** Depois, acesse:
https://leb.editoradobrasil.com.br/
e navegue pelos conteúdos digitais de sua coleção :D

*Lembre-se de que esse código, pessoal e intransferível, é valido por um ano. Guarde-o com cuidado, pois é a única maneira de você acessar os conteúdos da plataforma.*

CB035695

**SILVIA PANAZZO**
- Licenciada em História pela Pontifícia Universidade Católica – SP
- Licenciada em Pedagogia pela Universidade Cidade de São Paulo
- Pós-graduada em Tecnologias na Aprendizagem pelo Centro Universitário Senac
- Professora de História no Ensino Fundamental e no Ensino Médio

**MARIA LUÍSA VAZ**
- Licenciada em História pela Universidade de São Paulo
- Mestre em História Social pela Universidade de São Paulo
- Professora de História no Ensino Fundamental, no Ensino Médio e no Ensino Superior

# APOEMA
# HIS, TÓ RIA
# 7

1ª edição
São Paulo, 2018

**Dados Internacionais de Catalogação na Publicação (CIP)**
**(Câmara Brasileira do Livro, SP, Brasil)**

Panazzo, Silvia
  Apoema: história 7 / Silvia Panazzo, Maria Luísa Vaz. – 1. ed. – São Paulo: Editora do Brasil, 2018. – (Coleção apoema)

  ISBN 978-85-10-06908-3 (aluno)
  ISBN 978-85-10-06909-0 (professor)

  1. História (Ensino fundamental) I. Vaz, Maria Luísa. II. Título. III. Série.

18-22092                                          CDD-372.89

**Índices para catálogo sistemático:**
1. História: Ensino fundamental 372.89

Maria Alice Ferreira – Bibliotecária – CRB-8/7964

© Editora do Brasil S.A., 2018
*Todos os direitos reservados*

**Direção-geral:** Vicente Tortamano Avanso

**Direção editorial:** Felipe Ramos Poletti
**Gerência editorial:** Erika Caldin
**Supervisão de arte e editoração:** Cida Alves
**Supervisão de revisão:** Dora Helena Feres
**Supervisão de iconografia:** Léo Burgos
**Supervisão de digital:** Ethel Shuña Queiroz
**Supervisão de controle de processos editoriais:** Marta Dias Portero
**Supervisão de direitos autorais:** Marilisa Bertolone Mendes

**Supervisão editorial:** Priscilla Cerencio
**Edição:** Mariana Tomadossi
**Assistência editorial:** Rogério Cantelli
**Auxílio editorial:** Felipe Adão
**Apoio editorial:** Camila Marques e Mariana Gazeta
**Coordenação de revisão:** Otacilio Palareti
**Copidesque:** Gisélia Costa e Sylmara Beletti
**Revisão:** Alexandra Resende, Andréia Andrade, Elaine Silva e Martin Gonçalves
**Pesquisa iconográfica:** Odete Ernestina Pereira e Priscila Ferraz
**Assistência de arte:** Letícia Santos
**Design gráfico:** Patrícia Lino
**Capa:** Megalo Design
**Imagem de capa:** Museu de Londres, Londres/Bridgeman Images/Easypix Brasil
**Ilustrações:** Fabio Nienow, Jane Kelly/Shutterstock.com (ícones seções), Paula Haydee Radi, Tatiana Kasyanova /Shutterstock.com (textura seção Documentos em foco), Adriana Loyola, Christiane S. Messias e Carlos Caminha
**Produção cartográfica:** Alessandro Passos da Costa, DAE (Departamento de Arte e Editoração), Sonia Vaz e Tarcísio Garbellini
**Coordenação de editoração eletrônica:** Abdonildo José de Lima Santos
**Editoração eletrônica:** Adriana Tami, Gilvan Alves da Silva, Viviane Yonamine, William Takamoto e Wlamir Miasiro
**Licenciamentos de textos:** Cinthya Utiyama, Jennifer Xavier, Paula Harue Tozaki e Renata Garbellini
**Controle de processos editoriais:** Bruna Alves, Carlos Nunes, Jefferson Galdino, Rafael Machado e Stephanie Paparella

1ª edição / 3ª impressão, 2024
Impresso na Forma Certa Gráfica Digital

Avenida das Nações Unidas, 12901
Torre Oeste, 20º andar
São Paulo, SP – CEP: 04578-910
Fone: +55 11 3226-0211
www.editoradobrasil.com.br

# APRESENTAÇÃO

Esta coleção coloca-o em contato com os saberes historicamente produzidos para que você interprete os diferentes processos históricos, bem como as relações estabelecidas entre os grupos humanos nos diferentes tempos e espaços.

Você irá se deparar com fatos relevantes da História do Brasil e do mundo, desde os primórdios aos dias atuais, para conhecer aspectos sociais, culturais, políticos, econômicos e o cotidiano dos diferentes sujeitos históricos.

O objetivo é apresentar um panorama amplo da história das sociedades para possibilitar uma interpretação dela, mesmo não sendo a única possível. A História pode sempre ser revista e reinterpretada à luz de novas descobertas e novos estudos de fontes históricas – ou seja, trata-se de um saber que está sempre em processo de construção.

Com base no conhecimento do passado e do presente, a coleção oferece subsídios para a compreensão das transformações realizadas pelas sociedades. Desse modo, você perceberá que, como sujeitos e agentes da história, todos nós podemos e devemos lutar por uma sociedade mais justa e digna, exercitando a tolerância, a pluralidade e o respeito. Pretendemos, por meio deste livro, contribuir para o processo de formação de cidadãos críticos, atuantes e preocupados com o mundo do qual fazemos parte.

**As autoras**

# SUMÁRIO

■■■ **Unidade 1 – Navegar foi preciso** ............... **8**

**Capítulo 1 – Em busca de lucro** ..................... **10**
Os europeus no Oriente ..................... 11
• Mais interesses ........................... 12
• Novos caminhos ........................... 12
**Navegações: empreendimento técnico e político** ..................... 13
Documentos em foco – Monstros marinhos nas Grandes Navegações ..................... 13
**As navegações portuguesas** ..................... 14
• Início sem concorrência ..................... 14
• Primeiros contatos com a África ..................... 15
• A chegada à Índia ..................... 15
**O pioneirismo chinês nas navegações no século XV** ..................... 16
Atividades ..................... 17
Caleidoscópio ..................... 18

**Capítulo 2 – No caminho, a América** ............... **20**
Os novos caminhos levam à América ..................... 21
Documentos em foco – Diário de Colombo ...... 22
**Portugal e Espanha no novo território** ......... 23
• Um nome para o novo continente ................. 24
**Interesses de outras nações** ..................... 24
**A expansão comercial** ..................... 25
• Intercâmbio cultural ..................... 25
Viver – As consequências dos contatos entre europeus e indígenas ..................... 26
Atividades ..................... 27

**Capítulo 3 – Mercantilismo** ..................... **28**
Mercantilismo, a "infância" do capitalismo ... 29
Metalismo e balança comercial ..................... 29
• Balança comercial espanhola ..................... 30
De olho no legado – A balança comercial hoje ..................... 31
Documentos em foco – Preços e salários na França do século XVI ..................... 32
Protegendo a produção nacional ..................... 32
Pacto colonial ..................... 33
Documentos em foco – Mercantilismo ..................... 33
• A intervenção do Estado na economia ......... 34
Conviver – Moda espanhola no século XVI ...... 34
Atividades ..................... 35

**Capítulo 4 – Absolutismo** ..................... **36**
A formação dos Estados Modernos na Europa ..................... 37
Origens do absolutismo monárquico ............. 38

• A autoridade dos reis ..................... 38
O rei tem poder divino ..................... 38
Documentos em foco – A autoridade inquestionável dos reis ..................... 39
**A sociedade precisa de um rei** ..................... 40
• O *Leviatã*, de Hobbes ..................... 40
• *O príncipe*, de Maquiavel ..................... 40
Viver – Maquiavel: melhor ser amado que temido ..................... 41
Atividades ..................... 42
**Visualização** ..................... **44**
**Retomar** ..................... **46**

■■■ **Unidade 2 – Mundos africanos, mundos americanos** ..................... **48**

**Capítulo 5 – Comércio, poder e riqueza na África Atlântica** ..................... **50**
Sociedades africanas ..................... 51
• Gana ..................... 52
Documentos em foco – Gana e Soninke ..................... 52
• Mali ..................... 53
A economia do Mali ..................... 53
• Songai ..................... 54
Rivalidades externas ..................... 54
• Reinos iorubás ..................... 54
• Povos bantos ..................... 55
Contatos, alianças e tradições ..................... 55
**Os povos africanos e o comércio** ..................... 56
• A escravidão praticada na África ..................... 56
Atividades ..................... 57

**Capítulo 6 – Saberes e religiosidades africanas** ....... **58**
África Pré-Colonial ..................... 59
• Diversidade linguística ..................... 60
Conviver – Dicionário *kimbundu* ..................... 61
• A metalurgia africana ..................... 62
Documentos em foco – O rei-serralheiro ..................... 63
• O mundo material e o mundo invisível ......... 63
Divindades umbundo ..................... 64
Atividades ..................... 65

**Capítulo 7 – Saberes e religiões pré-colombianos** ... **66**
Ocupação humana das Américas ..................... 67
• O domínio da agricultura na América ........... 67
• Crenças maias ..................... 68
• Crenças astecas ..................... 68
Documentos em foco – O olhar do europeu ...... 69
• Crenças incas ..................... 69
**As culturas marajoara e tapajó** ..................... 70

- Ser indígena hoje ............................... 70
- Atividades ............................................ 71
- **Visualização** ...................................... **72**
- **Retomar** ............................................. **74**

### ■■■ Unidade 3 – Novas ideias no mundo europeu ........................................... 77

#### Capítulo 8 – Renascença, uma nova arte ........... 78

**Arte renascentista e os valores burgueses** .... 79
- Novos modos de vida, novos valores ............ 79
- O financiamento das artes ........................... 81

Documentos em foco – A arte renascentista ...82

**O gênio criativo de Leonardo da Vinci** ............ 83

**As cidades italianas e o Renascimento** ......... 84

Conviver – Interpretação de fonte
histórica não verbal: pintura ............................ 85

**A moda no Renascimento** ........................... 86

Atividades ............................................ 87

#### Capítulo 9 – Uma nova ciência ...................... 88

**O ser humano, a razão e a ciência** ................ 89

**Os cientistas desafiam a Igreja Católica** ......... 90
- A teoria heliocêntrica ................................. 90

**Ciência, riqueza e tecnologia** ......................... 91

De olho no legado –
A evolução do sistema de navegação ............... 91
- A revolução da imprensa ............................ 92

Documentos em foco – Quem foi Gutenberg?... 92

Atividades ............................................ 93

Caleidoscópio ....................................... 94

#### Capítulo 10 – Reformas religiosas e Contrarreforma ....................................... 96

**O início da Modernidade** ............................ 97

**A ostentação da riqueza abala
a Igreja Católica** ....................................... 97
- O clero não seguia o que pregava ................. 98

**As novas igrejas reformadas** ....................... 98
- Luteranismo ............................................. 99
- Calvinismo ............................................... 99
- Anglicanismo ............................................ 100

**As críticas aos protestantes no século XVI** ... 101

Documentos em foco – A revolta
de Thomas Müntzer ..................................... 101

**Contrarreforma: a resposta
da Igreja Católica** ...................................... 102
- Combate às heresias .................................. 103
- Caça às bruxas ......................................... 103

**Reforma e contrarreforma no século XVI** ..... 104

---

- Atividades ............................................ 106
- **Visualização** ...................................... **108**
- **Retomar** ............................................. **110**

### ■■■ Unidade 4 – Doce Brasil, amarga escravidão ............................. 112

#### Capítulo 11 – Portugal e Brasil: a exploração colonial ............................... 114

**O interesse pelo pau-brasil** ........................... 115
- O trabalho indígena na exploração
do pau-brasil ............................................. 115

Documentos em foco – Brasil: Cobertura
da Mata Atlântica – séculos XVI-XXI ............... 116
- Disputas pelo pau-brasil ............................ 116
  Crise no comércio oriental ......................... 116

**Dois mundos se enfrentam** .......................... 117

Atividades ............................................ 118

Caleidoscópio ....................................... 120

#### Capítulo 12 – Açúcar: o ouro branco ............. 122

**Os engenhos de açúcar** ................................ 123
- Pioneirismo: São Vicente e Pernambuco .... 123

**Trabalhadores especializados** ...................... 125
- A vida dos escravizados nas fazendas ........ 125
- Escravizados no trabalho doméstico ........... 125

**Produção e consumo na colônia** .................. 126

Viver – O trabalho árduo nos engenhos .........127

Atividades ............................................ 128

#### Capítulo 13 – Diásporas africanas e resistências ............................................. 130

**Escravidão no Brasil** ................................. 131
- Negociação entre africanos e europeus .......131

**Da África para a América** ........................... 132
- A resistência africana ............................... 133

Documentos em foco – O escravismo no Brasil
visto por um inglês ...................................... 134

Viver – O que é racismo institucional? .......... 135

**Quilombos** ............................................. 136

Atividades ............................................ 137

**Visualização** ........................................ **138**

**Retomar** ............................................. **140**

### ■■■ Unidade 5 – Um império nos trópicos ...... 142

#### Capítulo 14 – A administração portuguesa no Brasil ............................... 144

**Capitanias hereditárias e sesmarias** ........... 145
- Uma questão de limites ............................. 146

**O governo geral** ....................................... 147
- Estrutura administrativa do governo-geral ....147

- A construção de Salvador .......................... 148
- A instabilidade dos governos-gerais .......... 149

**A ocupação do território** ........................ 150

Atividades ............................................. 151

### Capítulo 15 – Práticas sociais no Brasil Colônia ........................................ 152

**Uma sociedade desigual** .............................. 153

**Religiosidade na Colônia** .......................... 154

- O catolicismo precário dos colonos ............ 154
- O sincretismo religioso na colônia ............. 155

Documentos em foco – Caramuru ............... 156

**Cuidados com a saúde** ........................... 157

- Padres *versus* pajés .............................. 158

Viver – Os araweté ............................... 158

- As grandes epidemias ........................... 159

**Culinária dos tempos coloniais** ................... 160

- A alimentação dos brancos ........................ 160
- A alimentação dos indígenas .................... 161
- A alimentação dos escravos ...................... 162

De olho no legado – A influência da culinária africana ................. 162

**As mulheres do Novo Mundo** ........................ 163

Pontos de vista – As mulheres na colônia ......164

Atividades ............................................. 165

**Visualização** ........................................ 166

**Retomar** ............................................ 168

## Unidade 6 – *Terra Brasilis* em disputa .... 170

### Capítulo 16 – União Ibérica ................. 172

**Sucessão ao trono português** ..................... 173

- A consolidação da União Ibérica ................. 174

**O domínio espanhol sobre o Brasil** ............. 175

- As Ordenações Filipinas ........................... 175

**Domínio territorial ameaçado** ..................... 177

**Mudanças políticas da Europa têm reflexo no Brasil** ...................................... 179

Documentos em foco – Carta Atlântica (1586) .......................... 179

Pontos de vista - Indígenas e mamelucos na conquista do interior ..........................180

Atividades ............................................. 182

### Capítulo 17 – Brasil holandês e a Insurreição Pernambucana ........................................ 184

**Invasões e domínios dos holandeses** .......... 185

- Ataque à Bahia .................................... 185
- A vez de Pernambuco ............................. 186
  - Calabar, um traidor? .......................... 186

**Administração holandesa no Brasil** ............. 187

Documentos em foco – O Brasil de Frans Post ........................................ 188

**O fim do domínio holandês** ...................... 189

- Crise açucareira: o que era doce acabou ...................................... 189

Pontos de vista - Teria sido melhor uma colonização holandesa e não portuguesa? .....190

Atividades ............................................. 191

**Visualização** ........................................ 192

**Retomar** ............................................ 194

## Unidade 7 – Novas fronteiras do Brasil ... 196

### Capítulo 18 – Rumo ao sertão ................. 198

**Bandeiras: a solução para uma capitania em crise** ................................... 199

- A vila de São Paulo na época dos bandeirantes .................................... 200
- Atividades iniciais das bandeiras ............... 201

Documentos em foco – Ruínas da igreja de São Miguel das Missões .......................... 202

- Novos tipos de bandeiras .......................... 203

Viver – Deslocamentos e novas configurações familiares .......................... 204

**Tordesilhas, um limite ultrapassado** ........... 205

- Tratados que definiram o território do Brasil ........................................... 205

Pontos de vista – Atuação dos povos indígenas em debate ........................................208

Atividades ............................................. 209

### Capítulo 19 – Enfim, o ouro ................. 210

**Disputas pelo ouro** ................................ 211

Documentos em foco – A Guerra dos Emboabas ........................................212

**Exploração das minas** ............................ 213

- Fome e abastecimento nas Gerais ............. 213

**Integração do mercado interno colonial** ...... 214

**Tecnologia da mineração colonial e escravidão** ........................................ 215

- Por que tantos faiscadores? ...................... 215

**O controle português sobre as jazidas** ........ 216

- O rigor tributário nas Minas Gerais ............. 216
- E para onde foi o ouro do Brasil? .............. 217

**A arte barroca** .................................... 217

Conviver – Patrimônio cultural de Minas Gerais ........................................ 218

Atividades ............................................. 219

**Visualização** ........................................ 220

**Retomar** ............................................ 222

## Unidade 8 – América colonial espanhola e inglesa .......................... 224

### Capítulo 20 – Dominação e resistência na América Espanhola ......................226

**Divisão da América entre os colonizadores** .... 227

**Lutas e resistências no processo de dominação** .......................... 228

• Conflitos entre espanhóis e astecas..............228

**Pontos de vista –** Malinche, traidora ou mãe dos mexicanos? .....................................230

• Os incas e a conquista de seu Império ........ 232

• Resistências indígenas .......................... 233

**Documentos em foco –** A dominação espanhola dos indígenas ...............................233

**Atividades** ...................................................... 234

### Capítulo 21 – Administração colonial espanhola ......................................236

**América espanhola: riqueza que sustentou um império** .................................... 237

• O trabalho dos povos indígenas .................. 237

**Viver –** O trabalho no regime de mita .............238

• Organização social ..................................... 238

**Documentos em foco –** O mestiço na hierarquia social .........................................239

• O regime de *encomienda* e a escravidão ..... 240

Escravidão africana........................................240

**O metalismo não evitou a crise espanhola** ... 241

• Governo na América Espanhola .................. 241

**Atividades** ...................................................... 242

### Capítulo 22 – A Nova Inglaterra ......................244

**As Treze Colônias inglesas: características da colonização** ...................... 245

• Os primeiros colonizadores ........................ 246

**De olho no legado –** *Thanksgiving*: memória de celebração e de lutas ................ 247

• Diferenças entre as colônias inglesas ......... 248

Adminstração das colônias..........................249

**Viver –** A situação dos povos indígenas no presente .................................................... 249

**Atividades** ...................................................... 250

**Visualização** ............................................... **252**

**Retomar** ........................................................ **254**

**Referências** ................................................ **256**

# UNIDADE 1

Mapa-múndi, de Henricus Martellus, publicado na obra *Insularium Illustratum*, 1489.

 **Antever**

Você já deve ter visto um mapa-múndi, tal qual o conhecemos hoje em dia, com seis continentes. O que você talvez não saiba é que o formato desse tipo de representação cartográfica e as partes que a compõem mudaram significativamente ao longo da história. Essas mudanças foram, no geral, resultado de dois fatores: a transformação das técnicas empregadas na confecção dos mapas e os conhecimentos que os homens adquiriram sobre os territórios do planeta.

# Navegar foi preciso

Biblioteca do Congresso, Washington

*Cosmografia Universal*, mapa-múndi de autoria de Marton Waldseemüller, 1507.

Os dois mapas destas páginas mostram como esse segundo fator foi fundamental para a mudança da concepção de mundo que as Grandes Navegações propiciaram aos europeus a partir do século XV. De acordo com seus conhecimentos, quais são os continentes representados em cada mapa? O que isso indica a respeito do mundo no momento em que cada um deles foi produzido?

# CAPÍTULO 1
## Em busca de lucro

Há duas décadas iniciais do século XXI, podemos fazer um balanço das principais conquistas da humanidade até o momento. Algumas realizações que no início do século XX pareciam mera ficção científica, hoje são possíveis e bastante comuns, como pegar um avião de Lisboa a Salvador e levar cerca de 8 horas para atravessar os 6 500 quilômetros que separam as duas cidades, localizadas em dois continentes diferentes.

Em um passado remoto, a humanidade viveu durante muito tempo sem ter noção do real tamanho do planeta. Do século XI até o século XVI, a sociedade europeia medieval passou por muitas transformações em termos de modos de vida, tipos de trabalho, formas de governar, ideias e valores.

Nesse período ocorreu o fortalecimento da burguesia, cujos interesses atribuíram novas características à sociedade. Em busca de lucro e destaque social, os burgueses europeus apoiaram a centralização política dos reis, incentivaram os artistas e a arte e financiaram a expansão marítima e comercial em direção à Ásia, à África e à América.

Que riquezas teriam sido exploradas na África e na América? O que a chegada de europeus a esses continentes significou para os povos que lá viviam? Será que o contato dos europeus com povos de outros continentes influenciou seu modo de vida? Esse contato foi pacífico ou conflituoso? A observação da imagem pode ajudar na sua reflexão.

Oscar Pereira da Silva. *Desembarque de Pedro Álvares Cabral em Porto Seguro em 1500*, 1922. Óleo sobre tela, 1,9 m × 3,33 m.

# Os europeus no Oriente

Desde as Cruzadas, realizadas entre os séculos XI e XIII, os europeus consumiam mercadorias orientais, principalmente especiarias (açúcar, canela, cravo, noz-moscada e gengibre) e artigos de luxo (cristais, espelhos, tecidos de seda e objetos de porcelana, entre outros).

A partir da Quarta Cruzada, os comerciantes de Veneza e de Gênova passaram a controlar as rotas do mar Mediterrâneo e o fornecimento de mercadorias orientais para a Europa. Sem concorrentes, eles cobravam preços muito altos e detinham o **monopólio comercial** sobre esses produtos. Dessa forma, antes de chegar às mãos dos consumidores, os produtos orientais passavam por vários comerciantes, cada qual aumentando o preço da revenda para obter sua parcela de lucro.

As rotas terrestres que iam para as **Índias** eram longas, perigosas e acidentadas. Além disso, estavam sendo controladas pelos turcos, que saqueavam ou cobravam pedágio das caravanas comerciais.

> **Glossário**
>
> **Índias:** termo utilizado pelos europeus até o século XVIII para se referir ao Oriente.
>
> **Monopólio comercial:** controle exclusivo de um grupo de mercadores sobre a comercialização de certos produtos, definindo seus preços.

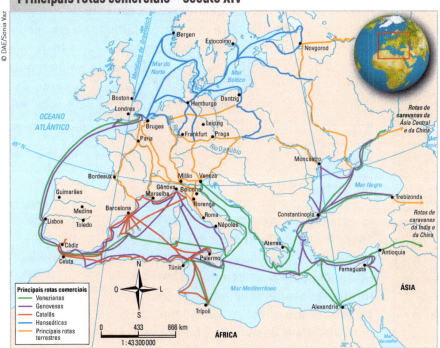

Fonte: Jeremy Black. *World history atlas*. Londres: Dorling Kindersley, 2008. p. 190-191.

Mercado em Goa, Índia, onde são vendidas especiarias muito utilizadas na culinária, como ervas, canela, caril (curry), pimenta-do-reino, páprica etc.

As especiarias eram usadas para adicionar sabor aos alimentos. A fotografia mostra um mercado onde são vendidas especiarias muito utilizadas na culinária, como vários sabores de chá, canela, caril (curry), pimenta-do-reino, páprica, cardamomo, anis, cravo, açafrão etc.

## zoom

Observe o mapa e faça o que se pede.

1. Entre quais continentes as navegações pelo Mar Mediterrâneo facilitaram o contato?

2. Identifique uma importante cidade comercial da época localizada em cada um dos continentes que dão acesso ao Mar Mediterrâneo.

3. Entre as cidades italianas que detinham o monopólio da navegação pelo Mar Mediterrâneo, qual delas estava a uma distância menor de Constantinopla (capital do Império Romano do Oriente)?

## Mais interesses

A burguesia europeia considerava necessário encontrar outros caminhos para chegar ao Oriente, por causa da dificuldade de acesso a seus produtos por terra e por intermédio dos comerciantes da Península Itálica. Além disso, a população europeia voltara a crescer e a falta de alimentos era frequente. Para combater a fome, uma das possibilidades era comprar comida do Oriente e revendê-la na Europa. Havia ainda a necessidade de obter metais preciosos para a fabricação de moedas, pois as minas europeias já estavam esgotadas. A nobreza também tinha interesse em encontrar novas rotas para as Índias, onde pretendia conquistar terras.

A partir de 1453, a necessidade de encontrar caminhos alternativos para as Índias aumentou: o Império Turco, em expansão, conquistou a cidade de Constantinopla e bloqueou a passagem de embarcações europeias pelo Mar Mediterrâneo, interrompendo o fornecimento de especiarias e artigos de luxo para os centros comerciais europeus. Alguns historiadores, sobretudo europeus, consideram a tomada de Constantinopla pelos turcos o marco do fim da Idade Média e do início da Idade Moderna. Isso porque as muralhas tipicamente medievais que protegiam a cidade e pareciam indestrutíveis foram derrubadas pelos turcos graças ao uso da pólvora e de pesados canhões.

Canhão da coleção do Museu Royal Armouries, Leeds, Reino Unido.

Moldado em 1464, esse canhão foi utilizado pelos turcos para a tomada de Constantinopla, em 1453.

## Novos caminhos

Na Europa, a partir do século XV, os governos e a burguesia intensificaram as navegações pelo Oceano Atlântico, por meio das quais pretendiam estabelecer novas rotas comerciais até as Índias. No entanto, para viabilizar essa opção foi preciso desafiar **crendices** muito difundidas na época: acreditava-se que nas águas atlânticas viviam monstros que destruíam as embarcações e devoravam as tripulações. Nas lendas, o Oceano Atlântico era denominado "Mar Tenebroso", e muitos marinheiros temiam por sua vida ao cruzá-lo.

> **Glossário**
> **Crendice:** crença de natureza supersticiosa, sem base em religião institucionalizada ou na ciência.

Miniatura do século XV que representa as tropas do sultão Mehmed II no sítio a Constantinopla.

A imagem representa o ataque turco à Constantinopla, em 1453. Nela se podem ver as muralhas que cercavam a cidade.

**zoom** Observe as imagens. Com base nessas fontes históricas, como você poderia explicar o fim do Império Romano do Oriente tendo em vista as tecnologias militares de ataque e defesa?

# Navegações: empreendimento técnico e político

Realizar viagens marítimas pelo Oceano Atlântico foi tarefa que exigiu muitas providências: construir embarcações resistentes e seguras; equipá-las com os instrumentos de navegação disponíveis na época, como bússola e astrolábio; contratar tripulação; abastecer as embarcações com alimentos e bebidas. Foi preciso muito dinheiro para pagar as despesas envolvidas nas viagens marítimas. Ao mesmo tempo, foi necessário ter governos fortes, com autoridade consolidada, para organizar as navegações.

De acordo com a historiadora Rita de Cássia Rosado:

Calculava a distância do navio em relação ao seu ponto de partida. A altitude do Sol ao meio-dia servia de referência para informar a hora e fixar a latitude.

Astrolábio, século XV.

> [...] mesmo sendo de pequeno porte, as primeiras explorações empreendidas pelos ibéricos ao longo da costa africana realizaram-se com a utilização da barca [...]. Considerada como o grande invento dos portugueses, [a caravela] foi responsável pela expansão marítima portuguesa em sua primeira fase. [...]
>
> Rita de Cássia S. de Carvalho Rosado. As inovações: os avanços na arte de navegar no alvorecer dos tempos modernos. In: Vera Mendes da Costa Neves (Org.). *As terras do Brasil e o mundo dos descobrimentos*. Salvador: Boanova, 2000. p. 70.

Inventada no século XV, a caravela era movida a vento, menor e mais ágil que os antigos barcos e construída para o transporte de mercadorias, com espaço para cerca de 20 pessoas e nenhum conforto.

## Documentos em foco

### Monstros marinhos nas Grandes Navegações

Diego Gutiérrez. Mapa que representa parte dos atuais América e Oceano Atlântico, 1562. (Detalhe)

1. Quais características dos seres marinhos representados no mapa reforçam a visão de que, para os navegadores europeus do século XVI, o Oceano Atlântico era o "Mar Tenebroso"?

# As navegações portuguesas

No início do século XV, Portugal reunia condições para ser pioneiro na busca de um novo caminho para o Oriente: era o único país do Ocidente com poder político centralizado, no qual o rei havia submetido os nobres à sua autoridade, e cuja burguesia dispunha de recursos para financiar os gastos das viagens.

Além disso, a posição geográfica do país favoreceu as navegações pelo Atlântico. O fato de o país não estar envolvido em nenhuma guerra naquela época também contribuiu para o pioneirismo português na expansão marítima, pois foi possível concentrar os investimentos do reino nesse empreendimento.

## Início sem concorrência

Quando Portugal deu início às navegações, Espanha, França e Inglaterra ainda precisavam vencer alguns obstáculos antes de se lançar à expansão marítima. Os espanhóis lutavam para expulsar árabes que haviam invadido parte de seu território; os franceses e os ingleses estavam envolvidos na Guerra dos Cem Anos e, após 1453, quando a guerra acabou, suas respectivas burguesias precisaram de tempo para acumular capital e financiar as navegações.

Assim, antes de as outras nações europeias se dedicarem às navegações comerciais, Portugal realizou diversas viagens durante o século XV. A primeira conquista ocorreu em 1415: as embarcações **lusas** alcançaram Ceuta, no norte do continente africano, que foi invadida e saqueada. Pouco a pouco, novas viagens levaram a outras conquistas no litoral africano, onde os portugueses exploraram marfim, ouro e produtos agrícolas, bem como iniciaram o tráfico de escravos africanos para a Europa. Mesmo com os altos lucros obtidos com a exploração das riquezas da África, os portugueses não abandonaram o projeto de chegar ao Oriente por uma nova rota marítima.

**Glossário**

**Luso:** português; lusitano.

**Ampliar**

**Exploradores,** de Olivier Besson (Edições SM).

O livro conta a história de diversas expedições marítimas realizadas entre os séculos XVI e XIX e traz aspectos biográficos de alguns navegadores.

**Museu de Marinha**

https://ccm.marinha.pt/pt/museu

Portal do Museu de Marinha que apresenta muitas informações sobre o passado marítimo português e oferece visita virtual ao acervo.

Edgar Cardoso e Cottinelli Telmo. *Padrão dos Descobrimentos*, inaugurado em 1960, Lisboa, Portugal.

Esse monumento homenageia as navegações portuguesas dos séculos XV e XVI, relembrando a descoberta de um novo caminho marítimo para as Índias, em 1498.

## Primeiros contatos com a África

No fim do século XV, os portugueses chegaram à Mbanza Kongo, a capital do antigo Reino do Congo, um centro político economicamente florescente e com posição estratégica. A cultura do povo congolês ficou conhecida desde essa época graças à enorme quantidade de documentos produzidos após esse contato, como correspondências trocadas entre as autoridades africanas, o rei de Portugal e o papa.

Todavia, no que diz respeito às produções artísticas, as informações não aparecem de forma tão evidente nessas fontes. Sabe-se que certos objetos de cestaria e tecidos aveludados de ráfia, feitos da fibra dessa palmeira, causaram grande admiração nos portugueses e estimularam trocas comerciais entre eles e os africanos daquela região. Essas trocas envolviam também objetos de arte, o que pode ser visto na obra de um mestre português que, no início do século XVI, pintou a tela *Anunciação*, na qual aparece a reprodução de uma esteira típica congolesa.

Filippo Pigafetta e Odoardo Lopez. Representação do batismo de Mani-Sonho, governador do Congo, séc. XVI.

## A chegada à Índia

Em maio de 1498, a tripulação comandada por Vasco da Gama chegou à cidade de Calicute, centro comercial do Oriente. No primeiro ano da presença portuguesa nas Índias, os negócios realizados com as mercadorias adquiridas na região e revendidas na Europa chegaram a render lucros de 6 000%. Do ponto de vista econômico, valeu a pena enfrentar o medo e os perigos de viajar por rotas até então desconhecidas.

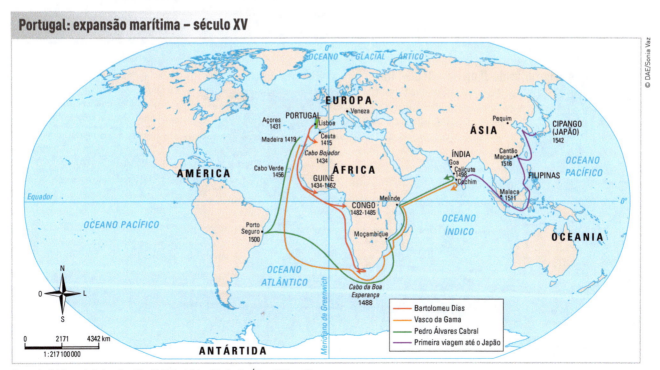

Fonte: José Jobson de A. Arruda. *Atlas histórico básico*. São Paulo: Ática, 2011. p. 19.

# O pioneirismo chinês nas navegações no século XV

O papel dos chineses nas navegações atlânticas foi muito além da invenção da bússola e do leme, como se acreditava até algumas décadas atrás. Embora os pesquisadores portugueses relutem em aceitar as raras evidências históricas disponíveis do pioneirismo chinês nas navegações oceânicas no século XV, pesquisas recentes afirmam que Zheng He, o Almirante, organizou sete expedições marítimas de longo percurso entre 1405 e 1433.

Ele foi o responsável por estender a influência da poderosa **Dinastia Ming** desde a China até a costa oriental da África, estabelecendo a rota da seda e de outros produtos de luxo (como a porcelana) e criando uma vasta rede de reinos vassalos que pagavam tributos e concediam vantagens comerciais à China.

A provável explicação para tais expedições terem ficado esquecidas por tanto tempo é que o único imperador que investiu nas grandes viagens marítimas foi Zhu Di, que subiu ao trono em 1402 e decidiu abandonar o tradicional modelo econômico chinês da época, baseado na autossuficiência agrícola e no isolamento cultural. Seus sucessores retomaram o modelo tradicional, avesso ao intercâmbio comercial.

As viagens marítimas de Zheng He garantiram a supremacia chinesa do Oceano Pacífico ao Índico e seriam comparáveis às de navegadores europeus como Pedro Álvares Cabral, Vasco da Gama e Cristóvão Colombo.

**Glossário**

**Dinastia Ming:** dinastia cujos reis governaram a China entre 1368 e 1644, tendo sido responsáveis por colocar fim à dominação mongol em território chinês. De forma geral, a Dinastia Ming incentivou o isolamento sociopolítico e cultural da China, com o objetivo de preservar a unidade do seu povo contra o domínio estrangeiro.

Pintura no templo Santuário Penang, na Malásia, representando o navio do almirante chinês Zheng He (1371-1433).

**Expedições marítimas de Zhen He – 1405-1435**

Zheng He utilizava, em suas viagens, os "navios do tesouro" ou *baochuan*, enormes embarcações que chegavam a ter mais de 100 metros de comprimento e 50 metros de largura e podiam levar cerca de 1000 tripulantes e 200 toneladas de carga.

Fonte: Georges Duby. *Grand atlas historique*. Paris: Larousse, 2011. p. 227.

1. Na época das Grandes Navegações, parte dos comerciantes europeus obteve altos lucros com o comércio de especiarias – produtos usados no preparo e na conservação de alimentos e como medicamentos.

    a) Atualmente, esses produtos são consumidos com as mesmas finalidades? Explique sua resposta.

    b) Pergunte para os adultos de sua família se eles se lembram de alguma receita culinária ou de medicamento caseiro que tenha como ingrediente uma especiaria. Registre em seu caderno e depois compartilhe com os colegas.

2. Explique a situação que encarecia o preço das especiarias orientais entre o final da Idade Média e o início da Idade Moderna.

3. Enumere os motivos que levaram os europeus a buscar novas rotas para o Oriente.

4. Quais foram as principais dificuldades encontradas pelos europeus nos séculos XV e XVI para realizar as viagens marítimas rumo às Índias?

5. Sobre a expansão marítima no século XV, responda:

    a) Por que Portugal teve condições de ser o pioneiro nas navegações?

    b) Qual foi a importância das navegações para Portugal?

    c) Leia o poema a seguir, de autoria de Armênio Vieira, poeta nascido em 1941 no arquipélago de Cabo Verde, um país africano que foi colonizado por Portugal e que conquistou sua independência em 1975.

    **Mar**

    Mar! Mar!
    Mar! Mar!

    Quem sentiu mar?

    Não o mar azul
    de caravelas ao largo
    e marinheiros valentes

    Não o mar de todos os ruídos
    de ondas
    que estalam na praia

    Não o mar salgado
    dos pássaros marinhos
    de conchas
    areia
    e algas do mar

    Mar!

    Raiva-angústia
    de revolta contida

    Mar!

    Silêncio-espuma
    de lábios sangrados e dentes partidos

    Mar!
    do não-repartido
    e do sonho afrontado

    Mar!

    Quem sentiu mar?

    José de Nicola e Lucas S. R. de Nicola. *A voz dos outros - a poesia africana em Língua Portuguesa*. São Paulo: Casa de Letras, 2018. p. 111.

    O poema, escrito mais de 500 anos depois das navegações portuguesas, ainda se refere ao mar como um importante elemento na cultura de Cabo Verde. Qual é a percepção que o poeta demonstra sobre o mar?

6. Identifique as situações que impediram Espanha, França e Inglaterra de realizar a expansão marítima no mesmo período que Portugal.

7. Depois de ler o texto do capítulo, reúna-se com os colegas para conversar sobre a seguinte questão: qual teria sido a relação entre o avanço tecnológico na navegação e o contato que os europeus já mantinham com o Oriente?

8. Quais invenções dos chineses facilitaram suas navegações no século XV?

9. Explique por que as navegações chinesas, embora tenham sido realizadas no século XV, ficaram conhecidas somente há pouco tempo.

10. Qual era a diferença entre o imperador Zhu Di e seus sucessores no que diz respeito às navegações chinesas?

17

# Caleidoscópio

## Instrumentos de navegação

Como a observação de constelações e astros no céu possibilitou a portugueses e espanhóis navegar por mares desconhecidos e chegar a tantos lugares no mundo? Graças a instrumentos simples e, ao mesmo tempo, sofisticados.

A fundação do Estado português ocorreu depois da Guerra de Reconquista, que expulsou os árabes muçulmanos que então dominavam a região. Contudo, o conhecimento astronômico desses povos serviu de base para que portugueses e espanhóis empreendessem as chamadas **Grandes Navegações** nos séculos XV e XVI. Durante cerca de sete décadas, Portugal investiu em pesquisa e desenvolvimento voltados à tecnologia marítima utilizando os conhecimentos adquiridos com os árabes.

### ESFERA ARMILAR

É um instrumento típico dos estudos astronômicos. Funciona como um modelo reduzido do Cosmos. Como suas peças em elipse se movem de forma independente, é possível simular o movimento dos astros em torno da Terra.

### BALESTILHA

Complementava a esfera armilar. Juntas, mediam a altura em graus que une o horizonte a um astro e, dessa forma, determinavam os **azimutes** – palavra árabe que significa "caminhos". Cada uma das hastes da balestilha era alinhada ou com um astro ou com o horizonte – a distância relativa entre elas revelava a direção para a qual os navegadores deveriam ir.

### NOCTURLÁBIO

Mede o tempo com base na posição de duas ou mais estrelas, bastando apontar cada uma de suas hastes para a estrela e movimentá-las à medida que a estrela muda de lugar no céu. A contagem do tempo é importantíssima para os navegadores: é pelo tempo navegado em relação à distância das estrelas que se medem a distância percorrida e a velocidade da embarcação.

18

Enquanto percorriam distâncias cada vez maiores nos mares, os navegadores testavam e aprimoravam suas ferramentas, além de produzir as chamadas **cartas náuticas**, que eram excelentes guias para os pilotos das naus e caravelas. Ao lado, carta náutica da Costa da África, de Fernão Vaz Dourado, 1571.

### BÚSSOLA

É um dos mais famosos e mais utilizados instrumentos. A agulha magnetizada presa no centro aponta para o norte, uma vez que se alinha ao campo magnético da Terra. Com o desenho de uma rosa dos ventos por trás dessa agulha, é possível saber para qual direção a embarcação está indo.

### QUADRANTE

Recebe esse nome por ter o formato de um quarto de círculo. Ele estima a distância de um astro até o observador e, com essa referência, pode determinar qual é a latitude (ângulo geográfico de localização em relação à Linha do Equador) em que a embarcação se encontra.

### ASTROLÁBIO E SEXTANTE

Tinha uma função parecida com a do quadrante, medindo a distância dos astros e estrelas em relação à linha do horizonte, o que servia para determinar a posição da embarcação no mar. Depois de algum tempo foi substituído pelo sextante, que tinha a mesma função.

1. Explique a origem das técnicas marítimas e o que possibilitou o desenvolvimento delas pelos portugueses.

2. Há dois pontos em comum entre todos os instrumentos que definem bem como era o trabalho dos navegadores. Quais são eles?

# CAPÍTULO 2
# No caminho, a América

Na América, há apenas um país cujo nome homenageia o primeiro europeu a chegar ao continente. Esse país é a Colômbia... O que você conhece sobre a Colômbia?

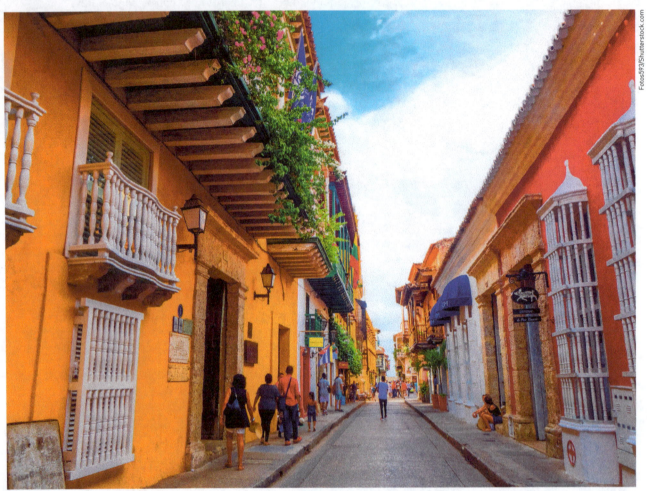

Rua turística em Cartagena, Colômbia, 2017.

A busca por uma rota que viabilizasse o comércio direto com as regiões produtoras de especiarias teve resultados que não estavam nas pretensões dos primeiros europeus que se lançaram ao mar.

Como outro continente – a América – estava no meio do caminho, a corrida pela pimenta acabou propiciando uma corrida pela colonização dos territórios até então desconhecidos pelos europeus.

A colonização, no entanto, não seria uma tarefa das mais fáceis. Afinal, a América era habitada por uma quantidade enorme de povos com culturas, crenças e modos de vida bastante distintos dos adotados pelos europeus.

Como ocorreram as viagens que levaram os europeus à América? Como esses territórios foram divididos entre as monarquias europeias? Como se deram os primeiros contatos entre os nativos e os exploradores europeus?

# Os novos caminhos levam à América

Os resultados positivos da expansão marítima portuguesa, **contabilizados** pelos altos lucros obtidos no comércio de mercadorias da costa africana, intensificaram os interesses de outras nações europeias em se lançar às navegações.

No ano de 1492, a Espanha conseguiu derrotar definitivamente os árabes que ainda ocupavam Granada – último reduto ibérico sob domínio muçulmano. Ao mesmo tempo, ali ocorria a centralização do poder político, e a monarquia espanhola passou a organizar expedições para o Oriente.

Conscientes da vantagem que Portugal desfrutava no projeto de atingir as Índias, uma vez que os navegadores portugueses já tinham chegado à costa oriental africana, os reis espanhóis decidiram apoiar a realização de uma viagem marítima considerada surpreendente na época: chegar ao Oriente viajando em direção ao Ocidente. A proposta lhes foi apresentada pelo navegador Cristóvão Colombo, que acreditava em uma ideia até então pouco aceita: a da **esfericidade** da Terra.

Em agosto de 1492, as embarcações Santa Maria, Pinta e Niña, reunindo 88 homens a bordo, deixaram o porto de Palos, na Espanha, em direção às Índias.

Na madrugada de 12 de outubro daquele mesmo ano, Colombo e sua tripulação desembarcaram em terra firme, certos de que haviam chegado ao Oriente. No entanto, tempos depois soube-se que chegaram à Ilha de Guanahani (uma das ilhas do Arquipélago das Antilhas), na América Central.

**Ampliar**

**Viagens de Cristóvão Colombo**

www.cartunista.com.br/descobrimento1.html

Entre os materiais que Mauricio Rett disponibiliza em seu *site*, está uma história em quadrinhos que conta as viagens de Cristóvão Colombo.

**Glossário**

**Contabilizado:** contado, calculado.
**Esfericidade:** característica do que tem a forma esférica, arredondada.

**zoom**

❶ Na visão do autor da gravura, os europeus foram bem recebidos pelos nativos? Quais elementos da obra possibilitam concluir isso?

❷ A gravura representa três europeus erguendo uma grande cruz em território americano. Que significado pode ter essa cena?

Gravura de Theodore de Bry, que representa Colombo recebendo presentes dos indígenas em Hispaniola. Publicada no livro *Americae Tertia Pars*, v. IV, 1594.

O autor dessa gravura não presenciou Colombo desembarcando no Novo Mundo, mas desenhou a cena de acordo com relatos da época.

## Documentos em foco

### Diário de Colombo

Cristóvão Colombo escreveu um diário relatando os acontecimentos de sua viagem rumo ao Oriente que acabaram por levá-lo à América.

No dia 3 de agosto, primeiro dia da viagem, avançamos umas setenta milhas, com grande alegria até o pôr do sol, em direção ao sul [...]

Às três da madrugada de sábado, 8 de setembro, começou a ventar de nordeste. Encontrei muito mar pela proa, o que dificultava imensamente a manutenção da rota.

Entre o dia e a noite de segunda-feira percorremos sessenta léguas, a dez milhas por hora. Só indiquei quarenta e oito à tripulação. Fingia sempre diante deles que percorríamos pouco caminho para que não lhes parecesse longo. [...]

O dia de domingo, 16 de setembro, estava nublado, chuviscou. [...] Começamos a ver algas bem verdes, que há pouco haviam se despregado da terra. Elas pareciam ser provenientes de rios. Encontrei, em meio a elas, um caranguejo vivo e guardei-o. [...]

No dia 10 de outubro, os marinheiros já não aguentavam mais. Queixavam-se de longa viagem. Incentivei-os o quanto pude. Lembrei as vantagens que poderiam obter. Acrescentei que não adiantava queixarem-se. Eles tinham vindo para as Índias e teriam que prosseguir até encontrá-las com a ajuda de Nosso Senhor.

Na quinta-feira, 11 de outubro, os tripulantes da caravela Pinta viram um talo de cana-de-açúcar e um pedaço de pau. Os da caravela Niña também viram outros sinais de terra e um pauzinho coberto de caramujos. [...]

Às duas da madrugada surgiu terra [...]. Chegamos então a uma ilhota dos lucaios, que em língua de índios se chama Guanahani. Dei o nome de San Salvador, em homenagem à sua Alta Majestade, que maravilhosamente me deu tudo isto.

André Pereira. *Diário de bordo de Cristóvão Colombo*. São Paulo: Moderna, 1997. p. 14, 16, 18, 22, 24.

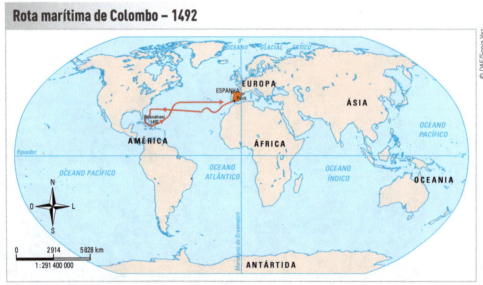

**Rota marítima de Colombo – 1492**

Fonte: José Jobson de A. Arruda. *Atlas histórico básico*. São Paulo: Ática, 2011. p. 19.

1. O que mais chamou sua atenção nesse trecho do diário escrito por Cristóvão Colombo? Por quê?
2. Por que Colombo geralmente dizia à tripulação que tinham percorrido uma distância menor do que realmente haviam navegado?
3. Por que Colombo incentivava seus tripulantes dizendo que obteriam vantagens por terem participado daquela viagem?
4. Que "sinais de terra" Colombo registrou ter encontrado?

# Portugal e Espanha no novo território

Por ser pioneiro nas navegações pelo Atlântico, Portugal reivindicou parte das terras alcançadas por Colombo. Assim, foi assinado em 1494 o Tratado de Tordesilhas, que dividia, com uma linha imaginária, as terras a serem descobertas pelos europeus: o que estivesse a oeste dessa linha seria da Espanha e o que estivesse a leste, de Portugal.

Seis anos depois, em 23 de abril de 1500, uma expedição portuguesa liderada pelo navegador Pedro Álvares Cabral aportou na região atual de Porto Seguro, na Bahia. Como a frota tinha as Índias como destino, não se sabe se a parada no Novo Mundo foi proposital. De toda forma, os historiadores concordam que esse foi o primeiro contato oficial entre os portugueses e os povos indígenas daquela região.

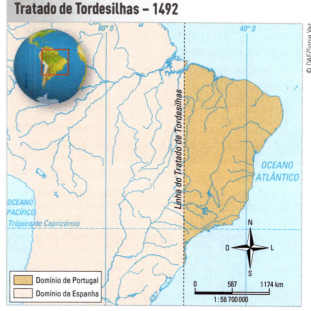

Fonte: José Jobson de A. Arruda. *Atlas histórico básico*. São Paulo: Ática, 2011. p. 39.

## zoom

1. O território do Brasil no século XVI, mostrado nesses mapas, era maior, menor ou igual ao atual território brasileiro?

2. Embora o mapa do século XVI não tenha a mesma exatidão dos mapas atuais, quais elementos geográficos você reconhece nele?

### O achamento do Brasil foi intencional?

Nenhum documento permite afirmar que Pedro Álvares Cabral partira de Lisboa com o propósito de descobrir novas terras. A intencionalidade da descoberta não encontra fundamento em nenhuma das testemunhas, seja Pero Vaz de Caminha, Mestre João ou o piloto anônimo. A armada partiu com destino à Índia, e foi só isso. Nem os fragmentos das instruções de Vasco da Gama para a viagem permitem suspeitar de uma missão adicional. É arriscado demais supor que tivessem sido redigidas outras instruções secretas – quando as que se conhecem também não eram públicas. E nada, depois do achamento, indicia qualquer segredo anterior bem guardado: não seguiam a bordo quaisquer padrões de pedra para assinalar descobertas, como acontecia nas viagens de exploração de terras desconhecidas; Cabral apressou-se a reunir um conselho dos capitães que decidiu enviar a Lisboa em um navio da armada para anunciar o descobrimento. Reunião que seria absurda se tivesse instruções para a descoberta. Tudo isso para mascarar um achamento intencional? Não parece aceitável.

Joaquim Romero de Magalhães. Quem descobriu o Brasil? In: Luciano Figueiredo (Org.). *História do Brasil para ocupados*. Rio de Janeiro: Casa da Palavra, 2013. p. 19.

Mapa do Brasil com a linha de Tordesilhas, datado de 1586, atribuído a Luís Teixeira.

## Um nome para o novo continente

Em 1506, morreu o navegador Cristóvão Colombo, aos 55 anos de idade. Ele havia realizado outras três viagens às terras nas quais chegara, pela primeira vez, em 1492. No entanto, nunca reivindicou ter descoberto um novo continente.

Nessa época, o navegador Américo Vespúcio viajou para a mesma região a serviço da Espanha e percebeu que aquelas terras não eram as Índias. Com base em seus relatórios e nos mapas elaborados durante a viagem, concluiu-se que se tratava de um novo continente – batizado então de América (em homenagem a Américo).

Américo Vespúcio divulgou a ideia de que Colombo chegara a um novo continente. Por esse motivo, o cartógrafo alemão Martin Waldseemüller, em 1507, colocou o nome "América" em lugar de "Novo Mundo" em um dos mapas que produziu.

Autor desconhecido. Gravura de Américo Vespúcio, século XVII.

# Interesses de outras nações

As Grandes Navegações também atraíram o interesse da França e da Inglaterra. Com o fim da Guerra dos Cem Anos e das disputas internas pelo trono, o processo de centralização política acelerou-se nos dois países, e eles passaram a acumular capital para realizar a expansão marítima, que aconteceu no século XVI.

A participação da Holanda nas navegações ocorreu no final desse mesmo século, após o país revoltar-se contra o domínio espanhol e obter sua independência. Muitos banqueiros e mercadores holandeses, enriquecidos com o intenso comércio no Mar do Norte, financiaram as viagens atlânticas.

Franceses e ingleses seguiram a rota estabelecida por Colombo, dirigindo-se para a América Central, onde se apossaram de algumas ilhas. Aos poucos, conquistaram o norte da América, enquanto os territórios ao sul do continente eram ocupados e explorados por portugueses e espanhóis.

Os holandeses ocuparam ilhas no Mar das Antilhas e chegaram a dominar grande parte do nordeste do Brasil entre 1630 e 1654.

**Expedições marítimas francesas, inglesas e holandesas – século XVI**

Fonte: Jeremy Black. *World history atlas*. Londres: Dorling Kindersley, 2008. p. 80-81.

# A expansão comercial

No início do século XVI iniciou-se uma nova etapa nas relações comerciais. A expansão marítima integrou Europa, Ásia, África e América. O Mediterrâneo deixou de ser a única ligação entre a Europa e o Oriente. Com as navegações atlânticas, novos caminhos estavam abertos.

Portugueses, espanhóis, franceses, ingleses e holandeses iniciaram contato com chineses, indianos, japoneses, africanos e ameríndios, e ampliaram seu contato com turcos e árabes. Além das trocas comerciais, havia intercâmbio cultural, que influía no modo de vida europeu.

A crescente relação entre povos que até então mal se conheciam veio acompanhada de dominação, exploração e **aculturação**. Em terras africanas, inicialmente os europeus buscaram relações amistosas com os reis que controlavam o comércio no litoral. Na América foi diferente, eles chegaram como conquistadores à procura de produtos que dessem lucro. No século XVI formaram-se as primeiras **colônias** americanas, seu território foi ocupado e suas riquezas, exploradas pelas **metrópoles**.

Georg Braun e Franz Hogenberg. Mapa da cidade de Lisboa, século XVI.

O mapa mostra, no detalhe, a Casa da Índia, onde funcionava toda a parte administrativa e comercial das navegações do Império Português: escritórios, porto, depósitos, oficina naval etc. O complexo incluía ainda uma prisão e um pelourinho para castigo dos prisioneiros.

## Intercâmbio cultural

Além dos interesses econômicos, os europeus consideravam que tinham uma importante missão a cumprir nas colônias: desenvolver a cultura dos nativos, ensinando-lhes seu idioma, hábitos e costumes, e a crença no cristianismo. Para grande parte dos conquistadores, os ameríndios e os africanos não eram civilizados e necessitavam aprender a cultura europeia para se "refinar".

Essa situação provocou constantes conflitos de nações americanas e africanas com os conquistadores, pois elas não aceitavam a **expropriação** de suas terras, a escravização de seu povo e os valores da cultura europeia.

Nesse processo de ocupação e exploração, os colonizadores europeus precisaram improvisar moradias nas matas, enfrentar animais selvagens e peçonhentos, estabelecer contato com povos de hábitos e culturas diferentes.

Grande parte dos conquistadores eram homens que quase sempre deixavam esposa e filhos na Europa. Como muitas vezes não conseguiam enriquecer e voltar tão rápido quanto desejavam, formavam novas famílias com mulheres africanas e americanas.

### Glossário

**Aculturação:** processo de modificação da cultura de um grupo que resulta do contato com uma cultura diferente.
**Colônia:** porção de terra dominada por determinado país com o objetivo de explorar suas riquezas.
**Expropriação:** retirada ilegal ou à força de bens do proprietário.
**Metrópole:** denominação dada a país que possuía colônias na América.

## Viver

**As consequências dos contatos entre europeus e indígenas**

A antropóloga Manuela Carneiro da Cunha nasceu em Portugal, mas estudou e construiu sua carreira como pesquisadora no Brasil. Ela é uma das maiores especialistas em culturas indígenas brasileiras e, no trecho a seguir, demonstra que os contatos entre os europeus e os povos nativos foram conflituosos desde o início da colonização.

Gravura de Theodore de Bry que retrata nativos americanos entregando tesouros para exploradores europeus, c. 1591.

O estudo do passado pode ser bastante útil para entender a situação atual dos indígenas de nosso país.

Povos e povos indígenas desapareceram da face da terra como consequência do que hoje se chama, num **eufemismo** envergonhado, o "encontro" de sociedades do Antigo e do Novo Mundo. [...] As epidemias são normalmente tidas como o principal agente da **depopulação** indígena. [...] Mas não foram só os microrganismos os responsáveis pela catástrofe demográfica da América. O **exacerbamento** da guerra indígena provocada pela sede de escravos, as guerras de conquista e de apresamento em que os índios de aldeia eram alistados contra os índios ditos **hostis**, as grandes fomes que tradicionalmente acompanhavam as guerras, a **desestruturação** social, a fuga para novas regiões das quais se desconheciam os recursos ou se tinha de enfrentar os habitantes [...] tudo isso pesou decisivamente na **dizimação** dos índios.

Manuela Carneiro da Cunha. História dos índios no Brasil. São Paulo: Fapesp; Ctompanhia das Letras; Secretaria Municipal de Cultura, 1992. p. 12-14.

### Glossário

**Depopulação:** eliminação de uma grande quantidade de habitantes.
**Desestruturação:** desordem, desorganização.
**Dizimação:** eliminação, extermínio.
**Eufemismo:** utilização de expressões ou palavras sutis para suavizar uma mensagem de caráter desagradável.
**Exacerbamento:** agravamento, exagero.
**Hostil:** agressivo, ameaçador.

---

Reúna-se com os colegas e, juntos, respondam às seguintes questões:

1. O que a autora chamou de "eufemismo envergonhado"? Por quê?

2. De acordo com o texto, quais fatores levaram à dizimação dos indígenas no atual território do Brasil?

3. Vocês conhecem os povos indígenas que atualmente habitam o território brasileiro? Sabem quais são seus direitos e quais são as principais ameaças a seu modo de vida? Façam uma pesquisa sobre o tema no *site* do Instituto Socioambiental: <https://pib.socioambiental.org>. Acesso em: set. 2018.
Com base nas informações coletadas, escrevam um texto que apresente os principais dados sobre a população indígena de nosso país (quantidade, etnias, dispersão territorial etc.), os direitos que a Constituição garante a ela e as principais ameaças que esses povos vêm enfrentando nos últimos anos.

1. Com base nos conhecimentos construídos neste capítulo e no anterior, desenhe uma linha do tempo com as viagens marítimas portuguesas e espanholas do século XV, em ordem cronológica. Para cada viagem, indique a data de sua realização, o navegador que a comandou e o principal destino alcançado.

2. O navegador Cristóvão Colombo acreditava que o formato da Terra era esférico e, para comprovar sua teoria, garantiu aos reis da Espanha que alcançaria o Oriente por uma rota marítima inusitada; que rota foi essa?

3. A expansão marítima europeia dos séculos XV e XVI teve inúmeros desdobramentos sobre o mundo da época. Identifique algumas transformações provocadas na cultura dos europeus, africanos e ameríndios.

4. Descreva a atitude dos europeus na América e compare-a com o comportamento deles na África.

5. Forme uma dupla com um colega e conversem sobre as trocas culturais que ocorreram entre europeus e indígenas na colonização do Brasil. Quais características culturais da sociedade brasileira comprovam que houve esse intercâmbio no passado?

6. O Tratado de Tordesilhas, que dividiu a América entre Portugal e Espanha, foi questionado pelas demais potências europeias, que passaram a organizar expedições para a conquista de alguns territórios do continente. Que regiões da América foram conquistadas por França, Inglaterra e Holanda?

7. Sobre o Tratado de Tordesilhas, assinado entre Espanha e Portugal em 1494, responda ao que se pede:

    a) Observe o mapa da página 23. Qual país ibérico teria sido mais beneficiado por essa divisão territorial da América?

    b) Considerando o território mundial que se conhece hoje, qual país ibérico foi mais beneficiado pela divisão territorial definida pelo Tratado de Tordesilhas?

8. Temos, ao lado, uma reprodução da obra *A descoberta da América por Cristóvão Colombo*, do pintor surrealista espanhol Salvador Dali. A obra se caracteriza pela presença de imagens intrigantes, que misturam fantasia e realidade, como nos sonhos.
   Observe-a para responder ao que se pede:
   - Quais elementos presentes na imagem permitem relacioná-la ao contexto histórico da descoberta da América por Cristóvão Colombo?

Salvador Dali. *A descoberta da América por Cristóvão Colombo*, 1958-1959. Óleo sobre tela, 4,10 m × 2,84 m.

# CAPÍTULO 3

# Mercantilismo

Detalhe de ilustração japonesa que descreve uma cena no porto com a chegada de mercadores portugueses ao Japão, século XVII. Tinta e folha de ouro sobre papel.

Atualmente, o sistema capitalista é predominante no mundo; suas principais características são a propriedade privada, a acumulação e o investimento de capitais que geram lucros, a livre-iniciativa e a livre concorrência entre as empresas. Assim, no capitalismo, o **Estado** pouco interfere na economia; as empresas definem os preços de seus produtos com base na disponibilidade deles no **mercado** e na necessidade (ou o interesse) dos consumidores em adquiri-los.

No capitalismo, a maioria das atividades econômicas são desenvolvidas por empresas privadas, como indústrias, bancos, agroindústrias, prestadoras de serviços, construtoras, mineradoras etc. Todas elas empregam trabalhadores assalariados e obtêm lucros com suas atividades.

Nesse sistema, há muito mais trabalhadores do que donos de empresas; no entanto, a soma dos **bens** que pertencem aos donos de empresas é significativamente maior do que a soma dos bens pertencentes ao conjunto de trabalhadores. Esse é um dos motivos pelos quais o capitalismo desperta polêmicas. Por um lado, garante o consumo de produtos necessários à nossa sobrevivência e bem-estar, gera riquezas, incentiva o desenvolvimento de tecnologias e cria novas oportunidades de investimento e de trabalho; por outro, gera desigualdades sociais, desemprego, provoca o consumismo e ameaça a sustentabilidade do planeta.

Embora hoje seja muito complexo e afete a economia em escala global, o capitalismo, em sua origem, tinha características bem mais simples e fáceis de identificar.

## Glossário

**Bem:** aquilo que se possui, propriedade.
**Estado:** conjunto politicamente organizado que inclui povo, território, leis e cultura; cabe a ele defender a integridade desse conjunto, de maneira a garantir o bem comum.
**Mercado:** conjunto de produtos e serviços disponíveis para consumo e venda em determinada sociedade.

# Mercantilismo, a "infância" do capitalismo

Na Europa, o mercantilismo representou a primeira fase do sistema capitalista.

Entre os séculos XV e XVIII, os Estados modernos europeus passaram por um período de prosperidade e transformações. A burguesia obteve altos lucros com as navegações, o comércio e a exploração colonial, o que também colaborou para transformar os modos de pensar e de produzir e provocou intenso desenvolvimento artístico e científico.

Os monarcas controlavam a economia dos países que governavam de forma que as atividades econômicas fossem lucrativas e benéficas aos cofres públicos e à burguesia nacional. Para isso, foi utilizada, entre os séculos XVI e XVIII, uma série de práticas econômicas conhecidas como mercantilismo – uma nova maneira de organizar a sociedade e as formas de produzir.

Os países mercantilistas tinham como objetivo fortalecer o poder do rei por meio do enriquecimento da **nação**. Naquela época, como era a relação das colônias com suas metrópoles? Que países europeus mais se beneficiaram com essas práticas? Ainda existem práticas semelhantes às do mercantilismo no mundo contemporâneo?

Moeda espanhola de prata cunhada no final do século XVI, com detalhe do brasão da família real espanhola.

As moedas de ouro e prata cunhadas na Europa durante a Idade Moderna tinham tamanhos e aspectos variados. No entanto, seus valores adotavam como referência o peso do metal de que eram feitas. Por exemplo, uma libra esterlina (moeda inglesa) valia e tinha o peso equivalente a uma libra de ouro (o que corresponde a 453 gramas).

# Metalismo e balança comercial

O mercantilismo partia do princípio de que o enriquecimento de um país dependia da quantidade de metais preciosos (ouro e prata) que ele possuísse. Essa ideia era denominada metalismo.

Para acumular metais preciosos, as nações europeias pouco puderam contar com suas minas, que estavam praticamente esgotadas desde o final do século XIV. Como as moedas eram feitas de ouro e prata, os reis incentivavam o comércio internacional como forma de obter metais.

Entretanto, interessava a cada nação manter positiva sua balança comercial, ou seja, exportar mais mercadorias do que importar, garantindo que os ganhos com exportações fossem maiores do que os gastos com importações.

## zoom

### Ouro, prata e cobre

Os primeiros metais utilizados na **cunhagem** de moedas foram o ouro e a prata. [...]

A cunhagem de moedas em ouro e prata se manteve durante muitos séculos, sendo as peças garantidas por seu valor **intrínseco**, isto é, pelo valor comercial do metal utilizado na sua confecção. Assim, uma moeda na qual haviam sido utilizados vinte gramas de ouro, era trocada por mercadorias deste mesmo valor.

Durante muitos séculos os países cunharam em ouro suas moedas de maior valor, reservando a prata e o cobre para os valores menores. Esses sistemas se mantiveram até o final do século 19 (...).

Museu de valores do Banco Central – Origem e evolução do dinheiro.
Disponível em: <www.bcb.gov.br/htms/origevol.asp>. Acesso em: out. 2018.

**Elabore hipóteses para explicar por que as moedas não são mais fabricadas com metais preciosos.**

### Glossário

**Cunhagem:** processo de fabricar e gravar moedas.
**Intrínseco:** que constitui a parte principal de algo.
**Nação:** sociedade com traços culturais em comum (idioma, crenças, costumes, artes, tradições etc.).

## Balança comercial espanhola

Pode-se dizer que nas primeiras décadas do século XVI a Espanha tinha muita sorte. Na época acreditava-se que a riqueza da nação poderia ser medida pela quantidade de ouro e prata que possuísse. De acordo com o metalismo, a Espanha tinha tudo para ser um dos países mais ricos do mundo, pois em suas colônias americanas havia muitas minas de metais preciosos exploradas por escravos indígenas.

Homem trabalha em mina de prata em Potosi, Bolívia, 2015.

As minas de prata de Potosi, na Bolívia, representaram, até o século XVII, a principal fonte de minério das colônias espanholas. Ainda hoje algumas minas continuam em funcionamento, onde os mineiros trabalham em condições precárias garimpando prata, estanho, chumbo e zinco.

Assim, o governo espanhol não se preocupou em incentivar a produção de manufaturas. Aos poucos, a prata passou a ser utilizada para pagar importações de diversos produtos, incluindo alimentos.

Com essa situação, no final do século XVII, a Espanha gastava mais com as importações do que recebia com as exportações, e ficou com a balança comercial desfavorável, isto é, gastava mais com as importações do que ganhava com as exportações. Assim, embora os espanhóis tenham explorado muitos metais preciosos nas colônias americanas, especialmente a prata, essas riquezas não contribuíram efetivamente para enriquecer o país.

Fonte: Patrick O'Brien. *Atlas of world history*. Nova York: Oxford University Press, 2012. p. 130-131; José Jobson de A. Arruda. *Atlas histórico básico*. 17.ed. São Paulo: Ática, 2011. p. 322.

## De olho no legado

### A balança comercial hoje

A prática de acompanhar a balança comercial não ficou apenas no passado. Os governos atuais também se preocupam com o equilíbrio entre as exportações e as importações de seus países. Quando a balança comercial de um país está favorável, costuma-se dizer que ela está em superávit. Isso significa que o país ganhou mais com as exportações do que gastou com as importações. Se, ao contrário, está desfavorável, costuma-se dizer que ela está em déficit. Isso significa que o país gastou mais com as importações do que ganhou com as exportações.

Do mesmo modo, ainda existem políticas protecionistas, como a elevação de impostos sobre a importação de determinados produtos, para evitar a concorrência externa e, assim, proteger a produção interna.

Observe o gráfico abaixo e leia a reportagem que se segue.

A balança comercial brasileira registrou superávit (exportações maiores que importações) de US$ 67 bilhões em todo ano de 2017 [...]

O saldo comercial recorde de 2017 se deve a um crescimento maior das vendas externas do que das importações, que registraram uma alta menor.

Em todo ano passado [2017], as exportações somaram US$ 217,74 bilhões, [...].

O valor registrado nas exportações, por sua vez, é resultado de dois fatores: quantidade exportada e o preço do produto. [...]

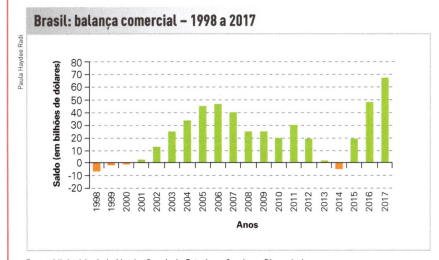

Em todo ano de 2017, a quantidade de produtos exportados subiu 7,6% na comparação com o ano passado, mas o preço dos produtos brasileiros ficou maior: 10,1%. [...]

Já as importações somaram US$ 150,74 bilhões em 2017 [...]. Trata-se do maior valor para as importações desde 2015, isto é, em dois anos.

Alexandro Martello. Com superávit de US$ 67 bilhões, balança comercial registra em 2017 o melhor resultado em 29 anos. G1, 2 jan. 2018. Disponível em: <https://g1.globo.com/economia/noticia/balanca-comercial-tem-superavit-us-67-bilhoes-em-2017-o-maior-em-29-anos.ghtml>. Acesso em: set. 2018.

Fonte: Ministério da Indústria, Comércio Exterior e Serviços. Disponível em: <www.mdic.gov.br/index.php/comercio-exterior/estatisticas-de-comercio-exterior>. Acesso em: set. 2018.

❶ Pela análise do gráfico, é possível dizer que o Brasil é um país que costuma registrar déficit ou superávit comercial? Justifique sua resposta.

❷ De acordo com a reportagem e com o gráfico, o resultado da balança comercial brasileira em 2017 foi positivo ou negativo? Justifique sua resposta.

❸ Segundo a reportagem, quais foram os dois principais fatores que contribuíram para o resultado da balança comercial brasileira em 2017?

❹ O resultado apresentado em 2017 teve influência apenas das exportações ou contou também com as importações? Justifique sua resposta.

## Documentos em foco ■■■

### Preços e salários na França do século XVI

A tabela a seguir possibilita comparar alguns preços e salários praticados na França durante o século XVI. Por exemplo, observe que, entre 1500 e 1520, o salário diário de um servente era suficiente para comprar cerca de 0,5 kg de açúcar; ou que, em cem anos, o salário diário de um pedreiro aumentou cinco vezes, enquanto o preço do trigo aumentou mais de 15 vezes.

| Preços e salários na França do século XVI | | | | | | | |
|---|---|---|---|---|---|---|---|
| **Datas** | **Preços** | | | | | **Salários diários** | |
| | 1 trigo seteiro (156 L) | 1 casal de pombos | 1 capão | 1 libra (454 g) de açúcar | 1 par de sapatos | pedreiro | servente |
| 1500-1520 | 19 s. | 8 d. | 40 d. | 2 s. | - | 4 s. | 2 s. |
| 1520-1530 | 43 s. | 10 d. | 40 d. | 5 s. | 8 s. | 4 s. | $2\frac{1}{2}$ s. |
| 1540-1550 | 54 s. | 20 d. | 36 d. | $5\frac{1}{2}$ s. | 8 s. e 9 d. | 5 s. | 29 d. |
| 1570-1580 | 123 s. | 80 d. | 120 d. | 20 s. | 25 s. | $12\frac{1}{2}$ s. / 14 s. | 6 s. / 7 s. |
| 1596-1600 | 286 s. | 102 d. | 180 d. | 26 s. | - | 20 s. | 8 s. |

s. = soldo;
d. = dinheiro;
12 dinheiros faziam um soldo, 20 soldos faziam uma libra, 3 libras faziam (em 1577) um escudo. Importante distinguir a libra moeda da libra-peso.
Fonte: Gustavo de Freitas. *900 textos e documentos de História*. Lisboa: Plátano, [s. d.]. p. 217.

① Qual é a tendência que a tabela apresenta para os preços e os salários franceses ao longo do século XVI?

② Como o aumento de preços e salários na França pode estar relacionado com a situação da Espanha na mesma época?

# Protegendo a produção nacional

Para manter favorável a balança comercial, era necessário evitar ao máximo as importações. As monarquias europeias passaram então a praticar o protecionismo, que visava proteger a produção e o comércio cobrando altos impostos sobre os produtos estrangeiros. O objetivo era encarecer os produtos importados para incentivar o consumo de produtos nacionais, mais baratos, e assim proteger a economia nacional. Com essa prática, os governos absolutistas tentavam impedir a concorrência dos produtos importados com os nacionais.

A produção do país deveria abastecer o mercado interno e ser suficiente também para a exportação, contribuindo para manter a balança comercial favorável. Assim, incentivar a produção de manufaturas era outra prática mercantilista. Para os Estados Modernos era mais vantajoso desenvolver a produção de artigos manufaturados do que a produção de matérias-primas. O país que produzisse manufaturados não precisaria importá-los e poderia ampliar as exportações. Aquele que tivesse mais matérias-primas poderia exportá-las, mas gastaria parte de seus lucros na importação de manufaturados.

# Pacto colonial

As nações mercantilistas pretendiam acumular metais preciosos, manter a balança comercial favorável, praticar o protecionismo e estimular a produção manufatureira. Se todas queriam as mesmas coisas, quem compraria seus produtos e lhes forneceria matérias-primas? As colônias passaram a ser fundamentais para o funcionamento do mercantilismo. Nelas, os colonizadores exploraram matérias-primas, como madeira, cana-de-açúcar, tabaco e algodão. Algumas tinham minas de ouro e prata, o que contribuía diretamente para o metalismo. Além disso, a população colonial tornou-se consumidora dos produtos europeus.

Para as metrópoles era interessante que suas colônias fornecessem riquezas ou consumissem mercadorias dos demais países da Europa. Aos poucos, os governos metropolitanos impuseram às colônias o pacto colonial: cada colônia poderia vender matérias-primas apenas para sua metrópole e não poderia produzir manufaturados, tendo de comprá-los exclusivamente da metrópole. Essa foi uma forma de monopólio comercial que facilitava o funcionamento do mercantilismo e garantia o enriquecimento das metrópoles, que compravam matérias-primas por preços baixos e vendiam produtos por preços altos.

**Ampliar**

**O mercantilismo**
www.economiabr.net/economia/1_hpe2.html
*Link* que apresenta as principais características do mercantilismo.

Nesta gravura pode-se perceber a influência da metrópole espanhola na vestimenta dos moradores das colônias na América; as roupas, como todos os produtos manufaturados, eram fornecidas pela metrópole europeia.

Gaspard Duché de Vancy. *Trajes dos habitantes de La Concepción*, século XVIII.

## Documentos em foco

### Mercantilismo

Leia o texto e responda às questões a seguir.

> O receituário mercantilista encaminha-se diretamente para a formulação da doutrina da balança favorável [...]. Daí a política protecionista: tarifária em primeiro lugar; ligada a esta, **fomentista** da produção nacional daqueles produtos que concorram vantajosamente no mercado entre as nações. Defesa da saída das matérias-primas, estímulo às exportações de manufaturas; inversamente, estímulo à entrada de produtos primários, dificuldade ou mesmo proibição da importação de manufaturados.
>
> Fernando A. Novais. *Portugal e Brasil na crise do antigo sistema colonial*. São Paulo: Hucitec, 2001. p. 61-62.

**Glossário**

**Fomentar:** promover, favorecer.

1. De acordo com o texto, qual era a principal finalidade do mercantilismo?
2. Segundo o texto, quais foram as duas formas usadas pelos países para ter uma balança comercial favorável?

## A intervenção do Estado na economia

Cabiam aos governos as decisões sobre exportações e importações, impostos, produção de manufaturados e exploração colonial. Esse intervencionismo estatal na economia, o metalismo, a balança comercial favorável, o protecionismo, o incentivo à produção de manufaturados e o pacto colonial compunham as práticas mercantilistas.

Cada governo adotou aquelas que melhor se adaptavam à economia nacional. A Espanha concentrou-se no metalismo; Portugal, na exploração de matérias-primas no Brasil; França e Inglaterra, nas manufaturas; Holanda, no transporte e na revenda de produtos no mercado internacional.

O mercantilismo fortaleceu a aliança entre monarcas e burgueses: ao mesmo tempo que o Estado se fortalecia, a burguesia enriquecia com o crescimento das atividades comerciais e manufatureiras.

Hans Holbein, o Jovem. *Os embaixadores*, 1533. Óleo sobre madeira, 207 cm × 209,5 cm.

A pintura retrata dois poderosos e influentes políticos franceses (Jean de Dinteville e o bispo Georges de Selve) que atuaram como embaixadores em diversas ocasiões. É possível observar alguns símbolos do desenvolvimento comercial, científico e artístico da época: o globo terrestre, instrumentos de navegação e de medição do tempo, um livro de Aritmética, instrumentos musicais etc. Em primeiro plano, aparece uma misteriosa imagem distorcida, a qual foi identificada por pesquisadores como um crânio.

## Conviver

### Moda espanhola no século XVI

Com a ascensão da burguesia, as cidades voltadas ao comércio tornaram-se cada vez mais prósperas e geraram uma riqueza que alimentou o gosto pelo luxo. Nessas condições, a moda cresceu em sofisticação.

> Após a segunda metade do século XVI, a mais poderosa influência foi a da moda espanhola, devido principalmente à sua prosperidade econômica, vinda das navegações e de uma situação política sólida. O estilo espanhol era caracterizado pela predominância do preto e combinava seriedade, rigidez e elegância: os tecidos negros, riquíssimos, eram muitas vezes bordados com fios em ouro e prata. [...]

Denise Pollini. *Breve história da moda*. São Paulo: Claridade, 2007. p. 24.

Reúna-se com os colegas e, juntos, respondam às questões a seguir.

1. Vocês se preocupam em vestir o que "está na moda"? Por quê?
2. O texto informa que, após a segunda metade do século XVI, a moda espanhola foi amplamente divulgada devido à prosperidade econômica do país. E atualmente? As tendências da moda também vêm dos países com situação econômica favorável? Comentem suas respostas.
3. Vocês consideram que a moda possibilita que as pessoas expressem sua maneira de ser, seus sentimentos, sua forma de pensar? Comentem suas respostas.

**1** Diversos países europeus da época do absolutismo aplicaram políticas econômicas com a finalidade de fortalecer os tesouros reais. Mais tarde, esse conjunto de práticas foi chamado pelos estudiosos de mercantilismo. Essas políticas, ou práticas, foram iguais em todos os países da Europa?

**2** O sistema mercantilista reforçou o absolutismo – o rei controlava a economia nacional e adotava práticas mercantilistas, que visavam enriquecer a nação, garantindo o apoio da população (principalmente da burguesia). Faça uma breve pesquisa na internet (em *sites* que contenham fontes) e cite as práticas mercantilistas adotadas pelos seguintes governantes absolutistas da época:
- Filipe II, da Espanha;
- Elizabeth I, da Inglaterra;
- Luís XIV, da França.

**3** Você estudou sobre as principais práticas mercantilistas: metalismo, balança comercial favorável, protecionismo, produção de manufaturas, pacto colonial e intervencionismo estatal. Explique cada uma dessas práticas com as próprias palavras.

**4** Por que a Espanha tinha condições de ser o país mais rico do mundo no início do século XVI?

**5** No final do século XVII, a situação da Espanha não era tão favorável quanto no início do século XVI. Explique por quê.

**6** Além de praticar o metalismo, quais estratégias econômicas países como França, Inglaterra e Holanda utilizaram para acumular riquezas em metais preciosos?

**7** Mobilize seus conhecimentos para explicar a importância das colônias para o mercantilismo.

**8** A balança comercial pode trazer dois resultados para um país, podendo registrar superávit ou déficit. Explique cada um desses conceitos.

**9** Explique por que a metrópole tinha o monopólio dos negócios coloniais.

**10** Vimos que o capitalismo apresenta, nos dias de hoje, características muito mais complexas do que em sua primeira fase, o mercantilismo. No entanto, se o mercantilismo representou a "infância" do capitalismo, este ainda conserva práticas econômicas daquele. Considerando as alterações devidas à passagem do tempo, relacione quais características são essas, comentando-as.

**11** Leia o seguinte texto:

> Os Estados monárquicos dos séculos XV e XVI encontraram os primeiros elementos de sua política econômica; o mercantilismo que começa a se afirmar na segunda metade do século XV, estendendo os limites das, até então, jovens monarquias nacionais. O Estado tomava cuidado para evitar a saída de numerário e exportações de ouro e de prata, intervindo na atividade econômica e combatendo a concorrência de outros países, evitando fuga de grande vulto de numerário. Respondendo aos interesses de alguns mercadores e beneficiando as necessidades financeiras do soberano, traçou-se uma fina linha entre o poder monárquico e a prosperidade nacional.

Nelson Rocha Neto. Piratas e corsários na Idade Moderna. 2009. 34 p. Trabalho de Conclusão de Curso – Faculdade de História, Universidade Tuiuti do Paraná, Curitiba, 2009. p. 10. Disponível em: <http://universidadetuiuti.utp.br/historia/Tcc/Revista3_historia/PDF/Nelson%20Rocha%20Neto.pdf>. Acesso em: out. 2018.

**a)** Com base no texto, explique a relação que se estabeleceu entre as monarquias europeias e o mercantilismo entre os séculos XV e XVIII.

**b)** Por que as monarquias europeias da época preferiam que as respectivas nações produzissem artigos manufaturados em vez de matérias-primas?

# CAPÍTULO 4

# Absolutismo

Atualmente, há diversas monarquias na Europa, todas elas parlamentares e constitucionais. Seus reis ou rainhas são chefes de Estado, mas não governam; quem governa é o primeiro-ministro, escolhido pelo **Parlamento**, respeitando a **Constituição** do país.

As gerações mais jovens das famílias reais europeias têm conseguido, nas últimas décadas, renovar um pouco as rígidas tradições monárquicas. Ao invés de serem educados individualmente por professores particulares e viverem nos palácios isolados das outras crianças, os futuros reis e rainhas mantêm rotinas de crianças comuns na maior parte do dia. Mesmo assim, cumprem diversas obrigações que fazem parte de seu longo e detalhado preparo para, um dia, exercer a função de rei ou rainha, que se torna a cada dia mais simbólica. Quando aparecem em público, são sempre acompanhados por fotógrafos; com certeza, têm muito menos privacidade do que as pessoas comuns e anônimas.

### Glossário

**Constituição:** conjunto de regras ou princípios de uma nação.
**Parlamento:** assembleia representativa dos cidadãos, da qual fazem parte os deputados eleitos pelo povo.

Família real espanhola em 2018: o rei Filipe VI, a rainha Letizia e as princesas Leonor (futura rainha da Espanha) e Sofia.

**zoom**
① Para você, o que é ter privacidade?

No entanto, houve uma época em que os reis europeus eram considerados pessoas superiores e especiais; exerciam um poder político excessivamente centralizado e inquestionável, o que seria impensável nos dias de hoje.

# A formação dos Estados modernos na Europa

Artista desconhecido. Pintura que representa o rei Henrique VIII e sua família, c. 1589-1595. Óleo sobre painel, 1,2 m × 1,8m.

No século XVI, Portugal, Espanha, França e Inglaterra passaram pelo processo de formação do Estado moderno, caracterizado pela centralização do poder político, pelo fortalecimento da monarquia e pela definição das fronteiras dentro das quais vivia uma nação.

Até o século XVIII, prevaleceu nos Estados modernos europeus o regime político do absolutismo monárquico, no qual o rei governava com amplos poderes.

Como foi a vida da população nos países de regime absolutista? Como os reis justificavam tanto poder? Quem fazia as leis?

Entre os séculos XI e XV, a Europa Ocidental passou por intenso desenvolvimento comercial e urbano. A economia tornava-se monetária e a burguesia ampliava seus negócios em busca do lucro.

Na defesa de seus interesses, os burgueses mobilizaram-se para conseguir o fim dos pedágios cobrados pelos senhores feudais, a criação de moedas e de leis nacionais, rotas comerciais mais seguras e unificação no sistema de pesos e medidas. Para isso, apoiaram a centralização política dos reinos europeus.

Esse processo levou à diminuição do poder da nobreza feudal e ao fortalecimento do poder do monarca. Aos poucos, os territórios de cada reino foram estabelecidos e as fronteiras, definidas; a população urbana e rural foi submetida à autoridade do respectivo rei e às leis aprovadas por ele.

Formavam-se assim os Estados modernos europeus, isto é, Estados com organização política e administrativa de caráter nacional, que prevaleceram sobre a autoridade local, até então exercida pelos senhores feudais.

## zoom

1. O que está acontecendo na cena representada?
2. A cena acontece em que época, provavelmente?
3. Quais elementos da imagem indicam que o rei tem autoridade sobre sua nação e seu povo?

Artista desconhecido. Iluminura que representa o rei Carlos VII cercado por seus conselheiros.

37

# Origens do absolutismo monárquico

Entre os séculos XVI e XVIII, os reis dos Estados modernos europeus governaram com acentuada concentração de poderes, caracterizando o regime político denominado absolutismo monárquico.

Em variadas situações, os reis absolutistas colocavam os interesses do Estado acima dos interesses da população, visando preservar sua autoridade e as alianças políticas que sustentavam seu governo.

Cabia aos monarcas nomear os funcionários públicos, muitos dos quais eram escolhidos entre a nobreza como forma de se aproximar desse grupo social e obter seu apoio. Os reis permitiram a muitos nobres viver em seu palácio e fazer parte de sua **Corte**. Na França, por exemplo, a nobreza obteve os privilégios de não pagar impostos e de receber pensão do governo.

> **Glossário**
> **Corte:** grupo de pessoas que vive perto do rei; comitiva real.

## A autoridade dos reis

A fim de manter bom relacionamento com o clero e de contar com a influência dele sobre a população, diferentes reis, sobretudo de Portugal, da Espanha e da França, mantiveram a administração da Igreja Católica sobre as terras que já lhe pertenciam. Além disso, concederam aos clérigos a isenção de impostos.

Os reis criavam os impostos que eram cobrados do restante da sociedade, que incluía camponeses, artesãos e comerciantes. Eles também decidiam como seria usado o dinheiro público, comandavam o Exército, declaravam guerra ou assinavam tratados de paz, tinham poder para rejeitar projetos de leis e para elaborá-las, exerciam a Justiça e ainda determinavam a religião oficial do país.

Sua autoridade foi estendida às colônias, para onde enviavam funcionários que cuidavam da administração, da defesa, da cobrança de impostos e da fiscalização das atividades.

Alguns escritores e filósofos da época elaboraram teorias em que explicavam e justificavam o absolutismo monárquico, tentando convencer a sociedade de que esse regime político era necessário para garantir a segurança nacional, a ordem social, o desenvolvimento econômico e o cumprimento das leis.

Galeria dos Espelhos, no Palácio de Versalhes, França, 2017.

A construção desse salão foi encomendada por Luís XIV e concluída em 1684, durante seu reinado. Por seus 73 metros de extensão estão instalados 357 espelhos. Membros da Corte circulavam pela Galeria dos Espelhos, na qual também os visitantes aguardavam suas audiências com o rei.

### O rei tem poder divino

Grande parte do clero apoiou o absolutismo monárquico e buscou usar a religiosidade da sociedade para que ela reconhecesse a plena autoridade do rei.

A principal ideia defendida pela Igreja foi a teoria do direito divino, segundo a qual o poder do rei tinha origem divina. Assim, caberia apenas a Deus julgar os atos e as decisões dos monarcas, que estariam livres da obrigação de prestar contas de suas decisões à nação.

## Documentos em foco

### A autoridade inquestionável dos reis

Alguns documentos da época revelam como eram vistos os reis absolutistas. O francês conde de Cheverny descreveu assim o rei espanhol Filipe II após o fim de seu reinado, que ocorrera em 1598:

Hyacintthe Rigaud. *Retrato de Luís XIV*, 1701. Óleo sobre tela, 2,7 m × 1,9 m.

O rei absolutista Luís XIV foi chamado de Rei-Sol: toda a Corte, bem como a vida política da França, girava em torno dele, como os planetas ao redor do Sol.

> E, em matéria de Estado, ele [...] não poupava ninguém que tivesse falhado [...], fazendo-se grandemente respeitar e honrar pelos grandes [...]: nenhuma pessoa viva lhe falava senão de joelhos [...] e poucas vezes se deixava ver ao povo, e mesmo aos grandes, a não ser em dias solenes.
>
> In: Gustavo de Freitas. *900 textos e documentos de História*. Lisboa: Plátano, s. d. p. 201.

O bispo Jacques Bossuet, que viveu no século XVII e foi um defensor da teoria do direito divino dos reis, escreveu:

> O trono real não é o trono de um homem, mas o trono do próprio Deus [...] O rei vê de mais longe e de mais alto; deve acreditar-se que ele vê melhor, e deve obedecer-se-lhe sem murmurar.
>
> In: Gustavo de Freitas. *900 textos e documentos de História*. Lisboa: Plátano, s. d. p. 201.

Outro documento, de 1766, enviado ao parlamento de Paris por Luís XV (que governou a França entre 1715 e 1774), evidencia a autoridade do rei:

> É somente na minha pessoa que reside o poder soberano [...] é somente de mim que os meus tribunais recebem a sua existência e a sua autoridade; a plenitude desta autoridade, que eles não exercem senão em meu nome, permanece sempre em mim, e o seu uso nunca pode ser contra mim voltado; é unicamente a mim que pertence o poder legislativo, sem dependência e sem partilha; é somente por minha autoridade que os funcionários dos meus tribunais procedem, não à formação, mas ao registro, à publicação, à execução da lei, e que lhes é permitido advertir-me o que é do dever de todos os úteis conselheiros; toda a ordem pública emana de mim, e os direitos e interesses da nação, de que se pretende ousar fazer um corpo separado do Monarca, estão necessariamente unidos com os meus e repousam inteiramente nas minhas mãos.
>
> In: Gustavo de Freitas. *900 textos e documentos de História*. Lisboa: Plátano, s. d. p. 202.

**Ampliar**

**Linhagens do Estado absolutista,** de Perry Anderson (Brasiliense).

O livro traça o desenvolvimento dos Estados absolutistas a partir do período final do feudalismo.

---

① Quais características de um rei absolutista estão presentes na descrição do conde de Cheverny sobre o Filipe II?

② Por que o documento enviado ao parlamento francês mostra que Luís XIV era um monarca absolutista?

③ Explique a ligação de cada afirmativa do bispo Jacques Bossuet com a teoria do direito divino.

# A sociedade precisa de um rei

Os filósofos defensores do absolutismo monárquico partiam do princípio de que o regime absolutista era necessário para fortalecer o Estado e organizar a vida em sociedade. Alguns dos filósofos europeus que se destacaram nesse contexto foram Thomas Hobbes e Nicolau Maquiavel.

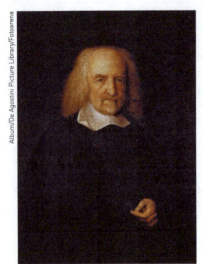

## O *Leviatã*, de Hobbes

No livro *Leviatã*, o filósofo inglês Thomas Hobbes, que viveu entre 1588 e 1679, argumenta que somente governos fortes e poderosos conseguem impedir que as pessoas se destruam na luta pelo poder e pela sobrevivência, uma vez que, para o autor, "o homem é o lobo do homem".

Hobbes afirmava que os povos precisam de monarcas absolutistas para manter a ordem na sociedade. Sua teoria foi valorizada principalmente na Inglaterra.

John Michael Wright. *Retrato de Thomas Hobbes*, século XVIII. Óleo sobre tela, 66 cm × 54 cm.

## *O príncipe*, de Maquiavel

O filósofo Nicolau Maquiavel, nascido em Florença em 1469, viveu numa época em que ainda não se havia organizado um governo centralizado na Península Itálica. Naquela região havia cidades-Estado independentes, como Veneza, Gênova, Florença e Roma, cada qual governada por uma família – em geral, de burgueses que haviam enriquecido com atividades comerciais e financeiras.

Entretanto, em meados do século XV, a situação econômica das cidades italianas foi abalada pelo fim do monopólio do comércio das especiarias e pelo bloqueio turco no Mar Mediterrâneo. Além disso, elas enfrentavam a França e a Espanha, que tentavam dominá-las.

Maquiavel, cuja obra mais importante chama-se *O príncipe*, defendia a formação de um Estado moderno que unisse as cidades-Estado sob um único governo. Ele considerava que dessa forma a Península Itálica poderia enfrentar a crise, afastar o perigo da dominação estrangeira e competir com Portugal, Espanha, França e Inglaterra, que naquele momento fortaleciam-se e enriqueciam com o desenvolvimento comercial, as navegações e a colonização.

Em *O príncipe*, Maquiavel afirma que o monarca não deve ser julgado pelas atitudes que toma, e sim pelos objetivos que pretende alcançar. Dessa forma, uma atitude injusta ou violenta do governante pode ser considerada positiva se sua finalidade for manter a ordem e a segurança.

Os argumentos de Maquiavel foram utilizados por diversos reis absolutistas europeus a fim de justificar seu poder, mas não foram suficientes para unificar as cidades italianas. A centralização política na Península Itálica foi concretizada apenas em 1870.

Santi di Tito. *Retrato de Nicolau Maquiavel*, século XVI. Óleo sobre madeira, 104 cm × 84 cm.

> Maquiavel baseava-se na ideia de que o governante, para manter-se no poder, devia ser temido pelo povo. Ele foi o primeiro filósofo a separar os interesses políticos dos valores morais.

# Viver

## Maquiavel: melhor ser amado que temido

Na obra *O príncipe*, escrita pelo filósofo Nicolau Maquiavel em 1505 e publicada dez anos depois, em 1515, os capítulos iniciais abordam os desafios que os governantes das cidades italianas da época enfrentavam para conquistar e manter um principado. No último capítulo, Maquiavel dedica-se a orientar um príncipe da Península Itálica a livrar-se da dominação estrangeira.

Leia um trecho da obra:

[...] tenho a dizer que cada príncipe deve desejar ser tido como piedoso e não como cruel: apesar disso, deve cuidar de empregar convenientemente essa piedade. [...] Nasce daí esta questão debatida: se será melhor ser amado que temido ou vice-versa. Responder-se-á que se desejaria ser uma e outra coisa; mas como é difícil reunir ao mesmo tempo as qualidades que dão aqueles resultados, é muito mais seguro ser temido que amado, quando se tenha que falhar numa das duas. É que os homens geralmente são ingratos, volúveis, simuladores, covardes e ambiciosos de dinheiro, e, enquanto lhes fizeres bem, todos estão contigo, oferecem-te sangue, bens, vida, filhos, como disse acima, desde que a necessidade esteja longe de ti. Mas, quando ela se avizinha, voltam-se para outra parte. E o príncipe, se confiou plenamente em palavras e não tomou outras precauções, está arruinado. Pois as amizades conquistadas por interesse, e não por grandeza e nobreza de caráter, são compradas, mas não se pode contar com elas no momento necessário. E os homens **hesitam** menos em ofender aos que se fazem amar do que aos que se fazem temer, porque o amor é mantido por um vínculo de obrigação, o qual devido a serem os homens **pérfidos** é rompido sempre que lhes **aprouver**, ao passo que o temor que se **infunde** é alimentado pelo receio de castigo, que é um sentimento que não se abandona nunca. Deve, portanto, o príncipe fazer-se temer de maneira que, se não se fizer amado, pelo menos evite o ódio, pois é fácil ser ao mesmo tempo temido e não odiado, o que sucederá uma vez que se **abstenha** de se apoderar dos bens e das mulheres dos seus cidadãos e súditos, e, mesmo sendo obrigado a derramar o sangue de alguém, se poderá fazê-lo quando houver justificativa conveniente e causa manifesta. Deve, sobretudo, abster-se de se aproveitar dos bens dos outros, porque os homens esquecem mais depressa a morte do pai do que a perda de seus patrimônio. [...] Mas quando o príncipe está em campanha e tem sob seu comando grande cópia de soldados, então é absolutamente necessário não se importar com a fama de cruel, porque, sem ela, não se conseguirá nunca manter um exército unido e disposto a qualquer ação. [...] Concluo pois (voltando ao assunto sobre se é melhor ser temido ou amado), que um príncipe sábio, amando os homens como eles querem e sendo por eles temido como ele quer, deve basear-se sobre o que é seu e não sobre o que é dos outros. Enfim, deve somente procurar evitar ser odiado, como foi dito. [...]

Nicolau Maquiavel. *O Príncipe*. Trad.: Lívio Xavier. Rio de Janeiro: Ediouro, 1967. p. 147, 149, 150 e 152.

Capa da 1550ª edição de *O Príncipe* e *A vida de Castruccio Castracani de Lucca*, por Nicolau Maquiavel.

### Glossário

**Abster:** renunciar; abdicar.
**Aprouver:** agradar, satisfazer.
**Hesitar:** duvidar.
**Infundir:** espalhar.
**Pérfido:** desleal; traidor.

1. Quais são os aspectos das ideias defendidas por Maquiavel que mais chamaram a sua atenção?

2. Qual teria sido a intenção de Maquiavel ao afirmar que um governante deve preferir ser temido a ser amado por seu povo?

3. Na época de Maquiavel, o regime político em vigor não era democrático, isto é, as pessoas não escolhiam seus representantes por meio do voto, livremente. Atualmente, vivemos em uma democracia. Em grupo, troquem ideias sobre ética na política, isto é, sobre qual deve ser o perfil dos candidatos a representar o povo no governo, como a população deve escolhê-los e como, uma vez eleitos, eles devem agir para obter o respeito e o apoio da sociedade.

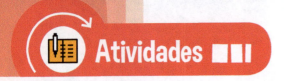 

1. Entre os séculos XI e XV ocorreu o processo de centralização política nos reinos europeus, levando à formação dos Estados modernos. Assim, o poder local dos senhores feudais foi substituído pelo poder nacional dos monarcas. Com base em sua aprendizagem sobre a formação dos Estados modernos europeus, explique a frase destacada.

2. Quais benefícios a burguesia europeia pretendia garantir ao apoiar a centralização política e a formação de governos nacionais, submetidos à autoridade dos monarcas e não mais à dos senhores feudais?

3. Mobilize seus conhecimentos e suas leituras e elabore uma definição para absolutismo monárquico.

4. Como os monarcas absolutistas obtiveram o apoio da nobreza? E do clero?

5. Thomas Hobbes escolheu como título de sua obra mais conhecida o nome de um monstro marinho do Antigo Testamento, descrito como indomável e muito perigoso, **Leviatã**.

   a) De acordo com as ideias defendidas pelo filósofo inglês Thomas Hobbes, por que as sociedades necessitam de reis absolutistas?

   b) Você concorda com a afirmação "o homem é o lobo do homem", feita por Hobbes a respeito da vida em sociedade? Por quê?

   c) Observe a página inicial do livro *Leviatã*. Na imagem, o rei gigantesco usa a coroa e, empunhando a espada na mão direita e o cetro na mão esquerda, abre os braços sobre seu reino; seu corpo é formado pela união dos **súditos**. Que elementos da imagem comprovam as ideias defendidas por Hobbes?

Frontispício de um exemplar do século XVII de *Leviatã*, a obra mais conhecida do filósofo inglês Thomas Hobbes, publicada pela primeira vez em 1651.

### Glossário

**Persuadir:** convencer.
**Reputação:** fama.
**Súdito:** submetido à vontade ou à autoridade de outro.

**6** Na época em que Maquiavel viveu, como estava organizada politicamente a Península Itálica?

**7** Quais eram os objetivos de Nicolau Maquiavel ao defender o absolutismo monárquico na obra *O príncipe*?

**8** Os filósofos defensores do absolutismo argumentavam que apenas os reis tinham poder para estabelecer as regras de convivência social. Converse com o professor e procure saber como são feitas as leis e como são as regras de convivência social em outros países. Registre essas informações no caderno.

Em duplas:

- conversem sobre como as regras de convivência podem colaborar para a vida em sociedade;

- reúnam exemplos de regras de convivência social que são diferentes daquelas praticadas em sua comunidade;

- escolham duas regras de convivência que vocês consideram necessárias no dia a dia da escola;

- escrevam essas regras em faixas de papel e combinem com o professor um local da escola para fixá-las e divulgá-las entre a comunidade escolar.

**9** O filósofo inglês Thomas Morus viveu entre 1480 e 1535. Em sua obra *Utopia*, descreveu a sociedade ideal usando como modelo uma ilha imaginária na qual não havia fome, injustiças sociais, guerras ou governos impopulares e autoritários.

> A ilha da Utopia contém 54 cidades vastas e magníficas. A linguagem, os costumes e as leis são em todas elas perfeitamente idênticas [...]. No meio dos campos há casas [...] que servem de habitação a trabalhadores que a cidade envia periodicamente para o campo [num sistema de turnos]. [...] Cada 30 famílias faz todos os anos a eleição de um magistrado chamado sigrofante [...]. Os sigrofantes [...] proclamam príncipe um dos 4 cidadãos escolhidos pelo povo [...]. O principado é vitalício, a não ser que o príncipe se torne suspeito de aspirar à tirania [...].
>
> Thomas Morus. *Utopia*, 1516.

Morus acreditava que os seres humanos eram bons e capazes de construir uma sociedade justa e harmoniosa, em que todos alcançariam a felicidade. De acordo com as informações apresentadas no texto e seus conhecimentos, responda às perguntas a seguir.

**a)** Thomas Morus defendia o absolutismo monárquico? Justifique sua resposta.

**b)** Atualmente, a palavra utopia não se relaciona apenas ao nome da ilha imaginada por Thomas Morus, mas seu significado está relacionado à ideia do escritor quando descreveu a ilha. Qual é esse significado?

**c)** Thomas Morus acreditava ser possível haver uma sociedade ideal, baseada na justiça e harmonia. Reúna-se com um colega e, inspirados na ideia de Morus, descrevam a sociedade que vocês consideram ideal.

**10** Leia o texto e responda à pergunta.

> No início de seu reinado pessoal, Luís XIV estava "**persuadido** de que a **reputação** e a glória se adquiriam também pela magnificência das construções". Para isso, nomeou Colbert, que desde 1661 já o servia como membro do Conselho Real das Finanças, superintendente das construções reais, em janeiro de 1664 [...]. Em sua concepção, os palácios reais e Paris deviam refletir a grandiosidade do regime como também contribuir para a glória do rei. Sendo assim, sob Colbert, Paris ganhou edifícios magníficos: foram construídos arcos do triunfo, pirâmides, túmulos e obeliscos [...].
>
> Maria Isabel Barbosa. A contribuição de Bossuet à glória do rei. *Akrópolis*, Umuarama, v. 15, n. 1 e 2, p. 62, jan.-jun. 2007.

De acordo com o texto, que relação o rei absolutista francês Luís XIV fazia entre seu poder e a arquitetura?

# Visualização

## EM BUSCA DE LUCRO

### Europa e Oriente
- Comércio de especiarias e artigos de luxo
- Rotas no Mar Mediterrâneo
- Controle genovês e veneziano
- Rotas terrestres
- Controle turco, viagens longas e perigosas

### China
- Dinastia Ming
- Modelo econômico expansionista
- Pioneirismo marítimo
  - Supremacia nos oceanos Pacífico e Índico
  - Comércio com regiões até a África Oriental

### Complicações
- Dificuldade de acesso por terra
- Monopólio italiano no mar
- Diversos intermediários
- Falta de alimentos na Europa
- Bloqueio de Constantinopla

### Portugal
- Pioneirismo europeu
  - Poder político centralizado
  - Burguesia financiadora
- África
  - Invasões
  - Relacionamento com governos locais
  - Exploração de riquezas naturais
  - Comércio de produtos e de escravizados africanos
- Índia
  - Viagem arriscada
  - Altos lucros

### Motivações
- Obtenção de metais preciosos
- Conquista de terras
- Diminuição de custos
- Lucro

### Novos caminhos
- Oceano Atlântico: "Mar tenebroso"
- Desenvolvimento técnico-marítimo
- Investimentos de governos e burgueses

## AMÉRICA

### Espanha
- Lucro português desperta atenção
- Fim da Guerra de Reconquista
- Acumulação de capital
- Organização de expedições marítimas
- Esfericidade da Terra
- Viagem para o Oriente pelo Ocidente
- Cristóvão Colombo
  ↳ América Central

### Expansão e dominação
- Integração entre continentes
- Intercâmbio cultural
- Aculturação
- Desestruturação das sociedades locais
- Conflitos
- Escravidão

### Portugal
- Disputa de territórios com Espanha
- Tratado de Tordesilhas
- Pedro Álvares Cabral
  ↳ Costa brasileira

### Navegações posteriores
- França e Inglaterra
  - Fim da Guerra dos Cem Anos
  - Centralização do poder
  - Acumulação de capital
  - América Central e do Norte
- Holanda
  - Independência da Espanha
  - Burguesia financiadora
  - América Central e do Sul

## MERCANTILISMO

**Características**
- Primeira fase do capitalismo
- Altos lucros
- Navegações
- Comércio
- Exploração colonial
- Fortalecimento dos monarcas e da burguesia
- Desenvolvimento artístico e científico
- Intervenção dos governos na economia

**Metalismo**
- Acúmulo de metais preciosos
- Balança comercial favorável

**Pacto colonial**

**Protecionismo**
- Taxação de produtos importados
- Consumo de produtos nacionais
- Incentivo à produção manufatureira
- Exportação

**Monopólio comercial**
- Metrópole
- Manufaturados
- Colônia
- Matérias-primas

## ABSOLUTISMO

**Monarquia absolutista**
- Acentuada concentração de poder
- Direito divino
- Apoio de diferentes classes
  - Burguesia
  - Nobreza
  - Clero

**Filósofos**
- Thomas Hobbes
  - *O Leviatã*
  - Monarca para manter a ordem social
- Maquiavel
  - *O Príncipe*
  - Centralização do poder

**Estados nacionais**
- Centralização política
- Aliança com a burguesia
- Submissão feudal

45

# Retomar

**1** O poeta português Fernando Pessoa, que viveu entre 1888 e 1935, escreveu um poema no qual homenageia os navegadores portugueses que participaram da Expansão Marítima e Comercial dos séculos XV e XVI.

### Mar português

Ó mar salgado, quanto do teu sal
São lágrimas de Portugal!
Por te cruzarmos, quantas mães choraram,
Quantos filhos em vão rezaram!
Quantas noivas ficaram por casar
Para que fosses nosso, ó mar!
Valeu a pena? Tudo vale a pena
Se a alma não é pequena.
Quem quer passar além do Bojador
Tem que passar além da dor.
Deus ao mar o perigo e o abismo deu.
Mas nele é que espelhou o céu.

Fernando Pessoa. *O eu profundo e os outros eus.*
Rio de Janeiro: Nova Fronteira, 1980.

O poeta português Fernando Pessoa, 1914.

a) Qual é o mar português ao qual o título do poema de Fernando Pessoa se refere? Por que o autor o chama de "mar português"?

b) Com base em seus conhecimentos sobre as Grandes Navegações dos séculos XV e XVI, o que Fernando Pessoa quis dizer ao escrever que "as lágrimas de Portugal salgaram o mar"?

c) Qual território conquistado pelos portugueses durante a expansão marítima é citado no poema? Em que continente ele se localiza e em qual ano os portugueses o alcançaram?

d) Fernando Pessoa considera que valeu a pena fazer as Grandes Navegações. Quais vantagens Portugal obteve ao realizar as viagens marítimas entre os séculos XV e XVI?

e) Em grupos, pesquisem outros poemas de Fernando Pessoa. Escolham alguns de que mais gostaram para declamá-los aos colegas dos outros grupos.

**2** Pesquise em jornais e revistas (em versão impressa ou na internet) algumas notícias sobre superávit e/ou déficit da balança comercial brasileira. Em duplas, conversem sobre as notícias coletadas e, com o auxílio do professor de Língua Portuguesa, elaborem novas manchetes para elas, com base em seus conhecimentos sobre o mercantilismo.

**3** A América foi nomeada dessa forma em homenagem ao navegador Américo Vespúcio. Mesmo que não tenha sido o primeiro europeu a conduzir uma expedição para esses territórios, Vespúcio desbancou Cristóvão Colombo por ter sido o primeiro navegador a confirmar que aqueles territórios não faziam parte das Índias, como se supunha até então. Mesmo assim, Colombo não deixou de ser homenageado. Faça uma pesquisa e escreva um texto breve que explique as principais características da Colômbia (população, principais cidades, língua(s) falada(s), sistema de governo, base econômica etc.), país cujo nome é uma referência ao navegador genovês.

**4** Observe na página ao lado o monumento *Padrão dos Descobrimentos*, erguido na cidade de Lisboa, capital de Portugal, e leia o texto que o explica, extraído do *site* da Câmara Municipal de Lisboa na área destinada à Arte Pública.

46

O Padrão dos Descobrimentos, uma ideia de Leitão de Barros, foi concebido pelo arquiteto Cottinelli Telmo, e pelo escultor Leopoldo de Almeida. Erguido pela primeira vez em 1940, de forma efêmera, estava integrado na Exposição do Mundo Português. A sua edificação definitiva é decidida no âmbito das comemorações do V Centenário da morte do Infante D. Henrique, em 1960. A reconstrução em pedra inicia-se em novembro de 1958 e conclui-se precisamente em janeiro de 1960, altura em que os presidentes da República de Portugal e do Brasil o inauguram oficialmente. [...] O monumento pode ser interpretado como uma nau, com a proa, as respectivas velas e mastro, tendo por tripulantes os atores dos Descobrimentos Quinhentistas. [...]

Padrão dos Descobrimentos. Lisboa património cultural. Disponível em: <www.lisboapatrimoniocultural.pt/artepublica/eescultura/pecas/Paginas/Padrao-dos-Descobrimentos.aspx>. Acesso em: out. 2018.

a) De acordo com a imagem e o texto, que elementos do monumento *Padrão dos Descobrimentos* se relacionam ao contexto da expansão marítima portuguesa?

b) Em janeiro de 1960, a obra foi inaugurada oficialmente pelos presidentes da República de Portugal e do Brasil. Por que o presidente do Brasil teria sido convidado a inaugurar esse monumento histórico português, localizado na cidade de Lisboa?

5) Leia o texto a seguir, referente à conquista da América pelos europeus a partir da viagem de Cristóvão Colombo.

A posição mais tradicional a respeito do assunto, existente há muito tempo, encara o 12 de outubro de 1492 sob o ponto de vista exclusivamente europeu. Para os defensores dessa posição, mais difundida na Europa, [...] o importante é compreender os progressos que permitiram aos europeus descobrir a América, estudar as façanhas dos conquistadores e colonizadores do novo continente e a influência que aqui exerceram durante séculos. [...] Há várias décadas alguns especialistas, principalmente latino-americanos, vêm reexaminando o assunto e propondo uma nova perspectiva. O 12 de outubro de 1492, afirmam, não foi apenas um episódio da história da Europa, mas também da história da América [...]. O que para a Europa significou conquista e glória, para os povos americanos significou derrota, destruição física e cultural, violência e morte [...].

J. Amado; L. C. Figueiredo. *Colombo e a América: quinhentos anos depois*. São Paulo: Atual, 1991, p. 3-4.

a) Pesquise por que a data 12 de outubro de 1492 é um marco na história do continente americano.

b) De acordo com o texto, quais são os dois pontos de vista sobre a chegada dos europeus à América?

6) Desde o início desta unidade, estudamos que o sistema capitalista atende às necessidades de consumo dos seres humanos, mas traz o risco do consumismo. Você sabe as diferenças entre consumo e consumismo? Em dupla, façam uma pesquisa sobre o significado desses dois conceitos; prefiram sites que mencionem as fontes e os dicionários oficiais, que são mais confiáveis.

Enumerem os itens que fazem parte de seu consumo diário e classifiquem-nos em duas colunas: essencial e supérfluo. Em seguida, compartilhem as listas com as outras duplas e discutam a necessidade de adotar atitudes de consumo consciente.

# UNIDADE 2

### Antever

A Copa do Mundo de Futebol de 2018, realizada na Rússia, revelou o melhor futebol de cada país participante. Revelou também, nas seleções europeias, a presença maciça de jogadores cujos antepassados vieram de outros continentes, principalmente África e América.

A seleção da França nessa copa, por exemplo, era composta de diversos jogadores de origem africana, de países como Mali, Senegal, Mauritânia, Guiné, Togo, República Democrática do Congo, Angola, Camarões, Argélia, Marrocos; e também de países americanos, como Haiti, Martinica e Guadalupe.

As seleções da Bélgica, Inglaterra, Alemanha e Suíça também não teriam o mesmo desempenho sem o talento dos descendentes de imigrantes.

Um dos melhores resultados da Copa do Mundo de 2018 foi muito além dos campos de futebol; o campeonato mostrou os aspectos positivos da diversidade cultural num momento em que países de várias partes do mundo se recusam a aceitar imigrantes e refugiados de países que enfrentam guerras civis.

Qual é a importância da diversidade cultural no mundo atual? O Brasil é um país multicultural, pois somos herdeiros de diversas culturas africanas, indígenas e europeias. Por que é importante conhecer o modo de vida, as formas de organização social, as práticas e tradições culturais dessas sociedades?

Time francês comemora após vencer final da Copa do Mundo de Futebol 2018. Moscou, Rússia.

# Mundos africanos, mundos americanos

# CAPÍTULO 5
# Comércio, poder e riqueza na África Atlântica

Encerramento da Conferência Mundial contra o racismo em Durban, África do Sul, 2001.

No início do século XXI, nações africanas organizaram conferências internacionais e elaboraram documentos reivindicando políticas compensatórias dos países que se beneficiaram com as relações escravistas entre os séculos XVI e XIX, especialmente da Europa e da América.

A ideia é que tais iniciativas ajudem a reparar os danos provocados por séculos de exploração da população africana, que trazem efeitos econômicos e sociais até hoje.

Entre as políticas compensatórias defendidas por diversas nações da África estão o perdão da dívida externa, acordos comerciais e programas de cooperação para o desenvolvimento. Além disso, o pedido de desculpas formal seria um modo de reconhecer as graves violações aos direitos humanos cometidos no tráfico de pessoas.

Para entender isso, é importante lembrar que no século XV povos africanos que viviam no litoral atlântico entraram em contato com reinos e mercadores europeus envolvidos nas navegações marítimas. A partir de então, por mais de 300 anos, estabeleceu-se um ativo comércio liderado por reis e chefes africanos de um lado, e mercadores europeus de outro, por meio do qual milhões de pessoas foram forçadas a deixar sua terra para trabalhar na América. Na África Ocidental, esse cenário aprofundou antigas rivalidades entre reinos, cidades e aldeias, promovendo guerras para a captura de inimigos posteriormente vendidos como escravizados.

Esse intenso tráfico enriqueceu comerciantes, cidades e reinos dos dois lados do Atlântico. Ao mesmo tempo, desorganizou sociedades africanas e influenciou profundamente a cultura e a história das nações americanas.

No entanto, as propostas de políticas reparatórias ainda não conseguiram apoio político internacional para resultar em medidas concretas voltadas para o desenvolvimento econômico da África.

**Ampliar**

**A expurgada riqueza do Mali e do cinturão sudanês**

www.pordentrodaafrica.com/cultura/a-expurgada-riqueza-do-mali-e-do-cinturao-sudanes

Texto sobre alguns aspectos históricos de Gana, Mali e Songai.

# Sociedades africanas

Ao longo dos séculos, surgiram muitas sociedades na África, que se organizaram das mais diversas formas. Algumas constituíram-se em pequenas aldeias ou cidades independentes, outras viveram como nômades. Surgiram também grandes cidades-Estado, que conquistaram territórios imensos e submeteram outros povos aos seus domínios. Formaram-se alguns impérios de grande extensão. Os governantes desses impérios conseguiram impor sua autoridade em várias regiões e passaram a usar esse poder para cobrar tributos e outras obrigações de povos aliados ou daqueles que eram submetidos militarmente.

Entre os séculos VIII e XVI, na região da África Ocidental, havia ricos e prósperos reinos como Gana, Mali e Songai. A origem deles é pouco conhecida, mas sabe-se que expandiram seu território e dominaram muitas aldeias, formando impérios; suas cidades eram centros de comércio local e internacional e atraíam grande número de pessoas. A **religião islâmica** foi bastante difundida nesses impérios pela ação dos mercadores árabes que atravessavam o Deserto do Saara levando e trazendo diversos produtos.

Também entre os séculos VIII e XVI outros reinos se desenvolveram na África, como Iorubá, Congo e Monomotapa.

Ao longo da História, todos os povos africanos contribuíram para que o continente se caracterizasse por uma acentuada diversidade étnica e cultural, o que se mantém até hoje.

### Glossário

**Religião islâmica:** nesse contexto, o islamismo praticado pelos povos da África Ocidental era uma religião que mesclava princípios do Islã aos das religiões tradicionais da África.

### zoom

Com base no que você estudou e na observação do mapa, é possível concluir que os rios poderiam ter favorecido o desenvolvimento econômico nos impérios de Gana, Mali e Songai? Por quê?

### 💡 Ampliar

**História da África e afro-brasileira: em busca de nossas origens,** de Elisabete Melo e Luciano Braga (Selo Negro).

Por meio de uma história ficcional, o livro examina a ligação entre África e Brasil. Apresenta também diversos aspectos das antigas sociedades africanas.

**África: principais rotas comerciais – séculos IX-XIV**

© DAE/Sonia Vaz

Gana – século XI
Mali – século XIV
Séculos XV e XVI
Songai    Congo
Iorubá    Monomotapa

Fonte: Patrick O'Brien. *Atlas of world history.* Nova York: Oxford University Press, 2012. p. 81.

## Gana

Gana era o título usado pelos reis, significa "chefe de guerra". Esse reino consolidou-se a partir do século IV, por meio da aglutinação de vários conjuntos de vilarejos. Diferentes formas de organização política ali conviviam; o que tornava o reino poderoso era a quantidade de pessoas sob seu controle.

A localização geográfica de Gana favoreceu o controle das mais importantes rotas comerciais da África Ocidental. Lá se desenvolveram o cultivo de cereais e a mineração de ouro. O governante controlava a distribuição das terras e das minas e contava com um exército permanente.

O governo e a nobreza enriqueciam com os impostos cobrados de comerciantes, artesãos e agricultores. O gana, ou seja, o rei, estava sempre cercado por sua comitiva e vestindo roupas **exuberantes**. Relatos da época contam que ele vestia uma túnica, sempre acompanhada de um gorro bordado em ouro, e se enfeitava com colares e pulseiras. De ouro eram também os arreios dos cavalos da realeza, assim como as coleiras dos cachorros que o acompanhavam.

A desigualdade social podia ser percebida no contraste entre as habitações: o povo vivia em cabanas redondas feitas de barro, enquanto os nobres e os altos funcionários públicos viviam em grandes casas de pedra.

O reino de Gana sofreu inúmeras disputas e invasões ao longo de sua história. No entanto, mesmo com um exército composto de guerreiros, soldados, cavaleiros e arqueiros, ele foi derrotado pelos almorávidas, povo islâmico do norte da África. Sua capital, Kumbi Saleh, foi tomada e saqueada por volta de 1076. O reino de Gana conseguiu reconquistar a independência, mas não recuperou o antigo **poderio**.

Cabeça em ouro do reino de Gana.

Fez parte do tesouro do rei Kofi Kari Kari apreendido por soldados britânicos em 1873.

### Glossário

**Exuberante:** alegre; vistoso.
**Poderio:** direito de se fazer obedecer, domínio.

## Documentos em foco

### Gana e Soninke

O cronista Al-Bakri, em sua obra *Descrição da África*, de 1087, nos conta que:

> O reino de Gana está povoado pelos povos de Soninke, que chamam sua terra de Wagadugu ou Wagadu. O nome Gana é o título do rei que governa aquele império. O Estado de Soninke é forte, e seu rei controla 200 mil soldados, 40 mil dos quais arqueiros que protegem as rotas de comércio de Gana. O poder do rei de Gana provém do monopólio da enorme quantidade de ouro produzida em seu reino. Esta riqueza permite aos de Soninke construir e manter enormes cidades, além de uma capital com uma população estimada entre 15 mil e 20 mil habitantes. Soninke também usa sua riqueza para desenvolver outras atividades econômicas, tais como a tecelagem, a ferraria e a produção agrícola.

In: Ricardo da Costa. *A expansão árabe na África e os Impérios negros de Gana, Mali e Songai (séc. VII-XVI)*. Segunda parte. Disponível em: <www.ricardocosta.com/artigo/expansao-arabe-na-africa-e-os-imperios-negros-de-gana-mali-e-songai-secs-vii-xvi>. Acesso em: ago. 2018.

1. De acordo com o texto, qual era a origem do poder de Gana?
2. Como o texto descreve as forças do Estado de Soninke?

## Mali

O fundador do Império Mali foi Sundiata Keita, ou Mari Djata, o "Leão do Mali". Ao se instalar no poder, Sundiata cercou-se de militares e letrados. É provável que, durante seu reinado, mercadores árabes também tenham frequentado sua corte.

Sundiata ficou conhecido por respeitar os costumes e as tradições das províncias que conquistou. Sua administração fez o império parecer uma federação de reinos ou províncias. Esse tipo de organização foi responsável pela estabilidade interna do Mali. A segurança das pessoas era garantida por um exército que foi, durante muito tempo, invencível.

Após a morte de Sundiata, o poder foi tomado por seu filho mais velho, **mansa** Yerelenku (ou Walin, ou Ulin), que reinou de 1250 até cerca de 1270. Após a morte de Yerelenku, sucederam-lhe homens de pouca expressão, até quando, por volta de 1307, subiu ao poder um sobrinho de Sundiata, Kanku Musa, que reinou de 1307 até cerca de 1332. Em seu reinado, o Mali atingiu o apogeu.

Escultura em terracota representando um homem montado em cavalo, do Império Mali, séculos XIII-XIV.

Cavalo e cavaleiro eram um símbolo de riqueza em toda a África Ocidental.

### A economia do Mali

O Império Mali superou Gana em extensão e poder fazendo contatos comerciais com povos do norte da África. O Níger e outros rios facilitavam o transporte de mercadorias, em que se destacavam o ouro e a noz-de-cola. Extraído das florestas, esse fruto era consumido nas regiões desérticas para diminuir a sede e combater a fadiga. No Império Mali, a economia era baseada no comércio do ouro, na agricultura e na criação de animais. Destacavam-se o cultivo do arroz, algodão, feijão e **milhete**.

O governo cobrava impostos da população. Muitos reis de Mali eram seguidores do islamismo, o que favorecia as relações comerciais com os árabes.

Tombuctu era uma das principais cidades desse império. Importante centro comercial e cultural, nela havia centenas de escolas e sua população chegou a 25 mil habitantes. A cidade fazia parte da rota de caravanas que atravessavam o Deserto do Saara transportando sal, ouro, tecidos, peles, marfim, entre outros produtos.

Em fins do século XIV, Mali sofreu ataques externos que o enfraqueceram. No século XV, seus governantes fizeram aliança com os portugueses, recém-chegados à África. Isso não interrompeu o processo de enfraquecimento do império.

**Glossário**

**Mansa:** chefe do governo e fonte de todo o poder. Cercava-se de altos funcionários e dignitários escolhidos entre os descendentes dos companheiros de Sundiata Keita.
**Milhete:** tipo de milho com grãos muito miúdos.

Por sua localização geográfica, Tombuctu foi um importante ponto de ligação entre diferentes civilizações da África, do mundo árabe e da Europa.

René Caillié. Representação da cidade de Tombuctu, no Mali, 1828.

**zoom** Descreva como eram as ruas e casas de Tombuctu, de acordo com a representação. O que chama mais atenção em sua planta?

## Songai

O Império Songai foi original quanto à organização política e administrativa. A centralização do poder o diferenciava do sistema político vigente nos impérios de Gana e do Mali. Os funcionários do governo formavam o conselho central, que discutia todos os problemas do império.

No século XII, Gao tornou-se a capital de Songai. Por estar às margens do Rio Níger, transformou-se em uma região de intercâmbios comerciais. O comércio se fazia por meio de trocas e utilização de moeda como os cauris (conchas). O vale fértil do Níger era intensamente cultivado. Havia também a criação de animais e a atividade de pesca.

Entre os séculos XV e XVI, a religião predominante em Songai permaneceu ligada às crenças tradicionais, diferente de outras regiões do continente, ligadas ao islamismo.

### Rivalidades externas

Songai alcançou o apogeu no final do século XV ao conquistar cidades do Mali. Seu governo arrecadou impostos e reorganizou o exército, incorporando prisioneiros e escravos como soldados. Praticava-se o comércio de ouro e de escravos. Após o contato com os portugueses, o império utilizou entrepostos do litoral do Atlântico, além das rotas tradicionais do Níger.

No final do século XVI, Songai foi derrotado pelo Marrocos. As guerras destruíram bibliotecas, mesquitas e escolas. A compra e venda de produtos diminuiu e a população abandonou as cidades.

## Reinos iorubás

Os povos africanos iorubás ocupavam a região que hoje corresponde à Nigéria e ao Benin.

No Brasil, há grande população de afrodescendentes de origem iorubá, cujos antepassados vieram na condição de escravizados. Aqui foram denominados "nagô" e introduziram na Bahia o candomblé, religião afro-brasileira que se mantém viva e se manifesta no culto aos orixás.

Túmulo de Askia, exemplo de arquitetura islâmica em Gao, a principal cidade do Império Songai, 2016.

No início da era cristã, os iorubás formaram reinos independentes no Vale do Rio Níger. A cidade de Ilê Ifé teria sido liderada por Odudua (filho do criador do Universo, Olodumaré), provavelmente no século XII, que lhe deu prosperidade e do qual descendem os chefes dos reinos iorubás (chamados de obá). Em Ilê Ifé, criou-se uma monarquia divina em que o líder – oni – é representante das divindades e o intermediário entre elas e a comunidade que governa. Outras cidades fundadas por povos iorubás adotaram a mesma organização de poder, com exceção do reino iorubá Oyó, que se manteve fora da influência de Ilê Ifé.

No século XVI, o comércio no litoral atlântico enriqueceu cidades próximas aos portos, onde embarcações traziam mercadorias para chefes africanos. Nesse processo, Ilê Ifé entrou em declínio econômico, mas sua importância religiosa perdurou e os descendentes de Odudua se dirigiam até lá para que o *oni* confirmasse a autoridade deles.

## Povos bantos

Na África Central, vivem os bantos, povos de um vasto grupo linguístico composto por 600 línguas e dialetos.

Os bantos ocuparam mais da metade do continente fundando aldeias agrícolas. Criavam animais e desenvolviam a metalurgia: retiravam madeira da floresta para usar nos fornos de fundição do ferro e aproveitavam as clareiras como campos de cultivo.

Na tradição dos bantos, o mundo dos vivos era separado do mundo dos mortos e das entidades sobrenaturais pela água ou pela floresta, e o sacerdote era dotado de poder especial para fazer a comunicação entre eles. Os ancestrais eram reverenciados e a eles era atribuída a sobrevivência dos bantos, pois lideraram as migrações, fundaram aldeias e ensinaram o cultivo de um gênero agrícola. Em torno desses ancestrais se formavam os grupos familiares.

## Contatos, alianças e tradições

Embora cada aldeia tivesse formas próprias de organizar as relações sociais, a liderança política e a produção econômica, observam-se alguns aspectos semelhantes entre elas. Conhecer esses aspectos contribui para entender o modo de vida de povos africanos, sem negar as particularidades de cada um.

O contato entre diferentes aldeias era feito por meio do comércio ou de casamentos. Quando havia interesses em comum, as aldeias se uniam e formavam confederações.

Quanto mais pessoas dependiam da liderança e da proteção de um chefe, mais poder e prestígio ele adquiria, e isso reforçou o costume da poligamia. Ao se casar com várias mulheres, o chefe fazia aliança com diferentes famílias e garantia muitos descendentes.

Em várias culturas da África, os sacerdotes tinham grande importância social e política. Eles realizavam rituais nos quais eram feitas previsões que orientavam as decisões dos chefes e a vida da comunidade.

A gravura representa um necromante (indivíduo que pretensamente fala com os mortos para adivinhar o futuro) vagando entre pessoas, seguido por batuqueiros.

*Egg-Gu-Gu, necromante de Serra Leoa e músicos.* Gravura de autoria desconhecida publicada em *The Illustrated London News*, 1856.

Na maioria das sociedades africanas, a história era transmitida pela tradição oral. Certas pessoas das comunidades especializavam-se em contar a história de seu povo. Elas narravam acontecimentos e costumes do grupo e assim contribuíam para preservá-los. Essa prática permanece não só na África como em muitos países para onde pessoas originárias dessas comunidades foram levadas.

Em muitos países africanos, os griôs são pessoas sábias, responsáveis pela transmissão oral da história de sua comunidade, contribuindo para preservá-la.

Amy Koita, griô do Mali, apresenta-se no Festival Masa, em Abidjan, Costa do Marfim, 2018.

## Os povos africanos e o comércio

Desde a Idade Antiga, o comércio foi uma das principais atividades naquele continente. Ele propiciava o contato entre os povos nativos e os mercadores árabes, indianos, gregos, chineses, portugueses etc.

Povos da costa ocidental da África comercializavam ouro, peles, plumas, marfim, animais, alimentos e produtos artesanais. Essas mercadorias chegavam ao Mar Mediterrâneo em canoas e caravanas de camelos ou burros. Esse comércio exigia investimentos na compra, no transporte e na revenda de mercadorias, proporcionando grandes lucros e formando um grupo de poderosos comerciantes.

O comércio entre cidades próximas era feito em feiras, nas quais trocavam-se ouro, tecidos, enxadas e sal e a participação das mulheres nessas negociações locais era intensa.

No início do século XV, estabeleceu-se o comércio entre a Europa e a África. Os navios europeus traziam produtos variados, oferecidos como presentes aos chefes locais: tecidos finos, bebidas, chapéus, cavalos, armas etc.

Construíram-se fortalezas no litoral africano que serviam de entrepostos comerciais. Para ancorar nos portos, as embarcações estrangeiras pagavam taxas aos governos europeus e aos chefes africanos que dominavam os territórios.

Forte de São Jorge da Mina (atual Elmina, Gana).

Primeira feitoria portuguesa na chamada Costa do Ouro. Foi construído em 1482 para controlar o comércio de ouro, marfim e escravos.

## A escravidão praticada na África

Desde tempos longínquos, a escravidão era adotada em diversas culturas africanas. A principal fonte de escravizados eram os prisioneiros de guerra, mas havia escravidão por dívida, como punição por crimes cometidos ou porque era impossível à pessoa sobreviver de forma independente.

Nos reinos, a presença de escravizados era frequente, muitos deles capturados nas guerras e incorporados ao exército. Estrangeiros também eram escravizados por não pertencerem à mesma linhagem dos chefes ou pela ausência de laços de parentesco e solidariedade com a comunidade, mas contavam com a proteção de seus senhores.

A escravidão ocorria em áreas com grande circulação de riquezas e onde as diferenças sociais eram intensas, como nas cidades-Estado. No entanto, havia oportunidades para os escravizados se integrarem à sociedade. Muitos deles compunham a família de seu senhor.

Em sociedades africanas controladas por governos islamizados, como os reinos do Sudão Ocidental e as cidades do Sael, os escravizados faziam trabalhos agrícolas, carregavam cargas, conduziam caravanas comerciais e podiam ser conselheiros do rei ou comandantes do exército. Nessas sociedades, o filho de mulher mantida na condição de escravizada era livre quando seu pai pertencia à família do senhor; a mãe obtinha a liberdade após o nascimento do filho. Era comum os senhores libertarem escravos que lhes prestassem bons serviços.

A escravidão praticada por povos africanos não foi violenta como a imposta aos escravizados da América entre os séculos XVI e XIX. Além disso, a produção econômica dos povos africanos não era baseada em mão de obra escrava.

# Atividades

1. Os impérios de Gana, Mali e Songai formaram-se na África Ocidental, região que faz parte da **África Subsaariana**. Pesquise e explique o significado dessa expressão.

2. Sundiata, conhecido como "Leão do Mali", fundou e governou o Império Mali. Sua importância para o desenvolvimento daquele império foi tão grande que ele se tornou lenda para seu povo. Em vários países, foram publicados livros contando a lenda de Sundiata. Observe a capa de um livro publicado nos Estados Unidos e faça o que se pede.

Capa do livro *Sundiata*, publicado pela editora Houghton Mifflin em 1999.

- Em grupo, pesquisem a lenda de Sundiata e elaborem um pequeno texto e uma legenda para a imagem que aparece na capa do livro.

3. O texto a seguir é um fragmento de uma reportagem sobre a condenação de um membro de um grupo extremista islâmico que esteve envolvido em ataques contra os patrimônios históricos de Tombuctu (grafada no texto como Timbuktu).

[...] Amad al-Faqi al-Mahdi foi condenado a 9 anos de prisão em 2016, após se declarar culpado de crimes de guerra por seu envolvimento na destruição de 10 mausoléus e locais religiosos em Timbuktu.

[...] O juiz Raul Pangalangan disse que ações como os ataques contra santuários "destroem parte da memória compartilhada e da consciência coletiva da humanidade e deixam a humanidade incapaz de transmitir seus valores e conhecimento para as gerações futuras".

Corte culpa rebelde islâmico condenado por destruição em Timbuktu por danos de U$3,2 mi. UOL. Disponível em: <https://noticias.uol.com.br/ultimas-noticias/reuters/2017/08/17/corte-culpa-rebelde-islamico-condenado-por-destruicao-em-timbuktu-por-danos-de-u32-mi.htm?cmpid=copiaecola>. Acesso em: ago. 2018.

a) Explique a importância da cidade de Tombuctu para o Império Mali.

b) Em Tombuctu, qual atividade econômica favoreceu os contatos com outros povos?

c) Por que o juiz afirmou que a destruição dessa região significa também a destruição da memória partilhada da humanidade?

4. Compare as principais atividades econômicas de Gana e de Songai.

5. Observe as imagens a seguir e responda:

Gravura feita em 1841 pelo inglês William Allen que mostra uma cena das atividades cotidianas em uma aldeia na Nigéria: pilar o grão, forjar o ferro, tingir tecidos.

Nesta gravura colorida, de 1857, o artista Heinrich Barch registrou uma paisagem da cidade de Kano, na Nigéria, em 1851.

a) Que formas de organização social é possível observar nas imagens referentes a sociedades africanas?

b) As imagens indicam que todas as sociedades africanas tinham o mesmo modo de vida? Por quê?

6. Explique como era a forma de organização social dos bantos.

7. Comente a influência cultural dos povos iorubás sobre a cultura brasileira.

# CAPÍTULO 6
# Saberes e religiosidades africanas

A socióloga Nancy Schwarz declarou que uma das formas de fortalecer a democracia em diversos países africanos seria recuperar as tradições e os costumes políticos praticados no continente durante o Período Pré-Colonial, ou seja, o período anterior ao processo de conquista da África por potências europeias.

Nancy Schwarz, socióloga guineense de 45 anos, é a primeira mulher a apresentar-se como candidata à Presidência da República de Guiné-Bissau, país africano que abriga dezenas de etnias.

Segundo a socióloga, esse tipo de atitude ajudaria a recuperar a rica diversidade cultural das múltiplas sociedades africanas antes da conquista europeia e a formar governos mais próximos das comunidades atuais.

Atualmente, a valorização positiva da memória da África Pré-Colonial é utilizada como forma de incentivar propostas de reformas políticas nas democracias africanas. Há também uma preocupação em conhecer a diversidade linguística dos povos africanos, recuperar seus saberes ancestrais e entender melhor suas práticas religiosas.

Tudo isso contribui para criar uma autoimagem positiva em diferentes nações da África, combatendo preconceitos e visões negativas sobre o passado dos povos africanos. Por essa razão, é muito importante o estudo do período Pré-Colonial do ponto de vista da diversidade cultural e das múltiplas inovações realizadas nesse momento.

# África Pré-Colonial

Até o século XV, os europeus pouco conheciam da rica diversidade cultural da África, já que encontravam dificuldades para explorar o continente e estabelecer relações comerciais, culturais ou militares com as sociedades africanas. Isso começou a mudar nesse século, especialmente por conta da organização de expedições portuguesas pelo litoral da África. Por essa razão, o período que vai até o século XV é chamado de Período Pré-Colonial, termo que faz referência ao processo de dominação colonial de territórios cada vez mais extensos do continente por diversas potências europeias.

As diversas sociedades que se desenvolveram no continente africano nesse período estabeleceram um intenso processo de trocas comerciais e culturais. Os comerciantes promoviam a circulação de saberes e técnicas de uma região para a outra, estimulando uma rica cultura e promovendo o desenvolvimento tecnológico de diferentes sociedades.

Foi com as rotas comerciais, por exemplo, que o Norte da África e a região conhecida como África Subsaariana mantiveram contatos entre si. O Deserto do Saara, uma região bastante **inóspita** e que não possibilita a ocupação humana sedentária, era cruzado por comerciantes e caravanas que partiam do Norte e do Sul do continente e promoviam a troca de ideias, crenças religiosas, saberes e técnicas.

> **Glossário**
> **Inóspito:** em que não é possível viver.

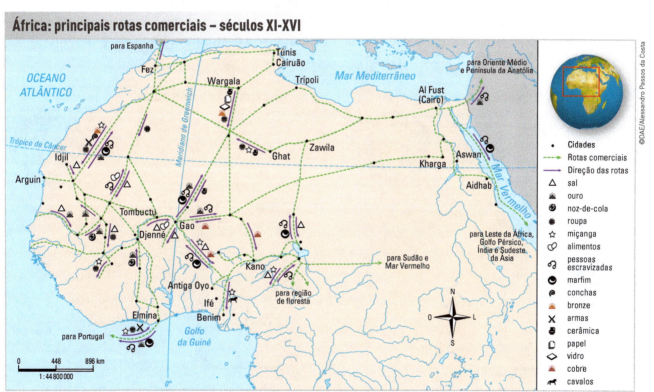

Fonte: Patrick O'Brien. *Atlas of world history*. Nova York: Oxford University Press, 2010. p. 80.

A partir do século VIII, povos africanos estabeleceram sólidas relações comerciais, políticas e culturais com sociedades árabes e islâmicas. Isso promoveu a criação de centros de estudo e locais onde manuscritos importantes eram preservados, como as cidades de Tombuctu, Gao e Djene.

Esses contatos também ajudaram a expandir o islamismo pela África. O Reino de Mali, por exemplo, teve muitos de seus governantes convertidos a essa religião. Também durante o Período Pré-Colonial, o Império do Sudão, localizado ao sul do Saara, estabeleceu contatos com sociedades islâmicas e o islamismo passou a ser praticado por setores de sua população. Nesse processo, as crenças islâmicas também se modificaram e foram influenciadas por aspectos da cultura africana.

## Diversidade linguística

Um dos resultados do intenso intercâmbio cultural do continente africano foi o surgimento de línguas diferentes. As diversas regiões da África deram origem a quatro grupos linguísticos: **afro-asiático, nilo-saariano, khoisan e nigero-congolês**.

As línguas afro-asiáticas são faladas principalmente no Norte da África e formaram-se por meio do contato de povos africanos com os do Oriente Médio. Dois dos principais grupos que as falam são os tuaregues e os berberes. Já as línguas nilo-saarianas desenvolveram-se na região próxima ao Rio Nilo e o grupo linguístico *khoisan* é falado no sul da África. Esses povos deram origem a sociedades como os hotentotes e os bosquímanos.

Já o grupo linguístico nigero-congolês ocupa a maior parte do continente africano e estima-se que 90% da população fale línguas desse grupo. A disseminação delas por grandes regiões da África ocorreu porque os povos que as utilizavam se deslocaram pelo continente.

Apesar de terem uma origem comum, as línguas nigero-congolesas apresentam grandes variações entre si. Por essa razão, os pesquisadores dividem esse grupo em cinco subgrupos: o banto e o zande – relacionados aos povos bantos –, o *kwa* – relacionado aos povos iorubás –, o mande e o voltaico. Tanto os povos iorubás quanto os bantos tiveram grande influência cultural no Brasil, por isso o grupo linguístico nigero-congolês também marcou nossa língua portuguesa.

Pesquisadores acreditam que o continente africano tenha dado origem a pelo menos mil línguas, porém esse número pode ultrapassar até mesmo dois mil, uma vez que muitas delas não tiveram registro escrito e uma parte pode ter sido extinta. Ainda assim, a diversidade linguística continua sendo uma característica da África até o presente.

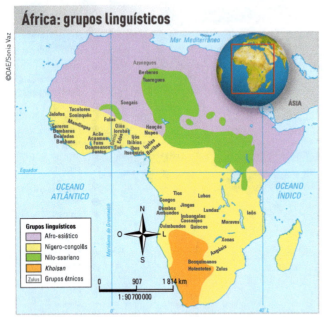

Fonte: Marina de Mello e Souza. *África e Brasil africano*. São Paulo: Ática, 2006. p. 20.

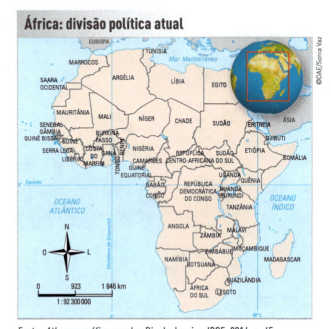

Fonte: *Atlas geográfico escolar*. Rio de Janeiro: IBGE, 2016. p. 45.

> **zoom**
> Observe os mapas e aponte pelo menos um país atual onde se desenvolveu cada uma das famílias linguísticas da África Pré-Colonial.

## Conviver

### Dicionário *kimbundu*

O texto a seguir trata da criação de um dicionário *on-line* do idioma *kimbundu* (ou quimbundo), um importante idioma banto praticado na região de Angola.

> A história e a cultura afro-brasileira devem constar no currículo oficial da rede de ensino no Brasil, como prevê a Lei 9.394/1996. No entanto, a disponibilidade de material sobre o assunto e a aplicação da lei ainda são deficitárias em muitas escolas. Foi pensando nisso que [...] a socióloga Odara Dèlé [decidiu] criar um aplicativo de celular, o Alfabantu, destinado ao ensino da língua falada pelo povo kimbundu, de Angola.
>
> [...]
>
> Com a vivência escolar, foram percebendo que os professores tinham dificuldade em trabalhar a história da África com as crianças. [...] Com um interesse antigo no resgate histórico da cultura africana, o casal encontrou no idioma uma potencial forma de aproximar a África das crianças brasileiras que, muitas vezes, passam a infância sem conhecer a história dos seus povos originários.
>
> Inspirados pelo Asa – aplicativo criado por um nigeriano que percebeu que faltava às novas gerações um conhecimento mais profundo sobre seus antepassados, começaram a planejar o Alfabantu. O aplicativo Asa ensina a língua iorubá e traz conteúdos sobre a história e cultura da Nigéria e da África. Já o criado pelo casal se dedica, por enquanto, exclusivamente, ao ensinamento do idioma angolano.
>
> Lançado em 21 de novembro, o aplicativo é voltado ao público infantil e está disponível apenas para celulares com sistema Android. [...] A ideia do Alfabantu é proporcionar um aprendizado lúdico e interativo, algo que atraia o público infantil. O aplicativo é dividido em duas partes. Na primeira, há o contato inicial com a língua [...]. Na segunda parte, a criança testa seu conhecimento através de um *quiz*. [...]

Historiador cria aplicativo que ensina idioma africano a crianças. *Jornal da USP*. Disponível em: <https://jornal.usp.br/universidade/historiador-cria-aplicativo-que-ensina-idioma-africano-a-criancas/> Acesso em: ago. 2018.

Criança utiliza aplicativo Alfabantu. São Paulo (SP), 2018.

Com base na leitura do texto, reúna-se em grupo e, juntos, sigam o roteiro abaixo.

1. Discutam a importância de a sociedade brasileira ter mais conhecimento das línguas africanas, como é o caso da língua *kimbundu*.
2. Após a discussão, montem um pequeno dicionário com palavras de idiomas africanos e as respectivas traduções para o português. Selecionem exemplos de línguas que marcaram a cultura brasileira.
3. Para finalizar, apresentem suas descobertas aos colegas em sala de aula.

### Ampliar

**Brasilidades que vêm da África,** de Sônia Queiroz (Fale/UFMG).

A obra traz informações sobre aspectos das culturas africanas que influenciaram a cultura brasileira.

## A metalurgia africana

As sociedades africanas desenvolveram saberes e técnicas que auxiliaram na adaptação ao meio ambiente, possibilitaram o crescimento populacional e o desenvolvimento econômico. A agricultura e a pecuária disseminaram-se com a circulação de povos que migravam em busca de melhores terras e o intercâmbio cultural e comercial de povos sedentários e nômades.

Outra técnica central na vida das sociedades africanas foi a metalurgia do ferro. Pesquisadores acreditam que ela se desenvolveu de forma autônoma durante a Antiguidade. O povo *nok* dominou a manipulação do ferro por volta do primeiro milênio antes de Cristo e criou um sistema de fornos construídos em poços que permitiam o aquecimento do metal para a transformação em objetos. Não se sabe ao certo como se desenvolveram essas técnicas, mas elas se disseminaram pelo interior do continente, modificando o modo de vida de várias sociedades.

Com o ferro foi possível criar ferramentas resistentes, como enxadas e foices, possibilitando trabalhar o solo de forma profunda e ampliar a produtividade da agricultura, incluindo o cultivo do sorgo, alimento essencial para os povos da África Subsaariana. A metalurgia possibilitou também a criação de novas armas, como os machados. Isso aumentou o poder dos chefes e permitiu a centralização política após vitórias militares contra outros povos.

Um elemento de poder para lideranças políticas africanas era o controle das minas de ferro, visando garantir o abastecimento dessa matéria-prima.

Registros arqueológicos indicam que alguns povos africanos já dominavam técnicas de metalurgia há mais de dois mil anos; os povos bantos tiveram importância na divulgação da metalurgia, já que a transmitiam para outros povos durante seus deslocamentos. Isso contribuiu para a formação e o desenvolvimento de grandes sociedades e impérios, além de estimular o comércio com outras regiões.

Um exemplo foi o comércio de ferro africano para a Índia, onde era utilizado na fabricação de lâminas de aço e empregado na produção de artesanato. Entre os séculos X e XII, comerciantes africanos passaram a comercializar o ferro nas regiões banhadas pelo Oceano Índico, abastecendo sociedades islâmicas que as controlavam.

A importância econômica e militar do ferro resultou no surgimento de mitos baseados na figura do rei ferreiro, que aprendia a dominar o minério e passava a usá-lo na conquista de outros povos. Além disso, o culto aos orixás dos povos iorubás dava grande importância ao ferro e uma das divindades pela qual tinham grande respeito era Ogum, o orixá guerreiro e responsável pela invenção das ferramentas.

Espadas de ferro e madeira dourada, originárias de Gana, que pertenceram a reis e oficiais da Corte ashanti.

> **Ampliar**
>
> **África: lugar das primeiras descobertas, invenções e instituições humanas**
>
> www.geledes.org.br/africa-lugar-das-primeiras-descobertas-invencoes-e-instituicoes-humanas/
>
> Texto que analisa algumas das invenções e descobertas importantes que ocorreram no continente africano.

## Documentos em foco

### O rei-serralheiro

O texto a seguir é um fragmento de um mito que foi registrado por missionários europeus no século XVII. Leia-o atentamente e, depois, responda às questões.

> Dizem os naturais que este foi um tal Ngola-Mussuri, o que quer dizer "rei-serralheiro", a quem um ídolo tinha ensinado a arte fabril. Poder ser que este homem, mais **perspicaz** que os outros, achasse a maneira de preparar o ferro, para machados, machadinhas, facas e setas, coisas que ajudavam [...] na caça e na guerra e foram para o artista grande fonte de riquezas. Como usava delas com sagacidade e socorria a todos nas necessidades públicas, ganhou amor e o aplauso dos povos, de tal maneira que, por conhecerem nele grande capacidade e tino singular, muitos **régulos** o proclamaram chefe do país, que chamava "Ndongo", ou de Angola.

Juliana Ribeiro da Silva. Homens de ferro. Os ferreiros na África central no século XIX. Dissertação de mestrado. São Paulo: FFLCH-USP, 2008, p. 48.

1. De acordo com a narrativa, qual era a origem do poder de Ngola-Mussuri?
2. Por que o ferro era importante para Ngola-Mussuri?
3. É possível afirmar que o texto expressa uma visão do comportamento considerado correto para os reis africanos?

**Glossário**

**Perspicaz:** esperto, astuto, observador.
**Régulo:** rei de país pequeno.

## O mundo material e o mundo invisível

A diversidade cultural não se fez presente apenas na manipulação do ferro. O continente africano foi marcado pelo surgimento de inúmeras práticas religiosas. Povos de cultura iorubá e banto criaram práticas religiosas variadas e atribuíam importância às relações entre o mundo material e o mundo invisível. Um exemplo disso é a crença entre os povos que falavam uma língua banto chamada umbundo.

Esses povos viviam em regiões do atual território de Angola, chamado de Reino do Congo no século XVI. A base das crenças umbundo era a ideia de que existia um mundo diferente do mundo dos vivos. Esse outro mundo era ocupado por três tipos de seres: os deuses e entidades antigas, os espíritos dos familiares mortos recentemente e espíritos inferiores que não tinham ligações com as famílias. Esses espíritos inferiores eram invocados para a fabricação de amuletos com o objetivo de ameaçar os vivos.

A maior divindade era chamada de Nzambi Mpungu. Ele era considerado o deus criador do Universo e o supremo ancestral de todas as comunidades umbundo. Porém, esse deus não era cultuado diretamente pelos seus seguidores, já que ele era visto como uma entidade distante. Na realidade, o mais comum era que a população local construísse altares dedicados a divindades da região, que simbolizavam lugares importantes, como riachos, pontos elevados, terras virgens e espaços para a sobrevivência das comunidades.

O Cinganji é uma das entidades da religião umbundo, que geralmente se faz presente nas festas em que algum membro da comunidade foi libertado da prisão ou do trabalho escravo.

Cinganji, figuras míticas mascaradas da etnia angolana ovimbundu. Angola, 2010.

## Divindades umbundo

Os altares dedicados a essas divindades recebiam sacrifícios em que ocorria oferta de alimentos e rituais cotidianos para agradar aos deuses. Segundo os povos umbundo, esses sacrifícios garantiam boas colheitas e a proteção contra forças ameaçadoras.

Além dos altares dedicados a essas divindades locais, existiam muitos rituais para homenagear e prestar respeito aos antepassados mortos. Os túmulos também recebiam cuidados e eram vistos como locais especiais para prestar homenagem a esses antepassados. Era comum o depósito de oferendas e outros sacrifícios para agradar àqueles que morreram.

A crença umbundo baseava-se na existência de uma relação de troca entre os antepassados e os familiares vivos. Acreditava-se que os sacrifícios agradariam e fortaleceriam os mortos, que, em troca, protegeriam os familiares vivos de forças do outro mundo e também de ameaças materiais.

Finalmente, os espíritos inferiores eram vistos como entidades que poderiam ser controladas para criar objetos com poderes mágicos e protetores. Assim, não eram alvo de cultos ou homenagens, mas tinham um papel importante na manutenção da comunidade, já que tinham a função de evitar ameaças e problemas diversos.

Essa crença na existência de um mundo invisível tinha consequências importantes na vida cotidiana e era utilizada para criar um sistema de orientação do comportamento. Para os povos umbundo era importante praticar boas ações e evitar atos malignos ou que pudessem prejudicar outros indivíduos. Por isso, abusar dos poderes sobrenaturais ou utilizá-los para ações negativas era visto como um comportamento inaceitável. Os feiticeiros que utilizassem amuletos e os espíritos inferiores para praticar o mal podiam ser punidos ou mesmo banidos das comunidades.

Além disso, existia uma crença que associava os poderes sobrenaturais à organização do governo local. Os reis ou líderes políticos que agissem de forma autoritária ou violenta eram vistos negativamente e podiam sofrer represálias, sendo considerados feiticeiros malignos.

Por outro lado, governantes **altruístas** que agissem pelo bem da comunidade eram tidos como bons governantes, pois agiam de acordo com as vontades das divindades e dos espíritos ancestrais. Isso lhes garantia grande respeito e apoio social.

A religião umbundo é apenas um exemplo da diversidade de saberes e crenças que marcou o continente africano antes da chegada dos europeus. A partir do século XVI, quando portugueses passaram a explorar a região do Reino do Congo, muitos missionários foram enviados para reprimir as religiões tradicionais e disseminar as ideias católicas. Ainda que de forma muito lenta, ao longo dos séculos seguintes esse tipo de ação missionária desorganizou muitas práticas religiosas tradicionais. Isso não significa que as tradições africanas se perderam, mas muitas crenças e práticas religiosas acabaram se modificando por conta dessas atividades missionárias.

Representação de Nzambi (deus criador de todas as coisas) esculpida em madeira, final do século XIX.

**Glossário**

**Altruísta:** o que se dedica aos seus semelhantes.

**1.** A idosa sul-africana [Katrina Esau], de 84 anos, é apenas uma de três pessoas no mundo capazes de falar fluentemente o N|uu, uma das línguas faladas pela comunidade San, também conhecida como Bushmen. Todas as pessoas pertencem à mesma família.

O N|uu é considerado a língua original do sul da África, mas está em uma lista da ONU de idiomas considerados "sob risco de extinção". [...]

Por séculos, os San circularam livremente pela região vivendo da caça e da coleta de vegetais. Hoje, porém, as práticas desapareceram. Seus descendentes dizem que a língua é uma das últimas ligações entre eles e a história de seu povo. [...]

Em Upington, as pessoas hoje em dia falam principalmente o afrikaans, o idioma que evoluiu do holandês levado à África do Sul pelos colonizadores do país europeu, no século 17.

"O homem branco nos batia se nos visse falando nossa língua. Abandonamos o N|uu e aprendemos a falar afrikaans, embora não sejamos brancos. Isso afetou nossa identidade", diz Esau.

As outras únicas pessoas que falam o idioma são as irmãs de Esau, Hanna Koper e Griet Seekoei, ambas com mais de 90 anos.

<small>A luta de três irmãs que tentam manter vivo idioma que só elas sabem falar. *BBC*. Disponível em: <www.bbc.com/portuguese/geral-41096028>. Acesso em: out. 2018.</small>

**a)** Qual é a situação do idioma N|uu no presente?

**b)** Formule uma hipótese para identificar qual é a família linguística desse idioma. Compare o mapa da página 60 e um mapa atual da África para formular sua hipótese.

**c)** Qual foi o impacto da presença europeia, responsável pela colonização da África do Sul, no uso desse idioma africano?

**d)** Discuta com os colegas as principais consequências da situação descrita no texto para a diversidade das atuais culturas.

**2.** Leia um trecho da reportagem a seguir, depois, faça o que se pede.

O cobalto e o coltan são minérios abundantes na República Democrática do Congo [RDC]. Mas, a par com a instabilidade regional, estes recursos atraem milícias, exploração e violência. [...]

Estes grupos violentos exploram pessoas, incluindo crianças, na extração dos chamados "minerais de conflito".

A Missão das Nações Unidas na República Democrática do Congo (MONUSCO), [...] tem vindo a trabalhar na estabilização da situação nas províncias do norte e do sul de Kivu, que estão no centro da violência do país. As forças de segurança patrulham aldeias mineiras como Nzibira, localizada na margem da Zola Zola, uma mina legal de exploração de cassiterita.

A cassiterita é apenas um dos minerais usados na fabricação de telemóveis [aparelhos celulares]. Metade da produção mundial destes minerais vem da África Central. A exportação de estanho, ouro e outros minérios da RDC tem estado sob vigilância desde 2010, altura em que entrou em vigor, nos Estados Unidos da América, a lei que exige que as empresas americanas assegurem que não trabalham com "minerais de conflito". [...]

<small>A "maldição dos recursos" na República Democrática do Congo. *DW*. Disponível em: <www.dw.com/pt-002/a-maldição-dos-recursos-na-república-democrática-do-congo/g-38723583>. Acesso em: ago. 2018.</small>

**a)** Qual é o impacto social da exploração de minérios na RDC?

**b)** Durante o Período Pré-Colonial, a exploração do ferro tinha um papel militar como que ocorre no presente. Explique.

**3.** Leia o texto a seguir sobre as crenças religiosas umbundo e, depois, responda:

Cuidar dos ancestrais era algo tipicamente familiar, com descendentes formando o grupo que se dedicava a cuidar deles. Em troca, receberiam boa sorte e saúde, mas, se fossem negligentes, doenças e má sorte. Assim [...] os mortos da área umbundu poderiam ficar ofendidos, se não recebessem oferendas suficientes, e puniriam os vivos matando suas crianças, trazendo má sorte e coisas semelhantes.

<small>Linda M. Heywood. *Diáspora negra no Brasil*. São Paulo: Contexto, 2012. p. 90.</small>

**a)** De acordo com o texto, é possível afirmar que os espíritos dos ancestrais eram essencialmente bons na religião umbundo?

**b)** Além dos ancestrais, quais outras entidades eram cultuadas na religião umbundo?

65

# CAPÍTULO 7
# Saberes e religiões pré-colombianos

Em janeiro de 2018, diversos grupos que lutam pela preservação das tradições indígenas incas elaboraram uma carta ao papa Francisco pedindo que a Igreja de Santo Domingo, na cidade de Cuzco, fosse aberta para a prática de rituais religiosos indígenas tradicionais. Isso porque no local onde essa igreja foi construída existia um dos mais importantes templos religiosos incas, chamado Corincancha.

Quando os espanhóis conquistaram a região, no século XVI, eles destruíram grande parte do antigo templo inca e construíram uma igreja católica no mesmo local. Essa estratégia foi muito utilizada pelos conquistadores europeus e tinha o objetivo de desarticular as religiões tradicionais e enfraquecer os povos indígenas conquistados. Além disso, os conquistadores retiraram o ouro e as demais riquezas que existiam no templo e iniciaram a conversão forçada das populações que viviam na região.

Apesar disso, muitas tradições religiosas incas foram preservadas pela população que vivia em Cuzco e nos arredores. No presente, isso transformou-se em um elemento importante de organização das comunidades indígenas do Peru e de outros países da América Latina. Assim, o pedido de acesso ao antigo templo inca é uma forma de afirmação dessa identidade e de reparação histórica diante dos efeitos negativos da conquista europeia da América.

A Igreja Católica ainda não se manifestou diretamente com relação ao pedido dos grupos indígenas locais, mas o próprio papa Francisco desculpou-se, em 2015, pelos massacres provocados pelos europeus durante o processo de conquista da América. Povos indígenas de outras regiões do continente americano também lutam pelo reconhecimento das violências históricas promovidas durante a conquista da América e pelo direito de preservar seus modos de vida tradicionais e suas crenças religiosas.

Convento de São Domingo, construído sobre as ruínas do templo de Corincancha, em Cuzco, Peru.

# Ocupação humana das Américas

Atualmente, existem duas teorias que explicam como se deu a ocupação do continente americano. A primeira defende que houve uma leva migratória vinda da Ásia para a América há cerca de 20 mil anos. Os primeiros grupos humanos teriam iniciado o povoamento pelo norte da América. Por volta de 13 mil anos, esses primeiros povoadores já estavam na América do Sul.

Já a segunda teoria defende que existiram duas levas migratórias. A primeira vinda da Ásia e a segunda de povos que viviam na região da Melanésia e da Ásia. Essa segunda onda migratória seria responsável pelo povoamento inicial da América do Sul.

O que se sabe hoje é que os grupos humanos que povoaram o continente deram origem a sociedades distintas, como as coletoras, que viviam em pequenos grupos nômades, povos que deram origem a aldeias, grandes impérios territoriais etc.

As trocas culturais e de mercadorias foram frequentes entre diferentes sociedades. Assim, crenças, técnicas, saberes e línguas que circularam por grandes regiões da América ajudaram a criar um continente marcado pela diversidade cultural e social.

## O domínio da agricultura na América

Segundo evidências, o primeiro foco de domínio da agricultura na América ocorreu na região chamada de Centro-América, entre 9 mil e 4 mil anos atrás no atual sul do México.

Povos que viviam da caça e da coleta começaram a dominar técnicas para a colheita de abacate, pimenta, abóbora, milho e feijão. Isso possibilitou a ampliação da produção de alimentos, dando origem às primeiras comunidades que dominavam técnicas agrícolas.

Da região centro-americana, as técnicas agrícolas foram se disseminando para o norte e o sul da América. Muitas sociedades passaram a plantar alimentos variados, possibilitando a formação de comunidades que viviam parte do tempo de forma sedentária. Essas sociedades também foram responsáveis pela domesticação do algodão, além de alimentos como a batata-doce, o tomate, a mandioca, a quinoa etc.

O domínio da agricultura foi essencial para o surgimento das culturas e sociedades americanas. Os maias, incas, astecas, marajoaras e tapajós utilizaram as técnicas agrícolas e organizaram suas populações.

A quinoa – grão produzido por povos pré-colombianos desde o início da prática agrícola no continente americano – tem alto valor nutritivo e, atualmente, seu consumo é indicado como parte de uma dieta saudável. Os principais produtores atuais são Peru e Bolívia.

Indígena da etnia aymara em plantação de quinoa. La Paz, Bolívia, 2017.

## Crenças maias

Os maias cultuavam diversos deuses. No início, a divindade chamada Gucumatz, a Serpente Alada, e Huracán, o Coração do Céu, criaram o mundo. Então, do barro, os deuses decidiram criar os seres humanos. Porém, eles não adquiriram vida e foram destruídos por um dilúvio. Depois, tentaram criar seres humanos de madeira. Eles adquiriram vida, mas não se tornaram conscientes nem respeitavam os deuses. Foram transformados em macacos e destruídos por uma chuva. A terceira versão dos seres humanos foi criada com milho, a base alimentar maia. Assim, surgiram seres vivos e conscientes, capazes de respeitar os deuses e povoar a terra.

Segundo esse mito, os deuses eram responsáveis pela criação de tudo e pela destruição dos seres vivos. Para evitar isso, os maias acreditavam que deveriam realizar sacrifícios constantes aos deuses. Assim, construíram pirâmides, as quais eram a forma de potencializarem as energias divinas e se aproximarem dos deuses.

Os maias também criaram um sistema de calendário utilizado para organizar as cerimônias. O ano era dividido em 365 dias e recebia o nome de *haab*. Esses dias eram divididos em 18 meses de 20 dias. Nos últimos cinco dias do ano ocorria a cerimônia dedicada à celebração da vida humana.

Desenvolveram também um sistema de escrita associado à preservação das tradições religiosas e ao registro das cerimônias de culto aos deuses.

## Crenças astecas

Segundo as tradições astecas, inicialmente havia quatro mundos. O primeiro representava a terra, foi povoado por gigantes e era governado por Tezcatlipoca, deus da escuridão e da noite, que foi destruído pelo seu rival, Quetzalcoatl.

A partir de então, sucederam-se novos mundos governados por deuses e deusas diferentes e rivais. Conta-se que, com o fim do quarto mundo, os deuses recriaram os seres humanos. Isso exigiu o sangue dos deuses e, para retribuir, os astecas acreditavam que deveriam fazer sacrifícios a eles. Um dos objetivos das guerras, para eles, era capturar prisioneiros para serem sacrificados.

Assim como os maias, os astecas valorizavam o milho. Na recriação dos seres humanos, durante o quinto mundo, os deuses teriam fornecido o milho aos astecas, de modo que pudessem prosperar. Quetzalcoatl, a "Serpente de Plumas", o "Deus do Vento", ou também o "Senhor da Aurora", era uma das principais divindades astecas e foi representado de diversas formas na mitologia daquele povo.

Como os maias, eles também dividiam o calendário de acordo com o culto aos deuses, organizando-o em 18 meses de 20 dias.

Representações de Quetzalcoatl. A primeira foi feita antes da chegada dos espanhóis à América, e a segunda, por volta do século XVI.

**zoom:** Que semelhanças havia entre as crenças maias e as astecas?

## Documentos em foco ■■■

### O olhar do europeu

O fragmento a seguir é uma descrição feita por Hernán Cortés das práticas religiosas astecas. Leia o texto e responda ao que se pede.

> Fiz com que limpassem aquelas capelas, pois estavam cheias do sangue dos sacrifícios que faziam. Em lugar de ídolos mandei colocar imagens de Nossa Senhora e de outros santos [...] Eu os fiz entender quão enganados estavam em ter esperanças naqueles ídolos, e que deveriam saber que existe um só Deus [...] As estátuas desses ídolos são tão grandes quanto um homem. São feitas de sementes e legumes que comem, moídos e amassados com sangue de coração de corpos humanos, os quais arrancam do peito vivo. Cada coisa tem seu ídolo. Assim, há, por exemplo, um ídolo para a guerra, outro para a colheita e assim por diante."

> Rosa Maria Marangon. *Mitos ameríndios – Das primeiras civilizações à conquista espanhola.* Disponível em: <www.ecsbdefesa.com.br/defesa/fts/MitosAmerindios.pdf>. Acesso em: ago. 2018.

1 Cortés faz alusão aos rituais religiosos de sacrifício humano. Ele percebe essas práticas de forma positiva? Justifique sua resposta.

2 Cortés foi o líder da expedição espanhola responsável pela conquista do Império Asteca. Segundo o texto, é possível afirmar que, após a conquista, os europeus respeitaram as crenças religiosas dos astecas?

## Crenças incas

Os incas tinham uma religião politeísta. Para eles, o Universo foi criado por uma divindade chamada de Viracocha, que emergiu do Lago Titicaca e iniciou a criação do mundo. A primeira geração de pessoas criadas por essa divindade era composta de gigantes, mas estes foram destruídos.

Viracocha recriou os humanos em tamanho reduzido, formando a primeira geração do povo inca. No início, os incas não tinham território definido e seguiam apenas o deus supremo. Este os levou até Cuzco, que se tornaria o centro do Império Inca. Essa divindade criou outras divindades responsáveis pela manutenção da ordem do mundo. As mais importantes eram Inti, o deus que representava o Sol, Illapa, o deus do trovão ou da chuva, e Mama Quilla, a deusa da Lua. Essas divindades estavam associadas com as atividades agrícolas e a fertilidade.

Existiam outras divindades, como a Pacha Mama, a deusa da Terra, e Mama Cocha, a deusa do mar. A primeira estava associada à agricultura e a segunda, à pesca, e elas exerciam um papel importante na alimentação dos incas.

Para organizar os cultos religiosos, os incas criaram dois calendários. O primeiro era um calendário solar dividido em aproximadamente 365 dias, utilizado para a organização do trabalho agrícola. O segundo era um calendário lunar dividido em 328 dias.

Os incas acreditavam na existência de entidades espirituais, chamadas de huacas, que tinham importância no cotidiano e no culto dos ancestrais.

Os incas também acreditavam na necessidade de promover sacrifícios aos deuses. Por isso, sacrificavam porcos e lhamas, e ofertavam objetos de uso cotidiano. Em momentos raros, como após um desastre natural ou durante a coroação de um novo rei, faziam também sacrifícios humanos.

## As culturas marajoara e tapajó

A Ilha de Marajó, localizada no Pará, foi ocupada pelos marajoaras entre 400 e 1300. Esse povo praticava a horticultura na floresta e dominava a técnica da produção de cerâmica. Produzia urnas funerárias, jarros, estatuetas, pratos e adornos.

Pesquisas arqueológicas mostram que os marajoaras construíam morros para evitar enchentes e neles erguiam as moradias das pessoas de camadas sociais privilegiadas. Há indícios de aldeias e cidades que se formaram ao longo dos rios da região. Algumas chegaram a ter 5 mil habitantes. A população total da ilha pode ter chegado a 100 mil habitantes.

Não se conhece a causa do desaparecimento do povo marajoara. Quando os portugueses chegaram ao Pará, em 1616, a região estava ocupada por outros indígenas. Estudos indicam que os povos da região interagiam uns com os outros e mantinham relações de trabalho e comunicação ao longo do território amazônico.

Já a cultura tapajó formou-se entre 1000 e 1600. A atual região de Santarém, no Pará, foi ocupada pelos índios tapajós.

A sociedade era organizada em torno do chefe e as mulheres desempenhavam papéis de importância na aldeia. Os tapajós plantavam milho e mandioca. Ao contrário dos marajoaras, eles não enterravam os mortos; estes eram cremados e suas cinzas, misturadas a bebidas consumidas pelos membros da aldeia.

Dominavam a técnica da produção de cerâmica, com a qual faziam peças adornadas com representações humanas e animais.

Segundo informações, a sociedade tapajônica desestruturou-se devido a guerras contra os colonizadores e doenças trazidas pelo homem branco.

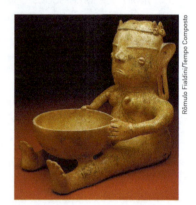

Estatueta de cerâmica da cultura tapajó, c. 1 000 a 1 400 a.C., representa uma figura feminina com orelhas furadas e adorno de cabeça.

## Ser indígena hoje

A desestruturação das culturas marajoara e tapajó causada pelos colonizadores não significou o fim das culturas indígenas. Ainda hoje existem sociedades que lutam pela preservação de seus valores e pelo direito de viver nas terras de seus antepassados.

A atual Constituição brasileira reconhece o direito de os indígenas terem suas terras demarcadas. Existem atualmente mais de 700 terras indígenas no país. Parte delas já foi oficializada pelo governo, outras encontram-se em processo de reconhecimento. Nesses locais, as sociedades indígenas podem se organizar de acordo com suas crenças e costumes, mantendo tradições, rituais e práticas cotidianas. Isso não significa que elas se encontrem inteiramente protegidas.

Apesar do reconhecimento das terras indígenas, agricultores ou pessoas ligadas à exploração de metais preciosos tentam ocupar essas terras para explorá-las economicamente. As transformações ambientais também ameaçam os modos de vida das sociedades indígenas, já que inviabilizam atividades necessárias à sobrevivência dessas comunidades. As populações indígenas vivem na luta pela sobrevivência e manutenção de sua cultura.

Atualmente, muitas comunidades indígenas estabelecem contato com povos não indígenas. Não é raro que os indígenas utilizem aparelhos celulares, internet e televisores. Isso não significa que se tornaram menos indígenas, já que o que define um povo são os vínculos de identidade. Por isso, o critério central para se definir grupos sociais como povos indígenas é o autorreconhecimento que eles têm.

Crianças indígenas da etnia tupinambá na comunidade ribeirinha de Cabeceira do Amorim, no Rio Tapajós, dançam o ritual do taruba. Santarém (PA), 2017

**1)** Em tempos anteriores à sua presença nessa terra, houve um dilúvio que matou quase todos os seres humanos, e o mundo esteve em vias de desaparecer. Alguns homens e mulheres se salvaram porque se esconderam em cavernas em montanhas bem altas e, depois que a tormenta passou, daí saíram e começaram a multiplicar-se, repovoando a terra. Depois disso, como esses homens viviam como feras, sem religião nem ordem, sem plantar as terras e andavam nus, o deus Sol se apiedou deles e mandou à terra seu filho e sua filha para que os doutrinassem e os ensinassem a cultivar a terra, criar animais, viver em casas e povoados e lhes predicassem leis para que soubessem viver como homens racionais e não como bestas. Assim, o deus Sol colocou seus filhos no Lago Titicaca e lhes disse para irem por onde quisessem e, onde parassem para comer ou dormir, sempre fincassem no chão a varinha de ouro que levavam com eles. Onde essa vara afundasse de um só golpe, deveriam fundar um novo povoado. Depois de reduzir o povo que vivia nas redondezas a serviço do deus Sol, deveriam mantê-los em ordem e justiça e tratá-los sempre com piedade. Os filhos do Sol assim fizeram e, no local onde a vara de ouro afundou, criaram Cuzco.

Ana Raquel Portugal. *Revivendo tempos incaicos*. Disponível em: <http://books.scielo.org/id/btxhx/pdf/portugal-9788579830006-04.pdf>. Acesso em: ago. 2018.

**a)** De acordo com o texto, como os incas explicam a origem da cidade de Cuzco?
**b)** De que modo esse mito demonstra a importância da agricultura?
**c)** Compare esse mito de criação do mundo com as crenças maias de criação de sua sociedade.
**d)** É possível afirmar que os deuses incas eram essencialmente benévolos? Justifique.

**2)** A imagem ao lado faz parte de uma obra que narra a história dos astecas até a conquista pelos espanhóis. Um dos objetivos do autor era fornecer informações aos religiosos que seriam enviados à América para converter os indígenas ao catolicismo.

**a)** Descreva e contextualize a imagem.
**b)** Formule uma hipótese para explicar a razão pela qual o religioso decidiu representar essa cena para descrever os hábitos religiosos dos astecas.
**c)** Como é possível relacionar essa representação com as crenças religiosas dos astecas?

Diego Duran. Representação de um sacrifício humano. Publicado no *Codex Duran*, *Historia de las Indias*, 1579.

**3)** A Terra Yanomami foi homologada, mas não está sendo respeitada. Os garimpeiros começaram a voltar devagar em 2001, 2003. E nós continuamos falando para a Funai, em Brasília, para a Polícia Federal. [...] Em 2014, o Exército, a Funai, o Ibama tentaram tirar. Tiraram, mandaram embora, mas não mandaram para a cadeia. E como eles não entram na cadeia, passa duas, três semanas e eles voltam. [...]

Estamos tomando água suja, poluída [...]. Isso significa que meu povo vai sumir. [...] Se o Governo brasileiro não abrir os olhos, vai significar a perda do meu povo yanomami. [...]

Estamos tomando água poluída, de mercúrio. O povo yanomami vai sumir. *El País*. Disponível em: <https://brasil.elpais.com/brasil/2017/04/20/politica/1492722067_410462.html>. Acesso em: ago. 2018.

**a)** Qual é a principal ameaça enfrentada pelos yanomâmis para permanecer em suas terras?
**b)** A demarcação das terras indígenas é o suficiente para garantir a preservação dos direitos das sociedades indígenas? Justifique.
**c)** De acordo com o líder indígena, o que pode acontecer com o povo yanomâmi se o governo brasileiro não tomar atitudes para reverter a situação?

# Visualização

**SOCIEDADES AFRICANAS**

- → Diversidade étnica
- → Diversidade cultural
- → Centros de comércio
- → Influência islâmica marcante em Gana, Mali e Songai

**Bantos**

- Aldeias agrícolas com organização própria
- Ocupação de mais da metade do continente
- Metalurgia e criação de animais
- Diversidade cultural
- Influência religiosa na organização social
- Alianças políticas e comerciais entre aldeias
- Tradição oral: griôs

**Mali**

- Respeito a culturas e tradições dos povos conquistados
- Federação de reinos e províncias
- Estabilidade interna
- Comércio desenvolvido
  • Ouro
  • Agricultura
  • Criação de animais
  • Rotas transaarianas
- Cultura islâmica
- Ataques estrangeiros
- Aliança com os portugueses

**Comércio**

- Atividade importante para diversos povos
- Contato com mercados da Europa e Ásia
- Feiras: comércio entre cidades
- Mulheres na prática comercial
- Europeus: construção de entrepostos comerciais

**Diversidade linguística**

- Mais de mil línguas
- Grupos linguísticos
  • afro-asiático
  • nilo-saariano
  • *khoisan*
  • nigero-congolês
- Influência na língua portuguesa

**Escravidão**

- Adotada por diversas culturas
- Prisioneiros de guerra
- Escravidão por dívida
- Estrangeiros
- Participação social
- Não era violenta, como a empregada pelos europeus
- Produção econômica não baseada no escravismo

**ÁFRICA PRÉ-COLONIAL**

**Religiosidade**

- Diversas práticas
- Cultura iorubá e banto
  • Mundo material e o mundo invisível
  • Culto a divindades locais
  • Relação de troca entre os antepassados e os familiares vivos
  • Estímulo a boas ações
  • Punição a más ações
- Chegada dos europeus
  • Atividades missionárias europeias
  • Desestruturação das religiões locais

**Metalurgia**

- Desenvolvimento autônomo
- Manipulação do ferro
- Ferramentas agrícolas
- Armas
- Aumento do poder dos líderes
- Centralização militar
- Ferro como elemento cultural e religioso

- → Antes do contato com portugueses (século XV)
- → Diversidade e intercâmbio cultural
- → Diferentes formas de organização política e social
- → Comércio intenso
- → Relações comerciais, políticas e culturais com sociedades islâmicas

 **Songai**
- Conselho de governo central
- Religião tradicional
- Região de intercâmbio comercial
  - Rotas tradicionais
  - Litoral atlântico
  - Ouro e escravos
- Dominado por Marrocos

 **Gana**
- Formado pela aglutinação de vilarejos
- Monarquia forte
- Convívio de diversas formas de organização política
- Controle de rotas comerciais
- Desigualdade social
- Rivalidades externas

 **Iorubás**
- Reinos independentes
- Ilê Ifé
  - Liderada por Odudua
  - De onde descendem os líderes iorubás
- Monarquia divina
- Comércio no litoral atlântico
- Influência na cultura brasileira

 Fabio Nienow

# AMÉRICA PRÉ-COLONIAL

**Agricultura**
- Centro-América: entre 9 mil e 4 mil anos atrás
- Disseminação das práticas agrícolas
- Diversidade de cultivos

**Cultura marajoara**
- Ilha de Marajó (PA)
- Horticultura na floresta
- Produção de cerâmica
- Aldeias e cidades
- Relações com outros povos
- Sepultamento dos mortos

**Povoamento**
- Duas teorias
- Ásia→América do Norte e América do Sul
- Duas levas migratórias: (1) Ásia→América do Norte; (2) Ásia→Melanésia, América do Sul
- Diversas formas de organização social
- Diversidade étnica
- Diversidade cultural

**Cultura tapajó**
- Região de Santarém (PA)
- Produção de cerâmica
- Sepultamento dos mortos
- Declínio
  - Doenças transmitidas pelos europeus
  - Guerras contra colonizadores

**Religiosidade asteca**
- Semelhanças com as crenças maias
- Politeísta
- Mito da criação
- Renovação de mundo
- Sacrifício de prisioneiros de guerra

**Religiosidade inca**
- Politeísta
- Divindade criadora do Universo e de outros deuses
- Dois calendários: solar e lunar
- Sacrifícios

**Religiosidade maia**
- Politeísta
- Deuses: criação e destruição da vida
- Renovação do mundo
- Milho: base alimentar e importância religiosa
- Sacrifícios
- Construção de pirâmides
- Calendário
- Escrita religiosa

73

# Retomar

**1** No estado do Tocantins existem escolas indígenas que atendem a uma população de aproximadamente 5 mil crianças de diferentes aldeias.

> A educação indígena no Tocantins contempla as etnias Krahô, Xambioá, Apinayé, Karajá, Javaé, Xerente e Krahô Kanela. Os professores que lecionam nas escolas passam por uma formação de licenciatura intercultural e utilizam a língua indígena como meio de instrução e o uso do português como uma segunda língua. [...] Uma das propostas do setor de Educação Indígena é promover a valorização da cultura dos povos indígenas, desmistificar a visão folclórica que sempre existiu sobre o índio, considerando a importância dos povos indígenas na formação da sociedade brasileira e que são cidadãos em busca de seus direitos e autonomia. [...]
>
> Aldeias e etnias recebem educação indígena mas povos permanecem invisíveis, segundo líder. Educação Tocantins. Disponível em: <https://conexaoto.com.br/2011/04/19/aldeias-e-etnias-recebem-educacao-indigena-mas-povos-permanecem-invisiveis-segundo-lider>. Acesso em: ago. 2018.

- Em grupo, troquem ideias sobre a importância de iniciativas como essa em respeito aos povos indígenas e à preservação de suas culturas.

**2** O relato a seguir faz parte do livro *Índios na visão dos índios tupinambá*, produzido em 2002 por indígenas do povo tupinambá de 23 comunidades da Bahia. Na época, seu autor tinha 42 anos de idade. Após sua leitura, forme dupla com um colega para trocarem ideias e responderem às questões.

> Olha, eu gosto de dormir no mato!
> Acredita? [...] Eu sou índio mesmo. Eu não tenho inveja de quem é rico, e de coisas bonitas. Eu gosto de viver assim, minha vida livre. Aqui eu me sinto livre. Eu sou uma pessoa livre! Não sou mais livre, porque nós índios não temos nossas terras.
> No tempo em que eu era criancinha, só se via mata nessa região aqui. Hoje em dia, não, está tudo aberto. [...] Caça por aqui não existe mais! [...] Meu pai era caçador. Meu avô também era.
> Eu me lembro quando era pequeno que eu só comia caça. Dava até p'ra escolher que carne comer, de tanto que tinha. Eu fico até brincando com meu pai hoje, dizendo: — Tá vendo, ocê matou tudo e agora não tem mais! Mas é brincadeira porque eu sei que o problema mesmo é o desmatamento.
> Eu tenho saudade daquele tempo... [...] E onde tem mata para o índio viver? Não tem mais! [...] Se as coisas continuarem assim, daqui uns 10, 20 anos as crianças não vão conhecer o que é uma caça. Vai só ouvir falar!
>
> Sebastián Gerlic (Org.). *Índios na visão dos índios tupinambá.* Disponível em: <www.thydewa.org/downloads/tupinamba.pdf>. Acesso em: ago. 2018.

a) O autor do relato valoriza o fato de ser indígena. Que argumentos ele utiliza para expressar isso?

b) De acordo com o autor do relato, qual tradição do povo tupinambá está ameaçada? Por quê?

c) Por que o autor tem saudade do tempo de sua infância?

d) O autor do relato tem uma visão otimista sobre o futuro de seu povo? Por quê?

e) O desmatamento contínuo de uma região causa problemas somente às populações indígenas que vivem nela? Se necessário, pesquisem o assunto para responder à questão.

**3** O texto a seguir faz parte de uma conversa com o historiador brasileiro Alberto da Costa e Silva. Leia-o atentamente e, depois, faça o que se pede.

> A África é riquíssima de línguas e culturas. Falam-se no continente mais de mil idiomas. Mais de dois mil, segundo alguns estudiosos. Algumas dessas línguas, como o hauçá e o suaíli, são faladas por dezenas

de milhões de pessoas e numa área geográfica bem extensa. Outras, por uns poucos milhares. Numa área onde predomina determinado idioma, pode haver pequenos bolsões de outro. Ou de outros. Muitas vezes dois grupos vizinhos se expressam em línguas inteiramente diferentes. E podem ter valores e maneiras de viver também distintos. Ou, ao mesmo tempo, semelhantes e diferentes. Ou até conflitantes.

**Você pode nos dar um exemplo?**

Posso. A mais oriental das cidadezinhas iorubás fica a pouco mais de uma centena de quilômetros da mais ocidental das aldeias ibos, na Nigéria. Entre os iorubás, o nascimento de gêmeos é celebrado como um acontecimento positivo e a mãe é tida como favorecida pelas divindades. Já entre os ibos, os gêmeos eram, no passado, considerados uma abominação e abandonados na floresta, enquanto a mãe tinha de se submeter a cerimônias de purificação. E não param aí as oposições e as dessemelhanças entre os dois povos. No plano político, enquanto os iorubás se organizavam em cidades-Estados, com um rei sagrado, entre os ibos predominava a ausência de Estado, com as comunidades regidas pelos conselhos de anciões.

Não só as culturas diferem de povo para povo, como se foram modificando ao longo dos séculos. Há, contudo, certos traços comuns a todas elas, de modo que se pode falar de uma cultura africana como nos referimos a uma cultura europeia, ainda que sejam tão distintos os modos de vida em Portugal e na Finlândia.

Alberto da Costa e Silva. A África explicada aos meus filhos. Rio de Janeiro: Agir, 2008. p. 17. In: Héctor Bruit. O imperialismo. 20. ed. São Paulo: Atual, 1994. p. 12.

a) De acordo com o texto, as diversidades culturais e religiosas dos povos africanos podem ser explicadas apenas por razões geográficas? Justifique sua resposta.

b) Alberto da Costa e Silva explica que os povos iorubás tinham reis sagrados em suas cidades. Explique como esses povos se organizavam politicamente.

c) O historiador fala de tradições culturais próximas entre diversos povos africanos. Um exemplo disso era a crença na relação entre o mundo material e o mundo invisível. Explique como isso ocorria.

**4** Leia atentamente o texto a seguir. Trata-se de um fragmento da obra *A civilização asteca*, escrita pelo historiador Jacques Soustelle. Depois, faça o que se pede.

Os astecas tinham a reputação de serem os indígenas mais religiosos do México. De fato, sua religião, simples e totalmente ou principalmente astral na origem, foi enriquecida e [tornou-se complexo] sob efeito de seus contatos com os povos sedentários e civilizados do Centro. Em seguida, à medida que se ampliava seu Império, foram anexando avidamente deuses e **ritos** de tribos longínquas. No início do século XVI, sua religião, que dominava todos os aspectos de sua vida, constituía ainda uma síntese imperfeita de crenças e cultos de origens muito diversas.

Jacques Soustelle. A civilização asteca. Rio de Janeiro: Zahar, 1987. [n.p.]

**Glossário**

**Rito:** conjunto de cerimônias praticadas em uma religião.

a) De acordo com o historiador, como a religião asteca se formou?

b) A religião asteca apresentava pontos de proximidade com a religião maia. Relacione esse aspecto com as ideias do texto.

c) Compare as religiões asteca e maia e aponte pontos semelhantes entre elas.

**5** O povo marajoara viveu no território do atual estado do Pará entre 700 e 1600 anos atrás. Criou urnas funerárias – algumas de grande porte, com 1 metro ou mais de altura – e produziu uma complexa cultura no Brasil pré-colombiano. Que conhecimentos técnicos os marajoaras desenvolveram?

# UNIDADE 3

> **Antever**
> 
> A arte faz parte da cultura de uma sociedade e é uma linguagem bastante abrangente, pois expressa ideias, emoções, sentimentos, opiniões, percepções etc.
>
> Quando estamos diante de uma obra de arte, não importa de que material ela foi feita; o que interessa são as sensações que ela desperta. Atualmente, as funções mais importantes da arte são provocar o debate e fazer com que os observadores reflitam sobre temas nem sempre fáceis de conversar, como o racismo, o trabalho infantil, a miséria, o abandono de crianças e adolescentes, as drogas, entre outros.
>
> Todo ser humano tem necessidade de se expressar, e disso provém a grande diversidade da arte. Buscar o contato com diferentes expressões artísticas, criadas por artistas de origens e inspirações diversas, contribui para ampliar nosso olhar sobre o mundo e nossa percepção da realidade. Por meio da apreciação e do estudo de obras de arte – e não apenas por meio de sua produção –, podemos desenvolver a inteligência, o pensamento, a criatividade, o senso crítico, a sensibilidade e a cidadania, das quais podem resultar iniciativas que transformam o mundo em um lugar melhor para se viver.
>
> Segundo o filósofo suíço Alain de Botton, uma das funções da arte é reumanizar o ser humano. Para você, qual o significado dessa afirmação? E qual é a importância de aprender arte? No mundo europeu dos séculos XV e XVI, de que maneiras a arte produzida naquele contexto expressava uma nova mentalidade formada a partir dos valores da burguesia em ascensão?

Rosana Paulino. *Ainda a lamentar*. Escultura em cerâmica fria, cordão, madeira, plástico e metal, 2011.

# Novas ideias no mundo europeu

# CAPÍTULO 8
# Renascença, uma nova arte

A partir do século XI, os reinos europeus passaram por um processo de transformações sociais, econômicas e políticas que abalou profundamente o sistema feudal, culminando na crise do século XIV. Esse cenário teve reflexos na visão de mundo de parte da sociedade, sobretudo da burguesia. Entre os séculos XV e XVI, as novas maneiras de pensar e os novos valores que emergiram na sociedade europeia manifestaram-se na literatura, na arte e na ciência, caracterizando o movimento cultural denominado Renascimento.

Trata-se de um período que ainda hoje tem forte influência em nossa cultura e, principalmente, na visão que temos da história do Ocidente. Ao contrário da maioria das fases da história, que são nomeadas posteriormente pelos historiadores, a expressão **Renascimento** foi usada pela primeira vez no próprio período; os pintores e artistas que associamos a essa época foram celebrados como gênios ainda em vida. O que "nascia de novo" eram os valores que aquela geração percebia como as "grandes civilizações da Antiguidade" (as civilizações grega e romana), razão pela qual os séculos anteriores passaram a ser chamados, também a partir desse período, de "Idade Média" – um período intermediário entre a grandeza da Antiguidade e sua retomada pelo Renascimento.

Maerten van Heemskerck. *Pieter Jan Fopperszoon com sua família*, 1530. Óleo sobre tela, 1,19 m × 1,4 m.

A burguesia mercantil passa a ser a principal contratante de quadros, à frente da nobreza e do clero. A clientela burguesa preferia temas que até então eram considerados secundários: a paisagem, os retratos, as naturezas-mortas e a vida cotidiana.

# Arte renascentista e os valores burgueses

Desde o século XI, a Europa vinha passando pelo desenvolvimento do artesanato e do comércio, pelo contato crescente com culturas do Oriente e pelo processo de formação e de enriquecimento da burguesia, que vivia um período de enriquecimento, consequência da expansão do comércio. Os lucros obtidos com a venda de mercadorias e com operações de crédito, como os empréstimos, reforçavam o otimismo dos burgueses e estimulavam ainda mais os negócios.

O **individualismo** começava a fazer parte dos valores desse novo grupo de pessoas que surgira na sociedade medieval, mas que não se encaixava nela, visto que, para a ordem medieval, tanto fazia se o plebeu era um camponês pobre ou um burguês rico: antes de tudo, ele era um plebeu, pois a nobreza era mais importante que o dinheiro.

Essas transformações deram início a novas maneiras de pensar que, lentamente, se difundiram entre alguns setores da sociedade europeia e se refletiram na literatura, nas artes plásticas e nas pesquisas científicas.

**Glossário**

**Individualismo:** tendência em colocar os interesses individuais em primeiro lugar; egoísmo.

**zoom**

1. Em sua opinião, de que modo essas obras de arte representam os valores renascentistas?
2. Por que o modo de vida burguês constituía uma novidade do ponto de vista medieval?

Jan van Eyck. *O casal Arnolfini*, 1434. Óleo sobre tela, 83,7 cm × 0,57 cm.

Na época do Renascimento, o individualismo influenciou o cotidiano dos burgueses, que passaram a valorizar a vida privada e familiar. Essa tendência refletiu-se nas obras de arte, como pode ser observado neste quadro, em que o casamento e a união do casal são valorizados.

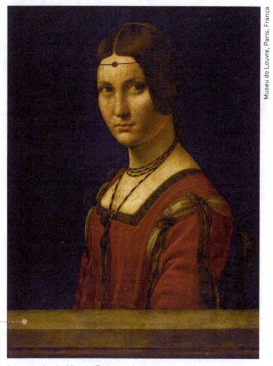

Leonardo da Vinci. *Retrato de uma dama desconhecida*, c. 1490-1495. Óleo sobre painel, 63 cm × 45 cm.

A obra revela como o artista valorizava a beleza feminina e a harmonia das cores.

## Novos modos de vida, novos valores

Novos valores e formas de pensar resultam de mudanças concretas, lentas ou não, na vida das pessoas. Por isso, o modo de pensar está relacionado ao modo de viver. Os valores burgueses que passaram a ser significativos formaram-se através dos séculos, à medida que a burguesia adotava maneiras de viver que não se encaixavam nos modos de vida e de pensamento medievais.

## Cotidiano no Renascimento

Para conhecermos um pouco o cotidiano das pessoas nos séculos XIV e XV, vamos tomar como exemplo a realidade sociocultural da Itália desse período. [...]

Grande ou pequena, a família era o espaço em que a vida privada melhor se realizava. E a valorização da vida privada é um aspecto significativo da Renascença, pois se relaciona com o individualismo, tendência que pareceu prevalecer nessa época. O que importava era o indivíduo, suas realizações, seus empreendimentos, o fato de ser bem-sucedido e poder oferecer uma vida confortável a seus familiares. [...]

E como eram as casas que abrigavam as famílias? Na verdade, eram diferentes, como eram diversas as fortunas, ou simplesmente as possibilidades da família. No campo, havia desde cabanas modestíssimas, com paredes de barro e teto de palha, até casas de tijolo ou pedra, cobertas de telhas. As casas camponesas de melhor construção possuíam um espaço interno dividido em vários aposentos em geral um celeiro, uma sala, um ou mais dormitórios.

Na cidade, as casas variavam muito mais. Mas o material de construção era definitivamente o tijolo ou a pedra. As peças mais importantes para os moradores eram a sala e os quartos. Mas muitas residências urbanas apresentavam um conforto extra: um cômodo exclusivo para a cozinha. Nas casas mais ricas havia ainda um pátio, um jardim, um depósito de cereais, uma estrebaria, um poço particular. Entretanto, o principal sinal de riqueza de uma família era a existência de vários quartos. [...]

A burguesia mais abastada investia na fachada de suas casas, exibindo várias janelas e alguns detalhes em ferro, como argolas, luminárias, porta-estandartes, entre outros elementos decorativos.

Graça Proença. *O Renascimento*. São Paulo: Ática, 1998. p. 39-43.

Adriaen van Ostade. *Camponeses em um interior*, 1661. Óleo sobre cobre.

Afirmar que o individualismo era um valor do período não quer dizer que as pessoas pensassem mais em si mesmas do que em outros períodos da história, mas que surgiu uma forma de pensar e sentir que valorizava o indivíduo. Um exemplo disso é a questão da privacidade na moradia: enquanto no Renascimento o burguês se preocupava com a privacidade do próprio quarto, no século VIII nem o próprio rei Carlos Magno tinha privacidade – e sequer um quarto, já que sua Corte estava permanentemente em movimento, hospedando-se nas fortalezas de seus vassalos, onde ele não dormia sozinho, mas na companhia de seus guerreiros.

O individualismo surgiu como um dado novo porque, na Idade Média, o indivíduo não era uma questão importante; raramente se estava sozinho e as dimensões com que o sujeito se identificava eram todas coletivas: a cristandade, a vassalagem a determinado nobre, a Igreja Católica etc. Esse individualismo que surgiu no Renascimento continua a ser uma característica do nosso tempo: nos encontramos, desde aquela época, cada vez mais distantes da vida coletiva da Idade Média.

① Nos séculos XIV e XV, quais eram as partes de uma casa que demonstravam a riqueza de seu proprietário?

② De que maneira as casas da época refletiam o individualismo típico do Renascimento?

# O financiamento das artes

A nova visão de mundo da burguesia foi em grande parte representada nas obras dos renascentistas, que divulgaram os valores desse grupo social. Muitos comerciantes e banqueiros faziam encomendas de trabalhos ou financiavam artistas para fazer retratos, esculturas, túmulos e outras obras cuja beleza e suntuosidade lhes dessem destaque social e político.

Ao encomendar as obras de arte, ligando seus nomes e seus negócios a grandes artistas, os burgueses pretendiam alcançar maior influência e prestígio no cenário da época. Os patrocinadores ou financiadores das artes foram chamados de mecenas e sua ação foi intensa nas cidades da Península Itálica, onde se destacaram as ricas famílias Sforza e Médici. Entre os mecenas, havia também reis e papas, como Júlio II e Leão X.

A ampla renovação **estética** do Renascimento manifestou-se, sobretudo, nas tentativas de representação fiel da natureza (naturalismo), bem como na revisão do humanismo presente na arte clássica greco-romana.

Artistas, escritores e cientistas do Renascimento cultural romperam com os padrões da arte e da ciência da Idade Média, que tinham acentuada influência da religiosidade. Os renascentistas consideravam que as pessoas tinham papel ativo nos acontecimentos cotidianos, negando a visão medieval de que os homens seriam espectadores dos acontecimentos planejados por Deus.

Pouco a pouco, os renascentistas questionaram o teocentrismo e valorizaram o **antropocentrismo**, além de rejeitarem as teorias que não apresentavam conhecimentos científicos aprofundados. Embora fossem cristãos, eles procuraram separar fé e razão, buscando explicar fenômenos da natureza e acontecimentos sociais e políticos por meio do **racionalismo**. Assim, cresceram na Europa os estudos e as pesquisas em diversas áreas do conhecimento.

### Glossário

**Antropocentrismo:** visão de mundo que coloca o ser humano no centro de todas as coisas.
**Estético:** relacionado ao belo, à beleza das formas, à harmonia.
**Racionalismo:** valorização do raciocínio humano e sua aplicação em diversas situações.

| Quadro comparativo ||
|---|---|
| Arte medieval | Arte renascentista |
| teocentrismo | antropocentrismo e racionalismo |
| delicadeza | figuras maciças, formas angulares |
| cenas sem profundidade | perspectiva |
| curvas fluentes | observação da natureza |

Hieronymus Bosch. *O jardim das delícias*, 1500-1505. Óleo sobre madeira, 220 cm × 195 cm (painel central); 220 cm × 97 cm (painéis laterais).

Museu do Prado, Madri, Espanha

Esta obra mostra o mundo terreno como um lugar de prazeres humanos (centro), o paraíso (à esquerda) e o inferno (à direita).

## Documentos em foco

### A arte renascentista

Durante a Renascença, a pintura e a escultura tiveram significativo desenvolvimento. Muitas obras retrataram situações do cotidiano e personagens da mitologia greco-romana. Embora os temas religiosos não tenham sido abandonados, eles foram humanizados; santos, anjos e o próprio Criador passaram a ser representados com feições, características e sentimentos humanos.

A arte renascentista apresentou características como o realismo de formas e proporções, a representação de corpos nus, a riqueza de detalhes, a variedade de cores e tons, o jogo de luz e sombra e o uso da perspectiva, com os quais se obtém a noção de profundidade e de volume. A representação de sentimentos, formas e movimentos é uma característica marcante do Renascimento cultural, em que se buscava expressar o real e o belo.

A escultura representa Maria segurando nos braços seu filho, Jesus, morto.

Michelangelo. *Pietà*, 1498-1499. Escultura em mármore, 174 cm × 69 cm.

Michelangelo. *Moisés*. Escultura em mármore.

São inúmeros os artistas que se destacaram no Renascimento, cujas obras ainda hoje são referências na História da Arte e admiradas por diferentes gerações e culturas. Na pintura e escultura destacaram-se, por exemplo, Rafael Sanzio, Michelangelo e Leonardo da Vinci. Na literatura, Dante Alighieri, Luís Vaz de Camões, William Shakespeare, Miguel de Cervantes, Nicolau Maquiavel e Erasmo de Roterdã.

Pieter Bruegel. *A colheita*, 1565. Óleo sobre painel, 1,2 m × 1,6 m.

Ticiano. *Baco e Ariadne*, 1520-1523. Óleo sobre tela, 176,5 cm × 191 cm.

1. Que características da arte renascentista você observa nessas obras?
2. Em sua opinião, a escultura *Pietà*, de Michelangelo, pode ser considerada exemplo do ideal de perfeição valorizado pelos renascentistas? Justifique.

# O gênio criativo de Leonardo da Vinci

Leonardo da Vinci, que viveu entre 1452 e 1519, talvez seja um dos exemplos mais expressivos da crença no racionalismo e da sede de conhecimento característicos dos renascentistas. Para ele, "aprender é a única coisa de que a mente nunca se cansa, nunca tem medo, nunca se arrepende". Fiel a esse princípio, foi pintor, inventor, matemático, astrônomo, botânico, arquiteto e anatomista, dando-nos a ideia do modelo de ser humano que se buscava na época: um sábio.

Como inventor, da Vinci criou esboços de máquinas e equipamentos cuja construção só foi possível com a tecnologia desenvolvida séculos depois. Ele também aplicava seu conhecimento científico no aperfeiçoamento de suas obras de arte, como, por exemplo, o *sfumato*, técnica do claro-escuro utilizada na pintura *Mona Lisa*, produzida entre 1503 e 1506.

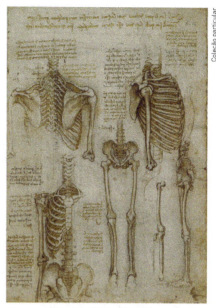

Leonardo da Vinci. *Estudos anatômicos – Tórax*, c.1510. Tinta preta sobre papel.

A pintura de Leonardo desenvolve até um preciosismo virtuoso - o método de composição através dos jogos de luz e sombra (*chiaroscuro*). Em lugar de definir com linhas nítidas o perfil das figuras que retrata, procura reproduzir habilmente o próprio percurso da luz, deixando indefinido os contornos que se perdem nas partes escuras e sombreadas e recortando com nitidez as superfícies banhadas mais diretamente pela luz. O efeito é um realismo maior das figuras e um tom geral de unidade e homogeneidade que realça a atmosfera da pintura.

Nicolau Sevcenko. *O Renascimento*. São Paulo: Atual, 1994. p. 64.

Leonardo da Vinci. *Página de texto e desenhos para uma máquina voadora*, 1488-1490. Caneta e tinta sobre papel.

Essa máquina voadora, embora nunca tenha decolado, é considerada percursora do helicóptero.

Leonardo da Vinci. *Mona Lisa (A Gioconda)*, 1503-1506. Óleo sobre madeira, 77 cm × 53 cm.

Em uma de suas obras mais famosas, da Vinci retratou a esposa de Francesco Giocondo, um mercador de Florença.

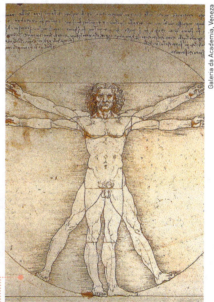

Leonardo da Vinci. *O homem vitruviano*, c.1492. Caneta e tinta sobre papel, 34,3 cm × 24,5 cm.

Desenho de Leonardo da Vinci com anotações sobre a anatomia humana.

# As cidades italianas e o Renascimento

O movimento renascentista teve início na Península Itálica, uma região de intenso comércio de produtos da Europa e do Oriente, na qual também era grande o contato com obras, monumentos, estudos científicos e filosóficos produzidos pelos antigos gregos e romanos.

Nas cidades italianas, muitos mercadores e banqueiros acumularam fortunas, aplicando-as no mecenato. Assim, eles ofereciam oportunidades de trabalho para artistas e estudiosos, atraindo escritores, poetas, arquitetos, artistas, músicos, cientistas e filósofos. Dessa forma, o Renascimento tornou-se um movimento cultural tipicamente urbano.

O texto abaixo fala do papel destacado de Florença, uma das principais cidades italianas daquele período:

> Nenhuma cidade do Ocidente, até os nossos dias, atraiu tantos gênios e homens extraordinariamente dotados para as ciências e as artes em geral como Florença o fez entre os anos de 1450 e 1650. Foram arquitetos, escultores, pintores, músicos, poetas, literatos, bibliófilos, cientistas, astrônomos, urbanistas, médicos, o que se imaginar de pessoas ligadas à sensibilidade e ao engenho a cidade acolheu de braços abertos. Durante aqueles dois séculos luminares para a história das artes, a Florença dos Médicis tornou-se uma autêntica colmeia produzindo obras-primas sem cessar.

Voltaire Schilling. *Médicis mecenas*. História por Voltaire Schilling. Disponível em: <http://educaterra.terra.com.br/voltaire/mundo/2004/01/09/000.htm>. Acesso em: ago. 2018.

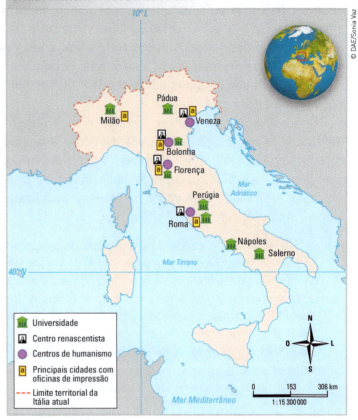

**Península Itálica: centro difusor do Renascimento – séculos XIV-XVI**

Fontes: Cláudio Vicentino. *Atlas histórico: geral e Brasil*. São Paulo: Scipione, 2011. p. 17; Georges Duby. *Atlas histórico mundial*. Barcelona: Larousse, 2007. p. 162.

Pátio interno do Palazzo Medici Riccardi. Florença, Itália.

Este era um palácio dos Médici, influente família burguesa que governou Florença na segunda metade do século XV, destacando-se também pela prática do mecenato.

## Ampliar

**O arminho dorme**, de Xosé A. Neira Cruz (Edições SM). Obra ficcional sobre a família Médici, em que a jovem Bianca de Médici se apaixona por Giulio, um rapaz que não concorda com o domínio que a família exerce sobre a cidade.

## Conviver

### Interpretação de fonte histórica não verbal: pintura

As pinturas são uma forma de expressão em que os artistas criam uma imagem e transmitem uma mensagem usando tintas e um suporte. Geralmente o pintor representa temas relacionados à época e ao lugar em que vive, os costumes praticados, os princípios valorizados pela sociedade, fatos que estão ocorrendo.

A forma como as obras são produzidas e sua função social também estão relacionadas ao contexto histórico e cultural. Elas são fontes históricas porque revelam importantes informações sobre a vida social, cultural, política e econômica da época em que foram feitas.

Pedro Américo. *Independência ou morte*, 1888. Óleo sobre tela, 76 cm × 41,5 cm.

Há informações ou elementos da obra explicados apenas por especialistas, mas isso não nos impede de apreciá-la e interpretá-la. A função do observador de uma pintura é justamente captar a mensagem transmitida pelo autor, ou seja, "ler" e interpretar a mensagem por meio de um passo a passo, como indicado a seguir.

1. Identifique o autor, pesquise sua biografia e o ano de produção da pintura e conheça um pouco sobre a época em que ela foi feita.
2. Identifique o tema central da obra e os elementos nela representados (por exemplo: seres humanos; temas religiosos ou mitológicos; animais; elementos da natureza etc.).
3. Descreva a cena representada pela pintura, considerando aspectos como: o que está em destaque na obra; quais elementos ocupam o plano central e quais ocupam os planos secundários; quais foram os tons utilizados; como o artista usou os recursos de luz e sombra; se há impressão de estabilidade ou movimento; se há perspectiva e profundidade.
4. Elabore hipóteses sobre a intenção do artista ao criar a obra, tais como: expressar os próprios sentimentos; homenagear um fato histórico ou uma pessoa; registrar cenas do dia a dia; registrar cenas familiares; fazer uma crítica a algo ou alguém.
5. Desenvolva uma opinião sobre a obra interpretada.

**1** Em trios, apliquem essas orientações para interpretar a pintura ao lado. Debatam livremente e escrevam respostas para o passo a passo indicado anteriormente, registrando suas concordâncias e discordâncias.

Observem nessa obra a presença das características da arte renascentista estudadas neste capítulo e utilizem seus conhecimentos sobre o contexto histórico em que ela foi feita.

Sandro Botticelli. *O nascimento de Vênus*, c. 1484. Têmpera sobre tela.

85

# A moda no Renascimento

As vestimentas usadas por um grupo social em determinado período têm ligação com seu modo de vida, com suas ideias e opiniões, assim como com o momento histórico em que estão vivendo – a prosperidade econômica e a abertura ou fechamento para novas ideias. A moda reflete os valores e a cultura da sociedade ou de parte dela.

No Renascimento, a moda refletia tanto a sede por renovação quanto a prosperidade das cidades italianas. Segundo a pesquisadora Denise Pollini, o "modo como as pessoas se vestiram em diferentes épocas está bastante relacionado com os aspectos sociais e culturais do período; assim, a maneira de pensar determina nossas escolhas estéticas". Em seu livro *Breve história da moda*, a pesquisadora apresenta as seguintes informações sobre a moda europeia entre os séculos XIV e XV:

> Embora possamos observar variações entre os diversos países europeus, as vestimentas sofreram modificações semelhantes a partir da segunda metade do século XIV, intensificando-se a partir do século XV. A partir desse período, as roupas apresentaram uma preocupação menor com questões **utilitárias** e enfocaram mais os aspectos ornamentais e estéticos. Outro elemento importante a destacar é que as roupas masculinas e femininas passaram a ter seu desenho diferenciado. Até então, as vestimentas tinham basicamente a mesma estrutura para homens e mulheres, e os acessórios, penteados e detalhes é que os diferiam. E não pense que as roupas das mulheres é que ficaram mais elaboradas e complicadas! Por mais difícil que possa nos parecer observando nossa relação moderna com as roupas, durante um grande período, a começar pelo final do século XIV, as roupas masculinas foram mais exuberantes que as femininas.
>
> Denise Pollini. *Breve história da moda*. São Paulo: Claridade, 2007. p. 20.

**Glossário**

**Utilitário:** útil; que tem utilidade.

## zoom

**1** De acordo com a pesquisadora Denise Pollini, quais transformações ocorreram com as vestimentas europeias a partir do século XV?

**2** Busque, em revistas e *sites* especializados, imagens que representem tendências da moda atual. Observe as cores e os tecidos das roupas, sapatos e acessórios; os cortes de cabelo e penteados. Você nota uma ligação entre os padrões da moda atual e a maneira de viver das pessoas? Como o jeito de se vestir e usar os cabelos pode representar um grupo social e seus valores? A moda interfere no seu gosto pessoal, no seu jeito de se vestir? Por quê?

Albert Kretschmer e Carl Rohrbach. Imagem publicada no livro *Os trajes de todas as nações*, de 1882, que mostra vestimentas usadas em cidades da Península Itálica no século XV.

1. O Renascimento inaugurou uma nova maneira de viver e encarar o mundo. Que visão de mundo começou a ser contestada pelos renascentistas?

2. Observe novamente a imagem da página 81, de Hieronymus Bosch. Os temas abordados na obra de arte estão mais voltados para a vida dos homens ou para as questões religiosas? Comente.

3. Nos séculos XV e XVI, a Igreja permanecia influente na produção artística, contudo isso não impediu o aparecimento de novas formas de representar e conhecer a realidade. De que forma o antropocentrismo e o racionalismo estimularam o desenvolvimento de pesquisas e de estudos pelos renascentistas e a produção de novos conhecimentos?

4. No Renascimento italiano alcançar a fama era um objetivo perseguido pelos artistas. Naquele contexto, qual é a importância dos mecenas para a arte renascentista?

5. O mecenas era tido como protetor das artes. Na prática, atuava como financiador e era ele que tornava viável a produção das obras. O que levou alguns banqueiros, comerciantes, reis e papas a se tornarem mecenas?

6. A cidade de Florença é um lugar de turismo internacional e recebe muitos visitantes anualmente. De que forma a atuação dos Médici nos séculos XV e XVI contribuiu para essa situação atual?

7. Leonardo da Vinci é um dos principais representantes do Renascimento cultural e desenvolveu estudos e obras em diferentes campos do conhecimento. Você concorda com a opinião dele de que "aprender é a única coisa de que a mente nunca se cansa, nunca tem medo, nunca se arrepende"? Por quê? Troque ideias sobre o tema com um colega e apresentem a opinião de vocês à turma.

8. Leonardo da Vinci foi considerado um sábio na época em que viveu, pois atuava nas mais variadas áreas do conhecimento, da ciência e da arte. E, atualmente, quais são os requisitos necessários para que uma pessoa seja considerada sábia?

9. Escolha um escritor do Renascimento cultural e pesquise algumas informações sobre ele. Organize uma ficha biográfica, com os seguintes dados:
   - nome e nacionalidade;
   - ano de nascimento e morte;
   - um acontecimento interessante de sua vida;
   - o assunto tratado em uma de suas principais obras.

   Indique as fontes de pesquisa que você utilizou, isto é, a bibliografia consultada para a pesquisa. Em data combinada com o professor, apresente as informações de sua ficha aos colegas. Ao término das apresentações da turma, procure explicar por que muitas obras de escritores renascentistas continuam sendo lidas atualmente.

10. Embora o Renascimento tenha se manifestado de forma intensa nas cidades italianas, ele foi um movimento cultural difundido por diferentes regiões da Europa. Nomes como Gil Vicente, Lope de Vega, Montaigne, os irmãos Jan e Hubert van Eyck, Albrecht Dürer e Francis Bacon também se destacaram nesse cenário cultural.
    Em trio, escolham um desses representantes do Renascimento e pesquisem:
    - quando e onde viveu;
    - o campo do conhecimento em que atuou (pintura, arquitetura, teatro, filosofia, literatura, ciência);
    - por qual(is) obra(s) se destacou;
    - sua contribuição para a cultura da época.

    Elaborem um cartaz para apresentar aos colegas as informações pesquisadas; lembrem-se de indicar as fontes consultadas. Organizem um mural da turma em uma das paredes da classe.

# CAPÍTULO 9

# Uma nova ciência

Quando alguém ouve a palavra "ciência", é provável que lhe venha à mente a figura de alguém cercado de instrumentos de alta tecnologia. Mas a ciência é, antes de tudo, um modo de pensar e de agir que tem como objetivo aumentar o conhecimento humano sobre a realidade, que se baseia em um conjunto de princípios – que constitui o chamado método científico – e que orienta determinadas práticas.

Nas ciências exatas e biológicas, o método estabelece critérios para se alcançar o estabelecimento de verdades por meio da experimentação e da confirmação matemática.

Nas ciências humanas, muitas vezes, não é possível fazer experimentos: na ciência histórica, por exemplo, não é possível voltar ao passado para fazer medições e experiências. Nesses casos, o método científico procura estabelecer critérios racionais para se investigarem os elementos disponíveis na realidade. Na ciência histórica, por exemplo, o método científico estabelece referências para interpretar os documentos históricos.

Cartaz da Sociedade Brasileira para o Progresso da Ciência (SBPC).

Fundada em 1948, a SBPC é uma associação "voltada para a defesa do avanço científico e tecnológico, e do desenvolvimento educacional e cultural do Brasil". Em atuação há 70 anos, a sociedade promove anualmente encontros com cientistas das mais diversas áreas do conhecimento e também desenvolve atividades voltadas a estudantes da educação básica, com o objetivo "de despertar o interesse pela ciência, tecnologia e inovação".

Muitas descobertas científicas ocorreram ao longo dos séculos, mas foi no período do Renascimento que se consolidaram suas características marcantes, iniciando um processo acelerado de transformações que chegaram até nossos dias, em que a ciência é uma das forças sociais que mais contribui para o desenvolvimento humano.

Foi naquele período que começou a se delinear com clareza uma forma de pensar verdadeiramente definidora do mundo em que vivemos: a ciência.

# O ser humano, a razão e a ciência

Embora o Renascimento tenha inaugurado o conflito entre o racionalismo científico e o pensamento religioso, é justamente nas instituições religiosas que estão as origens do racionalismo. Nas universidades católicas que floresceram na Europa ao longo da Idade Média, o conhecimento humano era dividido em sete disciplinas: Lógica, Gramática, **Retórica**, Aritmética, Astronomia, Música e Geometria.

Embora a Lógica já tratasse da investigação racional do mundo, faltava a ela um elemento fundamental ao desenvolvimento do racionalismo científico: o experimento.

Alunos em frente à Universidade de Bolonha, Itália, 2015.

A primeira universidade católica fundada na Europa foi a de Bolonha, na Itália, no século XI; destacou-se principalmente nas áreas das Humanidades.

### Glossário

**Emirado:** território ou Estado politicamente administrado por um emir (monarca).
**Retórica:** capacidade de falar em público; arte da argumentação; oratória.

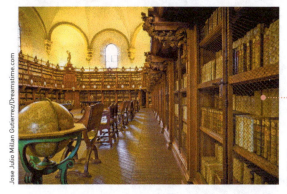

A Universidade de Salamanca foi fundada no século XIII; sua biblioteca original, hoje reservada apenas para visitação, reúne um valioso acervo nas áreas de Direito, Filosofia e Matemática.

Interior da biblioteca da Universidade de Salamanca, Espanha, 2017.

A maior influência para o surgimento dos experimentos científicos veio de pensadores muçulmanos, como o árabe Ibn al-Haytham, e os persas Al-Biruni e Ibn Sina (conhecido como Avicena). Já no século XI eles haviam escrito obras em que defendiam a experimentação guiada por parâmetros racionais como ferramenta para a descoberta de verdades sobre a realidade. Suas obras foram traduzidas para o latim e estudadas nas universidades cristãs europeias.

É importante lembrar que os árabes muçulmanos mantiveram o **emirado** de Granada, no sul da Espanha, até 1492, quando foram derrotados pelos reis espanhóis católicos. Após uma ocupação muçulmana de oito séculos, a Península Ibérica guardou influências culturais e religiosas que se mesclaram às cristãs e se espalharam pela Europa Ocidental.

Entre os séculos XII e XVII, o pensamento científico, que unia o racionalismo e a experimentação, se estabeleceu de maneira definitiva na Europa. Pensadores como Francis Bacon, Galileu Galilei e René Descartes estabeleceram aqueles que são, até hoje, os princípios teóricos das ciências. Todos esses cientistas eram homens religiosos; mesmo assim, o pensamento científico entrou em conflito com a Igreja Católica.

### Ampliar

**Dom Quixote,** de Miguel de Cervantes. Tradução de Walcyr Carrasco (Moderna).

Narra as aventuras de um homem que se imagina como um valente cavaleiro, ironizando os romances de cavalaria e os princípios fundadores da sociedade medieval.

# Os cientistas desafiam a Igreja Católica

Durante o Renascimento cultural, a Europa viveu uma intensa revolução científica. A valorização do racionalismo estimulou inúmeros estudos de Matemática, Física, Geometria, Astronomia, Cartografia, Anatomia e outros campos do saber.

A observação da natureza levantava muitas dúvidas sobre suas leis e seu funcionamento. As respostas eram dadas após pesquisas e experimentos que originavam novas teorias.

## A teoria heliocêntrica

Galileu Galilei viveu entre 1564 e 1642. Aprofundando estudos realizados por outros cientistas, ele comprovou a teoria heliocêntrica, segundo a qual a Terra girava em torno do Sol, que seria o centro do Universo. O heliocentrismo chocou-se com a teoria defendida até então pela Igreja de que a Terra era o centro do Universo (teoria geocêntrica).

A imagem mostra uma representação da teoria geocêntrica contestada por Galileu Galilei, para quem o Sol (*hélio*, em grego) era o centro do Universo, e não a Terra.

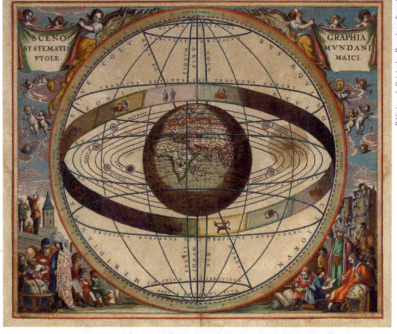

Andreas Cellarius. *A Harmonia do Universo*. Publicado por Joannes Janssonius, c. 1660-1661.

Galileu foi acusado de heresia pela **Inquisição**. Temendo que seu destino fosse o mesmo do também cientista Giordano Bruno, que em 1600 morrera na fogueira como herege por defender o heliocentrismo, Galileu negou publicamente sua comprovação científica e escapou da condenação à morte.

### Glossário

**Inquisição:** tribunal religioso criado pelo papado no século XII para perseguir acusados de heresia.

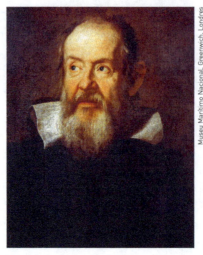

Justus Sustermans. *Retrato de Galileu Galilei*, 1636. Óleo sobre tela, 66 cm × 56 cm.

### Ampliar

**A vida de Galileu,** de Bertolt Brecht (Paz e Terra).

Texto teatral que conta a vida de Galileu Galilei, sua relação com a ciência e com a Igreja Católica.

**A vida de Galileu**

EUA, 1975. Direção: Joseph Losey, 145 min.

O filme narra a biografia do astrônomo e matemático italiano que, em pleno século XVII, desafiou a Igreja Católica, mas, quando condenado à morte por heresia, abriu mão de suas ideias para obter o perdão do papa.

Em 1992, passados mais de quatro séculos do julgamento de Galileu, a Igreja Católica, representada pelo papa João Paulo II, pediu desculpas pela condenação de Galileu. Em 2004, o papa também pediu perdão pelos abusos cometidos pelo Tribunal da Inquisição.

# Ciência, riqueza e tecnologia

A Inquisição não impediu o desenvolvimento científico e tecnológico da Europa no período do Renascimento. Outra característica desse período que define nosso mundo até hoje foi a relação entre o desenvolvimento científico, o tecnológico e o econômico.

A invenção de instrumentos e a divulgação de conhecimentos exerceram impacto direto na compreensão do mundo e também na economia da Europa. As navegações tornaram-se mais seguras e lucrativas devido à difusão da bússola, criada pelos chineses, e do astrolábio, de origem árabe. Os mapas ficaram mais precisos e a invenção das caravelas pelos portugueses aumentou a velocidade das viagens marítimas.

Nesse contexto, se deu a "descoberta" europeia do Novo Mundo, que aumentou o poder econômico e político da Europa diante do mundo. O desenvolvimento das armas de fogo, iniciado na Ásia, também se deu nesse período e foi decisivo para aumentar o poder dos europeus.

> **zoom**
> Identifique os elementos presentes na obra que estão relacionados ao contexto histórico do Renascimento.

Johannes Vermeer. *O geógrafo*, 1669. Óleo sobre tela, 53 cm × 46,6 cm.

## De olho no legado

### A evolução do sistema de navegação

Para ir a algum lugar, precisamos de referenciais para saber que estamos no caminho certo. Hoje, saber o endereço é o suficiente para olhar em um mapa ou colocar em um aparelho de GPS; mas nem sempre existiram formas tão precisas de localização. Na Antiguidade, os navios europeus usavam como referência as estrelas à noite e, com essas observações, foi criado o astrolábio. Para os polinésios, o tipo e a direção das ondas ajudava a saber para onde estavam indo. Os nórdicos, por sua vez, se guiavam com base na observação dos pássaros.

Um dos instrumentos mais conhecidos de navegação é a bússola, que foi usada pelos chineses séculos antes da versão atualmente conhecida, em desenvolvimento desde o século XIV. Quase cinco séculos se passaram até a humanidade dar o próximo grande passo: os satélites, que permitem localização em quase qualquer ponto do globo terrestre. A ideia surgiu com os militares estadunidenses em 1973. Depois de 22 anos de trabalho, os Estados Unidos colocaram 24 satélites em órbita, número suficiente para a cobertura mundial.

O Global Positioning System (GPS) é estadunidense e possui mais de 30 satélites orbitando o planeta. Outros países, como a China, e a União Europeia têm também suas as próprias constelações de satélites.

> ❶ Como as melhorias na forma de se localizar influenciaram as distâncias percorridas pelos viajantes de diferentes épocas?
>
> ❷ Você percebe o uso da bússola em alguma tecnologia mais recente de navegação?
>
> ❸ Se você não estiver com seu celular com GPS, como fará para chegar a um lugar que nunca foi antes?

## A revolução da imprensa

A publicação de livros na Europa passou por uma revolução em meados do século XV, quando Johannes Gutenberg e outros sócios de sua empresa desenvolveram a montagem de uma **prensa** aperfeiçoada, que culminou com a impressão **tipográfica** e a origem da imprensa.

Antes, a lenta tarefa dos monges copistas, que transcreviam manualmente as obras, limitava o número de exemplares e encarecia o livro. Aos poucos, esse sistema foi substituído pela impressão em tipografias; não houve uma ruptura entre a cultura do manuscrito e a cultura do impresso: o escrito copiado à mão sobreviveu, de maneira geral, pelo menos até o século XVIII, chegando até o XIX em algumas regiões europeias.

A impressão tipográfica de livros barateou os custos da produção literária e facilitou a circulação de ideias e de conhecimentos. No entanto, uma parte significativa da sociedade europeia estava excluída do universo da leitura por não ser alfabetizada e não ter condições para adquirir livros.

No Brasil, a situação era ainda pior nesse período, uma vez que Portugal proibiu a impressão de livros até 1808, quando o Brasil foi elevado a Reino Unido.

> **Glossário**
>
> **Prensa:** instrumento usado para fazer impressões pressionando-se um molde sobre a superfície em que se quer imprimir.
>
> **Tipográfico:** feito por meio de tipografia, local onde se aplica a arte e a técnica de imprimir com tipos móveis organizados em prensas.

Este desenho representa o trabalho em uma tipografia. Provavelmente entre 1444 e 1447, Gutenberg fez a primeira impressão do *Juízo Final*, que compõe a Bíblia. Entretanto, pesquisas recentes admitem a possibilidade de ele ter imprimido outras obras antes da Bíblia.

Abraham von Werdt. Xilogravura do século XVIII que representa o interior de uma tipografia.

## Documentos em foco

### Quem foi Gutenberg?

A invenção de Gutenberg e seus sócios permitiu maior circulação de materiais escritos pela Europa. O texto a seguir conta um pouco sobre esse homem.

> Acreditam ter nascido entre 1394 e 1399, em Mongúncia, cidade alemã plantada às margens do Reno. [...] Parece razoável admitir que, ourives de formação, portanto conhecedor da técnica de fundição de metais, Gutenberg partiu em busca da liga capaz de atender às exigências da impressão e mais: de preço razoável, capaz de proporcionar grande número de caracteres idênticos, bastante resistentes para que, decomposto o texto impresso, os pequenos paralelepípedos pudessem ser utilizados várias vezes, em ordenações diferentes.
>
> Texto adaptado de: José Teixeira de Oliveira. *A fascinante história do livro. De Gutenberg aos nossos dias.* Rio de Janeiro: Kosmos, 1989. v. IV, p. 102.

**1** Para muitos historiadores, a nova maneira de produzir livros levou à diminuição do controle da Igreja Católica sobre as obras publicadas na época. Como explicar essa situação?

## Atividades

1. Por que a teoria de Ptolomeu também foi chamada de geocêntrica?

2. Qual sistema parece mais correto: o de Ptolomeu ou o de Galileu? Por quê?

3. Mobilize seus conhecimentos para explicar por que o Renascimento promoveu, além das artes, o desenvolvimento dos conhecimentos científicos.

4. Observe os mapas a seguir, considerando as respectivas datas de elaboração e principais características.

*Orbis Typus Universalis*, mapa-múndi produzido em 1506, pelo cartógrafo alemão Martin Wadseemüler em 1506, publicado pela primeira vez em 1513.

Mapa-múndi produzido em 1448, por Andreas Walsperger, representa um tipo de cartografia transicional que começava a despontar na Europa Ocidental antes do Renascimento.

Imagem do mundo produzida em 2018 por meio de sistema de localização em plataforma *on-line*, com representação combinada a imagens de satélite.

a) Relacione as mudanças nos mapas às datas em que eles foram elaborados.

b) Você consegue identificar o continente europeu e o africano em todos os mapas? Em quais você consegue identificar esses continentes à primeira vista e em quais tem mais dificuldade para fazer isso?

c) O formato do continente africano no mapa de 1506 é mais parecido com o mapa de 1448, 58 anos antes, ou com a representação de 2018, mais de cinco séculos depois? Qual é a explicação para isso?

5. Explique por que a invenção da imprensa representou uma revolução para os padrões das publicações que existiam até a época do Renascimento.

6. Com base em seus conhecimentos e na leitura do capítulo, enumere quatro exemplos atuais que comprovem que a ciência contribui para o desenvolvimento humano.

# Caleidoscópio — Proporção áurea

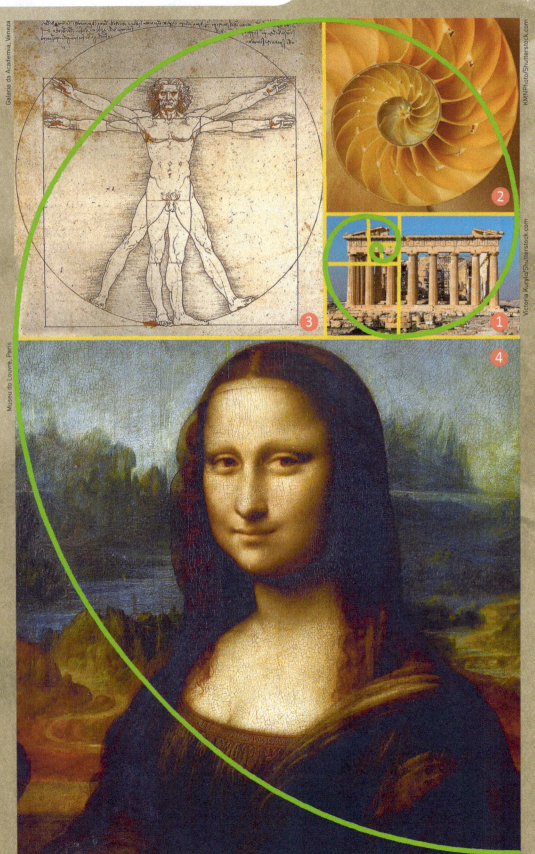

A proporção áurea, conhecida desde a Grécia Antiga, foi retomada pelo matemático italiano Leonardo Fibonacci no século XIII. Seus estudos tornaram-se um grande guia para a arte no Renascimento.

**1** Na Grécia Antiga, matemáticos e filósofos já tinham observado a proporção áurea na natureza. Os gregos aplicavam essa proporção ao planejar as mais importantes edificações para dar harmonia e beleza às construções.

Vista frontal do Parthenon, Grécia. A fachada do templo segue a proporção áurea.

**2** A proporção áurea ocorre naturalmente em flores, conchas, no corpo humano, em galáxias e até em fenômenos naturais, como furacões e tufões. Na prática, funciona como uma regra matemática que rege as proporções da natureza.

Durante o Renascentismo, muito da cultura greco-romana foi retomada, inclusive a proporção áurea. Ao estudá-la, Fibonacci a traduziu em uma sequência infinita de números, cada um correspondendo à soma dos dois anteriores.

1, 1, 2, 3, 5, 8, 13, 21, 34, 55, 89, 144, 233, 377, 610, 987, 1 597, 2 584...

Ao construir uma série de quadrados cujos lados são os números dessa sequência, tem-se a Espiral de Fibonacci, que representa a proporção áurea.

Os números que indicam quanto vale a medida do lado de cada quadrado coincidem com a Sequência de Fibonacci.

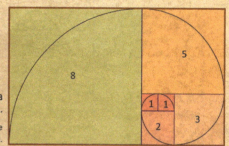

O número de ouro (1,618...) é alcançado pela divisão de um número da Sequência de Fibonacci pelo número imediatamente anterior. Quanto mais este número estiver à frente na sequência mais próximo dele será o resultado. Esse número também é conhecido por *Phi* (Φ). Pronúncia da primeira letra de um dos escultores mais famosos da Grécia Antiga, Fídias.

**3** Graças a esses estudos matemáticos, foi possível levar a perfeição da arte a outro nível. Em 1492, Leonardo da Vinci se propôs a desenhar o homem perfeito, aplicando todas as proporções sem nenhum erro. O resultado foi brilhante. A altura do corpo é igual à largura dos braços, encaixando-se perfeitamente em um quadrado. Os braços levantados à altura da cabeça tocam o círculo, o que também ocorre com as pernas abertas.

**4** O quadro mais famoso de Leonardo da Vinci é a *Mona Lisa*, que foi desenhada de acordo com a proporção áurea, como podemos ver pela divisão dos retângulos sobre a imagem dela.

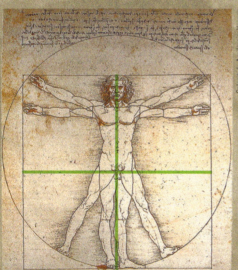

Leonardo da Vinci. *O homem vitruviano*, c.1492. Caneta e tinta sobre papel, 34,3 cm × 24,5 cm.

Leonardo da Vinci. *Retrato de Lisa del Giocondo ou Mona Lisa*, c. 1503-1506. Óleo sobre madeira, 77 cm × 53 cm.

**1.** Na Antiguidade, os gregos estudaram a proporção áurea por meio da observação ou da invenção? Explique.

**2.** Qual é a relação entre a proporção áurea e as pinturas renascentistas?

# CAPÍTULO 10
## Reformas religiosas e Contrarreforma

Papa Francisco e representantes de outras igrejas em evento do Jubileu Extraordinário da Misericórdia, em Roma, Itália, 2016.

Em 2016, o papa Francisco, chefe máximo da Igreja Católica, realizou uma celebração com representantes de outras igrejas cristãs propondo que os cristãos de todo o mundo perdoem-se mutuamente pelos erros e ofensas cometidas no presente e no passado.

O cristianismo, criado no século I, ramificou-se, com o passar do tempo, em diversas religiões que mantiveram os valores cristãos e a Bíblia como livro sagrado. No entanto, alteraram, cada uma à sua maneira e conforme seus princípios, a forma de organização, a **hierarquia**, os ritos e os **sacramentos**.

No mundo atual, é inaceitável que ainda haja pessoas que disseminem ideias fundamentalistas, ou seja, que pratiquem ou apoiem atos violentos e que rejeitem outras crenças e **ideologias** de forma inflexível e radical, considerando sua forma de agir e de pensar como a única e absoluta verdade. Com o objetivo de cultivar a paz, podemos adotar esse raciocínio em temas tão diversos como religião, política ou futebol, por exemplo.

Se atualmente a postura de grande parte dos líderes religiosos é incentivar o respeito, a tolerância e a convivência pacífica entre as religiões e os povos, no passado foi bem diferente – muitas guerras foram travadas em nome da fé e incentivadas pelos próprios membros do clero.

### Glossário

**Hierarquia:** ordem de importância dos níveis de autoridade dentro de uma organização.
**Ideologia:** conjunto de ideias e princípios característicos do pensamento de uma pessoa ou de um grupo de pessoas.
**Sacramento:** cada um dos ritos sagrados do cristianismo com o objetivo de conceder uma bênção.

# O início da Modernidade

O Renascimento, as Navegações, o absolutismo monárquico, o mercantilismo e o colonialismo fizeram parte do quadro das amplas transformações ocorridas na Europa entre o final da Idade Média e o início da Idade Moderna.

Nesse contexto, as ideias, as atitudes e o modo de vida dos europeus foram transformados. O intercâmbio de povos e culturas ampliou o consumo de produtos e promoveu o enriquecimento dos Estados modernos. Todas essas mudanças também se refletiram na religiosidade – parte da sociedade passou a questionar o teocentrismo medieval e as regras do catolicismo.

Surgiram então novas religiões cristãs, chamadas de protestantes ou reformadas. Elas pretendiam orientar-se diretamente pelos ensinamentos contidos na Bíblia e propunham reformas na Igreja Católica, protestando contra dogmas, sacramentos, rituais e também contra os abusos praticados por alguns setores do clero. Todas as igrejas evangélicas de hoje são, em certo sentido, herdeiras da crise que criou o protestantismo.

**Glossário**

**Concílio:** assembleia de membros do clero em que se decidem questões relacionadas aos dogmas, às doutrinas ou à disciplina eclesiástica.

Entre 1545 e 1563, representantes da Igreja Católica se reuniram por diversas vezes no chamado **Concílio** de Trento, numa tentativa de fortalecer o catolicismo e deter o avanço do protestantismo. Nesse concílio, a Igreja Católica introduziu uma série de mudanças em sua organização.

Nicolo Dorigati. *Sessão de abertura do Concílio de Trento em 1545*, 1711 (detalhe).

# A ostentação da riqueza abala a Igreja Católica

Na Idade Média, a Igreja Católica cobrava impostos dos camponeses que trabalhavam em seus feudos e dízimo dos fiéis. Muitos membros do clero, em especial papas e bispos, usavam a fé das pessoas para acumular bens e riquezas. Negociavam cargos eclesiásticos com nobres e reis em troca de terras e dinheiro; vendiam água benta aos fiéis que esperavam por bênçãos de Deus; comercializavam relíquias ditas sagradas (chumaços de cabelo de santos; retalhos de túnicas dos apóstolos; gotas do leite de Maria, mãe de Jesus; farpas da cruz de Cristo). De tempos em tempos, o papa permitia a venda de indulgências, isto é, do perdão para os pecados.

Com a cobrança de dízimo e taxas, além da venda de indulgências, a Igreja Católica obteve grande riqueza. Muitas igrejas, construídas e decoradas com materiais nobres (como mármore, ouro e pedras preciosas), transmitiam essa ideia de luxo e poder.

Basílica de Santa Maria Sopra Minerva, construída entre 1280 e 1453. Roma, Itália.

## O clero não seguia o que pregava

No catolicismo, os membros do clero tinham de adotar o celibato – dedicar sua vida exclusivamente a Deus e à comunidade, o que os impedia de formar a própria família. Além disso, na Idade Média, a Igreja considerava o comércio uma atividade desonrosa, criticava o lucro e condenava a prática da usura (a cobrança de juros sobre os empréstimos).

No entanto, havia casos de clérigos que mantinham romances secretos e tinham filhos; e, como vimos, a própria Igreja acumulava e ostentava muitas riquezas. A profunda diferença entre o que o clero defendia e o que muitos de seus membros praticavam desapontou fiéis e pessoas do próprio clero, que desejavam que a Igreja Católica seguisse os princípios de justiça, solidariedade e humildade.

**Ampliar**

**As 95 teses de Lutero,** de Eric Voegelin. Artigo que apresenta o texto integral das *95 teses acerca do poder e eficácia das indulgências*, de Martinho Lutero, afixadas por ele na porta da catedral de Wittenberg, em 1517. www.arqnet.pt/portal/teoria/teses.html

O interior dessa igreja foi reformado entre 1575 e 1630. A decoração de seus altares é exemplo da suntuosidade das igrejas católicas medievais.

Nesta obra, é possível observar o contraste entre a majestosa catedral, localizada no centro de Viena, e o casario de seu entorno.

Jacob Alt. *Vista de Viena com balão*, 1847. Aquarela.

Capela Borghese, no interior da Igreja Santa Maria Maggiore. Roma, Itália.

Catedral de Santo Estêvão, construída no século XII. Viena, Áustria.

## As novas igrejas reformadas

No século XVI, as críticas à Igreja Católica resultaram na formação de novas religiões cristãs na Europa, processo conhecido como reforma religiosa.

Em 1517, na cidade de Wittenberg, localizada no Sacro Império Romano-Germânico, o monge católico Martinho Lutero escreveu um documento com 95 críticas (ou teses) aos comportamentos do clero e colou esse manuscrito na porta da catedral da cidade, para que a população tomasse conhecimento de suas ideias.

## Luteranismo

Por sua atitude, Lutero foi considerado inimigo da Igreja Católica e, em 1520, foi excomungado pelo papa Leão X. Fundou uma nova religião, também baseada nos ensinamentos de Cristo e na crença de que ele era filho de Deus e o salvador dos homens.

Entre as mudanças que o luteranismo adotou em relação ao catolicismo estão: não há uma autoridade como o papa; os líderes religiosos podem se casar e ter filhos; o culto aos santos não é praticado; existem apenas os sacramentos do batismo e da eucaristia.

Lutero defendia o estudo da Bíblia para o fortalecimento da fé e a salvação da alma e, para isso, tornou-se necessário traduzi-la do latim, conhecido apenas pelo clero, para as línguas nacionais.

Aliado a esse acesso mais fácil, o descontentamento com a Igreja Católica por parte de camponeses (explorados como servos), nobres (cujas terras eram apropriadas pelo clero) e burgueses (cuja principal atividade, o comércio, era malvista) contribuiu para que a religião luterana atraísse grande parte da população e se espalhasse pelo Sacro Império Romano-Germânico.

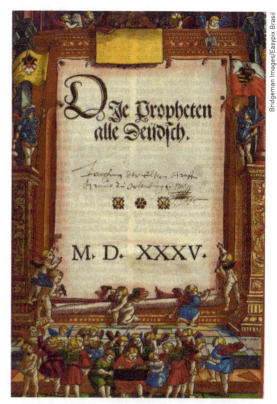

Frontispício da Bíblia traduzida para o alemão por Martinho Lutero, publicada em 1535.

## Calvinismo

Na França, governada por um rei católico, os simpatizantes do luteranismo foram violentamente perseguidos. Entre eles estava João Calvino, que se refugiou em Genebra, na Suíça, em 1536, onde fundou a religião calvinista.

A exemplo do luteranismo, o calvinismo adotou a ausência de chefe religioso, a permissão para o casamento dos líderes religiosos, o batismo e a eucaristia como únicos sacramentos e a abolição do culto aos santos. Por outro lado, Calvino defendia que a salvação da alma dependia dos planos de Deus e que nada poderia mudar a escolha divina. Tal ideia foi chamada de predestinação absoluta.

Para Calvino, o enriquecimento obtido por meio de usura e esforço individual era sinal da bondade de Deus. Isso atraiu para sua religião muitos burgueses, que se dedicavam quase exclusivamente ao trabalho e consideravam que festas, jogos, joias e roupas luxuosas afastavam as pessoas de Deus e de suas obrigações.

Ferdinand Hodler. *Calvino e professores no pátio de uma escola de Gramática em Genebra*, 1883-1884. Óleo sobre tela, 1 m × 1,3 m.

## Anglicanismo

Na Inglaterra, o rei Henrique VIII, aproveitando-se das crescentes críticas à Igreja Católica, rompeu com o papa em 1534, aparentemente por razões pessoais. Casado com Catarina de Aragão, queria casar-se com Ana Bolena, mas o catolicismo não aceita o divórcio, e o papa não lhe deu essa permissão. O monarca criou então o anglicanismo, cujos seguidores poderiam se casar e se divorciar quantas vezes quisessem.

Henrique VIII tinha outras razões, políticas e econômicas. Interessado em aumentar seu poder, queria o apoio da nobreza e, para isso, **confiscou** terras da Igreja para doá-las aos nobres; queria também reforçar a aliança com a burguesia e propôs uma religião que não condenava a usura e os lucros.

**Glossário**

**Confiscar:** apreender bens para o Tesouro Público.

O anglicanismo, até hoje religião majoritária na Inglaterra, mistura características do luteranismo e do catolicismo. Tem o batismo e a eucaristia como sacramentos únicos, permite o casamento dos líderes religiosos e valoriza o estudo da Bíblia pelos fiéis. Mas mantém templos e cerimônias luxuosos e tem um chefe máximo da religião: o próprio rei ou rainha.

**Ampliar**

**A Reforma Protestante**
de Luiz Maria Veiga (Ática).
Apresenta os principais aspectos da Reforma a partir de 1517.

Fonte: Georges Duby. *Grand atlas historique.* Paris: Larousse, 2011. p. 70.

# As críticas aos protestantes no século XVI

Embora as críticas à Igreja Católica tenham constituído o contexto do surgimento das igrejas reformadas, estas também foram criticadas no século XVI.

Lutero, por exemplo, despertou grande antipatia ao afirmar que era preciso matar todos os participantes de uma rebelião camponesa para que o mau exemplo não se espalhasse. Havia calvinistas que condenavam à morte os acusados de praticar heresias, feitiçarias e traição conjugal. Muitos anglicanos perseguiam, torturavam e matavam os católicos e outros protestantes que não aceitassem o anglicanismo na Inglaterra.

As igrejas reformadas também foram criticadas porque muitos nobres teriam se convertido por interesses econômicos, sobretudo para se apoderar de terras da Igreja Católica; muitos burgueses teriam feito o mesmo porque as recém-criadas religiões não condenavam o comércio, os lucros e a usura. Além disso, monarcas impuseram sua religião ao povo e usaram as reformas para concentrar poder político.

Pieter Bruegel. *A batalha entre o Carnaval e a Quaresma*, 1559. Óleo sobre tela, 1,19 m × 1,6 m.

O quadro representa, de forma irônica, as disputas religiosas entre católicos e protestantes desencadeadas pela reforma luterana. Nesta cena observa-se, no lado esquerdo, uma estalagem e, no lado direito, uma igreja, ilustrando o contraste entre os dois lados do ser humano: o pecado e a pureza. Na frente da estalagem, bêbados, glutões e fanfarrões divertem-se sem moderação. Já na frente da igreja, as pessoas trabalham de forma organizada e estão bem comportadas.

## Documentos em foco

### A revolta de Thomas Müntzer

Thomas Müntzer liderou milhares de camponeses contra as explorações impostas pela nobreza do Sacro Império Romano-Germânico. O confronto terminou com mais de 100 mil camponeses mortos entre 1524 e 1525.

> Thomas [...] fugira e sem dúvida teria podido escapar se Deus não tivesse querido que ele fosse apanhado [...], compareceu perante os príncipes [...]. Mas o landgrave [...] provou-lhe pela Escritura que se devem respeitar os poderosos da terra, que Deus proíbe a revolta e que sobretudo não pode um cristão vingar-se, mesmo que seja vítima duma iniquidade. [...] apertaram-lhe mais as cordas [...]. O duque Jorge disse-lhe então: "Thomas, isto faz-te sofrer, mas mais sofreram as pobres gentes quando tivemos de trespassá-las com as nossas lanças, porque tu as levavas à perdição".

In: Gustavo de Freitas. *900 textos e documentos de História*. Lisboa: Plátano Editora, 1976. v. 2, p. 173.

1. Qual o argumento do landgrave para criticar aquela rebelião?
2. É possível perceber a opinião do autor do documento sobre a revolta? Justifique.

# Contrarreforma: a resposta da Igreja Católica

O surgimento das igrejas protestantes fez com que a Igreja Católica perdesse muitos fiéis. Como reação, ela organizou a Contrarreforma (ou Reforma Católica). Esse movimento veio ao encontro do antigo desejo de muitos clérigos e leigos católicos de executar uma reforma sem destruir a estrutura da Igreja. A Reforma Católica não pode, assim, ser encarada apenas como uma reação ao surgimento do protestantismo. Suas origens são anteriores à Reforma Protestante.

Em 1545, sob a liderança do papa Paulo III, membros do clero se reuniram no Concílio de Trento com o objetivo de discutir os problemas enfrentados pela Igreja Católica. Era preciso tomar decisões para livrá-la da corrupção, reafirmar seus dogmas, combater as heresias e divulgar o catolicismo. A Contrarreforma pretendia recuperar a confiança dos fiéis. O término do Concílio de Trento ocorreu em 1563; durante os dezoito anos de sua duração, várias decisões foram aprovadas:

- o fim da venda de indulgências e relíquias;
- a reorganização da Inquisição, com a formação de novos tribunais do Santo Ofício para julgar e condenar hereges (prática conhecida desde a Idade Média);
- a divulgação do *Index* – lista de livros cuja leitura era proibida para os católicos por conter ideias contrárias aos dogmas da Igreja;
- a obediência ao papa como o chefe máximo do catolicismo;
- a continuidade do celibato clerical e do culto aos santos e à Virgem Maria;
- a atuação dos padres jesuítas como divulgadores do catolicismo.

> **Ampliar**
>
> **Da Reforma à Contrarreforma,** de Fernando Seffner (Atual).
>
> Um estudo dos principais aspectos relacionados ao contexto histórico das reformas protestantes e da Contrarreforma católica século XVI.

O sucesso da Contrarreforma foi significativo. Missionários de diferentes ordens religiosas ajudaram a trazer novamente para o catolicismo fiéis de várias partes da Europa.

A Contrarreforma ajudou a Igreja Católica a se reorganizar e se fortalecer, mas não evitou o crescimento do luteranismo, do calvinismo e do anglicanismo. A convivência entre os seguidores de diversas religiões não foi pacífica. Entre os séculos XVI e XVIII, católicos, luteranos, calvinistas, anglicanos, muçulmanos e judeus consideravam-se inimigos, envolvendo-se em guerras e perseguições religiosas na Europa e na América.

Ticiano. *O Concílio de Trento*, 1563. Óleo sobre tela, 1,17 m × 1,76 m.

## Combate às heresias

A Igreja Católica procurava reforçar sua autoridade espiritual sobre a sociedade europeia combatendo práticas e ideias que contrariassem suas doutrinas. Aos seus olhos, os cristãos deveriam reconhecer e aceitar as verdades estabelecidas por ela.

Eram consideradas heresias as ideias, as pesquisas e as atitudes contrárias às verdades e regras impostas pela Igreja, como criticar a riqueza e o luxo em que alguns membros do clero viviam. Pessoas com hábitos incomuns na época, como ter um gato de estimação ou saber preparar remédios caseiros, eram acusadas de serem hereges.

A Inquisição, com função de investigar cristãos cujas condutas fossem interpretadas como heresias, foi criada no século XII, mas se intensificou no período da Contrarreforma, ampliando-se para as colônias dos impérios português e espanhol. O suspeito era julgado pelo Tribunal do Santo Ofício e poderia ser punido com jejum, doação de bens à Igreja, prisão e pena de morte. A condenação mais severa era a morte na fogueira.

Nos países ibéricos, alguns monarcas utilizaram o Tribunal do Santo Ofício como instrumento contra opositores políticos e contra judeus e muçulmanos que viviam em seus países ou para arrecadar fundos e cobrir as despesas do governo.

Francisco de Goya. *O tribunal da inquisição (Auto de fé da inquisição)*, 1818-1819. Óleo sobre tela, 4,6 m × 7,3 m.

**zoom**
① Na obra *O tribunal da Inquisição*, que elementos diferenciam os que estavam sendo julgados das demais pessoas?
② Que sensação a obra provoca em você?

**Glossário**
**Estereótipo:** ideia ou conceito que se estabelece como padrão com base em critérios sem fundamentos.

Esta obra representa um julgamento de hereges. O chapéu cônico era imposto pelos juízes aos acusados para marcá-los como pecadores.

## Caça às bruxas

A caça às bruxas foi praticada por católicos e protestantes no início da Era Moderna:

> Aproximadamente metade desses indivíduos [processados por bruxaria] foram executados, de modo geral, pelo fogo. Alguns julgamentos por bruxaria tiveram lugar nos vários tribunais eclesiásticos da Europa [...]. Mais comumente, sobretudo após 1550, os processos foram conduzidos nos tribunais seculares – os tribunais dos reinos, condados e cidades. [...] Em algumas jurisdições, houve muito poucos julgamentos, se é que os houve, enquanto que, em outras, centenas e por vezes milhares de pessoas foram processadas no curso de três séculos.
>
> Brian P. Levack. *A caça às bruxas na Europa moderna*. Rio de Janeiro: Campus, 1988. p. 1.

> Durante muito tempo o Ocidente conservou no seu imaginário a convicção de que a prática da feitiçaria maléfica e demoníaca estava intimamente ligada à natureza feminina e, por extensão, que toda mulher era uma feiticeira em potência. Tanto quanto pode ser hoje avaliado, este **estereótipo** surgiu por volta de 1400, e manteve-se, pelo menos em direito criminal, até ao final do século XVII.
>
> Jean-Michel Sallmann. Feiticeira. In: *História das Mulheres – Do Renascimento à Idade Moderna*. São Paulo: Ebradil, 1991. p. 517.

# REFORMA E CONTRARREFORMA NO SÉCULO XVI

### 1517
O monge alemão Martinho Lutero divulga 95 teses contra a Igreja Católica. Começa a Reforma Protestante.

*Lutero triunfante*, 1568 (xilogravura de artista desconhecido).

### 1525
Derrota das guerras camponesas em Frankenhausen, no Sacro Império Romano-Germânico, com 100 mil mortos e execução do líder, Thomas Müntzer.

### 1554
No Brasil os jesuítas fundam o colégio e o povoado de São Paulo de Piratininga.

### 1545
Começa em Roma o Concílio de Trento, que, até 1563, reuniu por diversas vezes representantes da Igreja Católica, liderados pelo Papa Paulo III, para fortalecer o catolicismo e deter o avanço do protestantismo — a chamada **Contrarreforma**.

### 1555
Calvinistas europeus fundam na Baía da Guanabara, Brasil, a França Antártica.

### 1567
A colônia calvinista no Brasil é destruída pelos portugueses.

### 1572

François Dubois. *A noite de São Bartolomeu*, 1572.

Em 24 de agosto, 20 mil protestantes franceses são massacrados na Noite de São Bartolomeu, em Paris, um dos momentos mais violentos da perseguição dos católicos franceses aos protestantes. Nos dias seguintes, a matança continuou e se espalhou por outras regiões da França. Alguns historiadores estimam um total de 70 mil mortos.

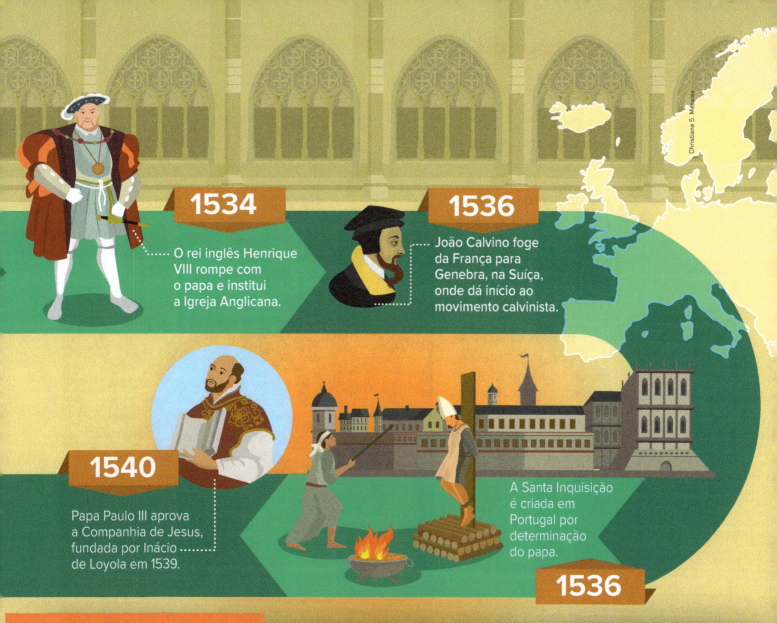

**1534** — O rei inglês Henrique VIII rompe com o papa e institui a Igreja Anglicana.

**1536** — João Calvino foge da França para Genebra, na Suíça, onde dá início ao movimento calvinista.

**1540** — Papa Paulo III aprova a Companhia de Jesus, fundada por Inácio de Loyola em 1539.

**1536** — A Santa Inquisição é criada em Portugal por determinação do papa.

## Enquanto isso...

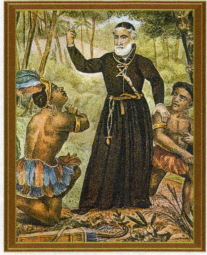

Padre Vieira convertendo os índios do Brasil, ilustração de *Vida do Apostólico padre Antonio Vieyra*, de André de Barros, 1746.

A fundação da cidade de São Paulo foi uma obra de missionários jesuítas. [...] a Companhia caracterizava-se pela sua forte hierarquia e pelo apurado senso de disciplina que conduzia a vida de seus integrantes, via de regra indivíduos com nível de instrução acima da média.
[...] na Europa, dedicaram-se à educação, fundando algumas das principais escolas e universidades; na América e na Ásia, preocuparam-se em difundir a doutrina cristã, numa resposta à crise vivida pela Igreja Católica em consequência da Reforma Protestante.

Benedito Prezia. *A guerra de Piratininga*. São Paulo: FTD, 1991. p. 12.

Neste local, foi fundada a cidade de São Paulo, em 1554. O prédio atual é uma reconstrução feita na segunda metade do século XX, tendo como modelo o colégio e a igreja jesuíta erguidos em 1653.

105

1. Durante a Contrarreforma, o combate aos protestantes retomou e intensificou algumas práticas medievais de perseguição aos hereges. Observe a imagem ao lado para responder ao que se pede:

   a) Quais fatores desse período explicam a intensificação das perseguições aos protestantes?

   b) Qual era o objetivo da queima de livros pelos membros do clero católico durante a Contrarreforma?

Pedro Berruguete. *Representação de São Domingos de Guzmán presidindo a queima de livros heréticos*, c. século XV–XVI. Óleo sobre madeira, 122 cm × 83 cm.

2. A estratégia católica de resistência à Reforma Protestante, chamada de Contrarreforma, envolveu, por um lado, estratégias de repressão e, por outro, algumas concessões e mudanças internas na Igreja. Cite alguns exemplos dessas duas práticas.

3. Como os conflitos religiosos que ocorreram no continente europeu repercutiram sobre as atividades da Igreja e dos reis católicos nas colônias?

4. Embora liderassem as críticas contra a Igreja Católica, os protestantes também foram criticados na época das Reformas Protestantes. Que críticas foram feitas aos protestantes na época da Reforma?

5. Faça uma breve pesquisa na internet sobre as igrejas protestantes presentes no Brasil e registre suas principais características. Quais características das igrejas evangélicas brasileiras são herdeiras das inovações surgidas na Reforma Protestante?

**6** Reflita sobre os papéis da fé e dos interesses políticos nas guerras entre católicos e protestantes que assolaram a Europa no início da Idade Moderna. Dê exemplos de conflitos atuais que misturam esses dois elementos.

**7** A Companhia de Jesus foi fundada em Paris pelo frei Inácio de Loyola e seus companheiros em 1534 e reconhecida pelo papa em 1540. Explique os objetivos da Igreja Católica ao reconhecer a ordem religiosa dos jesuítas.

**8** Utilizando as palavras **dogma** e **heresia**, elabore um parágrafo que explique as ações da Inquisição, criada pelo clero no século XII.

**9** No *site* da Companhia de Jesus, lê-se:

> No Brasil, a Rede Jesuíta de Educação é responsável por 17 escolas, colégios e creches, que reúnem mais de 31 mil alunos e quase 2 mil educadores. A Companhia de Jesus mantém ainda seis faculdades e universidades, além de atuar fortemente na área de Educação Popular, por meio de várias iniciativas, como Centro Santa Fé, Projeto OCA (Oficinas Culturais Anchieta), CAC (Centro Alternativo de Cultura) e Fundação Fé e Alegria, que atua em 14 estados, atendendo a mais de 10 mil crianças, adolescentes e jovens.

*Portal Jesuítas Brasil.* Disponível em: <www.jesuitasbrasil.com/newportal/educacao/>. Acesso em: set. 2018.

Mobilize seus conhecimentos para responder: a atuação dos padres jesuítas no mundo atual pode ser considerada uma continuidade de sua atuação na época da Contrarreforma? Comente sua resposta.

**10** Leia o texto a seguir e responda às questões.

> Foi a venda de indulgências que provocou as reações mais intensas de críticas. Em 1517, o papa Leão X, a pretexto de arrecadar dinheiro para realizar a conclusão das obras da Catedral de São Pedro em Roma, intensificou suas vendas. [...]
>
> Durante a Idade Média, haviam sido concedidas indulgências apenas como prêmio a indivíduos que tinham realizado obras de caridade, participado de cruzadas, e guerras santas e coisas parecidas. Foi no período da Renascença que elas passaram a ser comerciadas por bispos, padres, monges e inclusive por banqueiros a serviço de Roma, como foi o caso dos Fugger [...] que as vendiam para Leão X com a permissão de embolsar uma terço da quantia.

Fernando Seffner. *Da Reforma à Contrarreforma: o cristianismo em crise.* São Paulo: Atual, 1993. p. 21.

Com base no texto e de acordo com seus conhecimentos, responda às questões.

**a)** O que eram as indulgências?

**b)** Em relação às indulgências, o que mudou da Idade Média para o período da Renascença?

**c)** As indulgências se tornaram um negócio lucrativo também para burgueses. A afirmativa está correta? Justifique.

**d)** Em sua opinião, as críticas à venda de indulgências eram adequadas? Justifique.

**11** Em 1517, o monge Martinho Lutero tornou públicas as 95 Teses.

**a)** O que representou esse documento para o contexto da Reforma Protestante?

**b)** Qual foi a reação da Igreja Católica a essa atitude de Lutero?

**12** No contexto da Reforma e da Contrarreforma ocorreram diversos conflitos e muitas perseguições motivados pela intolerância religiosa. Atualmente, a legislação brasileira defende o respeito e a tolerância à diversidade religiosa do país. Converse com um colega sobre a importância da existência de leis para defender a tolerância religiosa em um país multirreligioso como o Brasil.

# Visualização

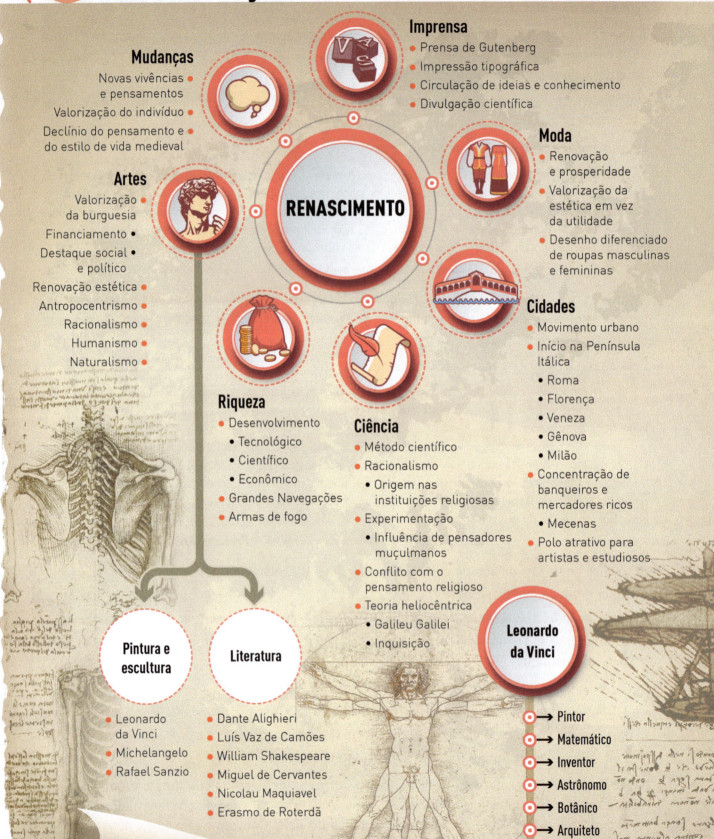

# RELIGIOSIDADE

## Catolicismo
- Venda de indulgências
- Acúmulo de bens e riquezas
- Venda de relíquias sagradas
- Dízimo
- Ações questionáveis

## Transformações
- Renascimento
- Grandes Navegações
- Absolutismo
- Mercantilismo
- Colonialismo
- Questionamentos
  - Teocentrismo
  - Regras do catolicismo

# REFORMA

## Luteranismo
- Lutero
- Alemanha
- Estudo da Bíblia para salvação da alma
- Tradução do latim
- Negação da autoridade do papa
- Permissão de casamento ao clero
- Adesão de setores descontentes
- Camponeses
- Nobres
- Burgueses

## Anglicanismo
- Henrique VIII
- Inglaterra
- Características do catolicismo e do luteranismo
- Divórcio permitido
- Estudo da Bíblia
- Líder máximo: rei ou rainha da Inglaterra
- Confisco das terras da Igreja em favor da nobreza
- Templos e cerimônias luxuosos

## Mudanças
- Hierarquia
- Ritos e sacramentos
- Fim do culto aos santos
- Martinho Lutero
- Monge católico
- Documento com 95 críticas
- Excomungado pela Igreja

## Calvinismo
- João Calvino
- Repressão na França
- Difusão a partir da Suíça
- Predestinação absoluta
- Enriquecimento→fruto do trabalho→bondade de Deus

# CONTRARREFORMA

## Críticas à Reforma
- Perseguição a católicos
- Violência física
- Conversão às novas religiões por interesse econômico
- Imposição do protestantismo ao povo

## Heresias
- Contra as verdades estabelecidas pela Igreja
- Pessoas com hábitos incomuns
- Tribunal do Santo Ofício
- Punições
- Instrumento de oposição política

## Reforma Católica
- Perda de fiéis
- Reorganização e fortalecimento
- Concílio de Trento
  - Fim da venda de indulgências e relíquias
  - Reorganização da Inquisição
  - *Index*
  - Atuação dos jesuítas

Fábio Nienow

# Retomar

1. Mobilize seus conhecimentos e identifique as principais características da arte renascentista.

2. Com base em sua compreensão sobre os ideais que influenciaram os artistas, escritores e cientistas europeus durante os séculos XV e XVI, explique o uso da expressão "renascimento" para denominar o movimento cultural do qual fizeram parte.

3. No caderno, elabore um quadro comparativo com duas colunas: uma com as características da Idade Média e outra com as características do contexto histórico do Renascimento e das reformas religiosas, associando cada expressão abaixo ao seu respectivo contexto histórico.
   - antropocentrismo – racionalismo – livros manuscritos – geocentrismo
   - humanismo – explicações pela fé – invenção da imprensa
   - arte voltada para a valorização do ser humano – valores culturais da burguesia
   - individualismo – teocentrismo – heliocentrismo – cultura controlada pela Igreja
   - inspiração na cultura greco-romana – protestantismo – crise do catolicismo
   - venda de indulgências – livre interpretação da Bíblia – Inquisição

4. Lutero e Calvino tiveram motivos religiosos para fundar novas religiões; Henrique VIII, no entanto, foi motivado predominantemente por interesses políticos. Comente essa afirmação.

5. Enumere as principais medidas que caracterizaram a Contrarreforma.

6. Os monarcas absolutistas impuseram sua crença religiosa às nações que governavam, provocando inúmeras guerras e perseguições na Europa e na América. Em 24 de agosto de 1572, ocorreu na França um massacre que comprova essa intolerância religiosa: a noite de São Bartolomeu.
   Pesquise sobre esse acontecimento histórico, orientando-se pelo seguinte roteiro:
   - o que aconteceu na noite de São Bartolomeu e por quê;
   - quem era o rei francês na época;
   - qual a atuação de Catarina de Médici no governo francês da época;
   - qual era a religião da família real francesa;
   - quem eram os huguenotes.

7. O mundo atual está livre da intolerância religiosa?
   a) Em grupo, procurem reportagens sobre o assunto em jornais, revistas, internet ou outras fontes. Depois, troquem ideias com outros grupos.
   b) O que significa "ecumenismo"? Pesquise o assunto e discuta com o grupo: Qual a importância do ecumenismo para o respeito à diversidade religiosa?

8. Sabemos que os fenômenos históricos às vezes geram repercussões por muito tempo. Quais fenômenos do período estudado nesta Unidade têm consequências importantes até hoje? Por quê?

9. Além de anglicanismo, luteranismo e calvinismo, outra religião surgiu a partir das reformas protestantes: a presbiteriana. Criada com base nas ideias de Calvino, ela se difundiu por Escócia, Irlanda e Inglaterra, chegando à América do Norte por meio de colonizadores britânicos. A religião presbiteriana também está presente no Brasil. Faça uma pesquisa para saber quando e como ocorreu sua expansão para o Brasil.

**10** Na Câmara dos Deputados Federais, em Brasília, há cerca de 10 anos formou-se um grupo de parlamentares autodenominado "Frente Parlamentar Evangélica". Esse grupo, independentemente dos partidos políticos aos quais os deputados pertencem, tem conseguido a interferência de opiniões religiosas na elaboração das leis. A atuação da "bancada evangélica", como é mais conhecida, tem muitos defensores, mas também muitos críticos. Isso porque, embora muitos brasileiros sejam seguidores de religiões evangélicas, o Estado brasileiro é laico, conforme consta na Constituição Federal:

> **Art. 19.** É vedado à União, aos Estados, ao Distrito Federal e aos Municípios:
> I - estabelecer cultos religiosos ou igrejas, subvencioná-los, embaraçar-lhes o funcionamento ou manter com eles ou seus representantes relações de dependência ou aliança, ressalvada, na forma da lei, a colaboração de interesse público;
> [...]
> III - criar distinções entre brasileiros ou preferências entre si."

> Senado Federal. Disponível em: <www.senado.leg.br/atividade/const/con1988/con1988_atual/art_19_.asp>. Acesso em: set. 2018.

- Em dupla, leiam o artigo 19 da Constituição e solucionem eventuais dúvidas de vocabulário com o auxílio de um dicionário. Reflitam e conversem sobre o assunto. Respondam no caderno: por que é fundamental para nós, cidadãos, que a Constituição garanta que o Estado não interfira nos assuntos religiosos e que não haja diferenças ou preferências entre os brasileiros?

**11** Observe abaixo, o quadro comparativo com características da religião católica e das principais religiões protestantes fundadas na Europa durante o século XVI.

| Igreja | Católica | Luterana | Calvinista | Anglicana |
|---|---|---|---|---|
| **Fundador** | Apóstolo Pedro | Martinho Lutero | João Calvino | Rei Henrique VIII |
| **Local da fundação** | Antiga Palestina | Sacro Império Romano-Germânico | Suíça | Inglaterra |
| **Sacramentos** | Batismo, eucaristia, crisma, confissão, matrimônio, sacerdócio, unção dos doentes | Batismo, eucaristia | Batismo, eucaristia | Batismo, eucaristia |
| **Forma de obter a salvação da alma** | Por meio da fé e das boas obras | Por meio da fé | Por meio da predestinação absoluta | Por meio da predestinação absoluta |
| **Chefe religioso** | Papa | Não há | Não há | Monarca da Inglaterra |
| **Celibato clerical** | Obrigatório | Não há | Não há | Não há |
| **Principal livro sagrado** | Bíblia | Bíblia | Bíblia | Bíblia |
| **Opinião sobre o comércio e a usura** | Condenava tais práticas | Valorizava tais práticas | Valorizava tais práticas | Valorizava tais práticas |

**a)** Aponte duas semelhanças entre a religião católica e as religiões protestantes.

**b)** Qual a principal diferença entre o anglicanismo e o catolicismo?

# UNIDADE 4

### Antever

Em 2018, um grupo de 30 organizações não governamentais, universidades e empresas utilizou imagens produzidas por satélites para mapear a devastação da vegetação nativa brasileira. Os resultados foram impressionantes: entre 1985 e 2018 foi devastada uma área equivalente ao território dos estados de São Paulo, Rio de Janeiro, Espírito Santo e Mato Grosso do Sul. O principal motivo desse desmatamento foi a expansão das atividades agrícolas e pecuárias no país.

Esse processo de destruição da vegetação ganhou força nas últimas décadas, mas não é uma novidade. Na realidade, desde a chegada dos europeus a essas terras, a exploração dos recursos naturais provoca a destruição da vegetação nativa, como é o caso do pau-brasil. Essa árvore faz parte do bioma Mata Atlântica e encontra-se atualmente na lista de espécies da flora nacional em extinção. Além disso, esse bioma é um dos que mais sofreu com o desmatamento, já que a área que ocupa atualmente é mais de 90% menor do que aquela que ocupava em 1500.

Para entender como começou esse intenso processo de destruição da vegetação nativa do Brasil é fundamental analisar o início da ocupação do território brasileiro pelos portugueses.

Em que contexto os portugueses chegaram ao território brasileiro? Que expectativas tinham em relação às terras americanas que ocuparam? Que regimes de trabalho foram adotados nas novas terras portuguesas?

Desmatamento da Amazônia para a agricultura. Amazonas, 2016.

112

# Doce Brasil, amarga escravidão

# CAPÍTULO 11
# Portugal e Brasil: a exploração colonial

O tema *colonização* faz parte dos conhecimentos presentes em vários meios da sociedade: nas discussões em sala de aula, nas pesquisas de historiadores, na literatura, em filmes e novelas. De acordo com o linguista Alfredo Bosi, colonização é uma palavra que deriva do latim *colo*, verbo cujo significado é "eu moro, eu ocupo a terra, eu cultivo". O processo de colonização portuguesa no Brasil assumiu plenamente tal significado, embora o território já fosse habitado pelos indígenas.

> Colonização, mais do que um conceito, é uma categoria histórica, porque diz respeito a diferentes sociedades e momentos ao longo do tempo. [...] Assim sendo, a colonização em determinadas épocas históricas foi realizada sobre espaços vazios, como é o caso das migrações pré-históricas que trouxeram a espécie humana ao continente americano. Mas, desde que a humanidade se espalhou pelo mundo [...] o tipo de colonização mais comum tem sido mesmo aquele executado sobre áreas já habitadas, como [...] a colonização do Novo Mundo, na Idade Moderna.
>
> Kalina W. Silva e Maciel H. Silva. *Dicionário de conceitos históricos*. São Paulo: Contexto, 2014. p. 67.

A partir de 1500, com a chegada da expedição comandada por Pedro Álvares Cabral, o governo português tomou posse oficialmente das terras brasileiras e reconheceu-as como sua colônia, o que foi legitimado pela Igreja Católica e ocorreu dentro dos limites determinados pelo Tratado de Tordesilhas. No entanto, a ocupação do território por parte de Portugal ocorreu gradualmente ao longo de muitas décadas, alternando ou combinando políticas de lutas e alianças com os diversos povos indígenas.

*Planisfério de Cantino*, 1502. Manuscrito iluminado sobre pergaminho, 1,05 m × 2,2 m.

> Esse mapa é cópia de outro, de autoria desconhecida, considerado o primeiro registro cartográfico das navegações portuguesas. A linha do Tratado de Tordesilhas está traçada em cima do território da América do Sul conhecido à época.

# O interesse pelo pau-brasil

Entre 1500 e 1530 (período conhecido como Pré-Colonial), a Coroa portuguesa dedicou-se à extração do pau-brasil, sem se preocupar em iniciar a ocupação efetiva dessas terras e em organizar um governo para controlar e administrar o território.

O pau-brasil era muito valorizado no comércio europeu, pois dele se extraía uma tinta vermelha utilizada no tingimento de linho, seda e algodão. A madeira era usada na fabricação de móveis e embarcações.

O Brasil do século XVI não apresentava a mesma extensão territorial de hoje. Estendia-se da costa (banhada pelo Oceano Atlântico) até a linha imaginária estabelecida pelo Tratado de Tordesilhas. Os limites desse tratado começaram a ser desrespeitados no século XVII, com a ação de aventureiros e comerciantes de indígenas, missionários religiosos e coletores de produtos da Floresta Amazônica.

O governo português tinha o monopólio de extração e comércio do pau-brasil. Parte dos lucros desse comércio ficava para a metrópole.

Árvore do pau-brasil (*Caesalpinia echinata*), que chega a medir de 10 a 15 metros de altura. A exploração do pau-brasil era predatória, não havendo reflorestamento; por esse motivo, tornou-se raro nas matas brasileiras.

## O trabalho indígena na exploração do pau-brasil

A tarefa de penetrar na floresta, cortar as árvores de pau-brasil e carregar as toras de madeira até as caravelas dos comerciantes era feita pelos indígenas. Em troca, eles recebiam espelhos, chapéus, tecidos, pentes, louças e ferramentas de ferro (machados, facas, tesouras, enxadas, foices). Esse tipo de comércio, de troca, é conhecido por **escambo**.

Nestes mapas, que representam o território brasileiro, o pau-brasil é extraído pelos indígenas.

Giovanni Battista Ramusio. Reprodução de mapa do Brasil, 1557.

Lopo Homem. Reprodução do mapa *Terra Brasilis*, 1519.

115

## Documentos em foco

Observe atentamente o mapa ao lado. Ele traz informações sobre a distribuição da Mata Atlântica em cerca de 1500 e o que restou dela em 2015. Com base nisso e também nos mapas da página anterior, faça o que se pede.

1. Observe os detalhes dos mapas do século XVI e descreva que atividades ligadas ao pau-brasil podem ser identificadas nas ilustrações.

2. Pelas ilustrações do segundo mapa, como você conclui que a madeira era levada para a Europa?

3. Além das atividades relacionadas ao pau-brasil, o que mais pode ser identificado nas ilustrações?

4. Com base na leitura dos mapas dos séculos XVI e XXI, que diferenças podem ser observadas?

Fonte: Fundação SOS Mata Atlântica. Instituto Nacional de Pesquisas Espaciais. *Atlas dos Remanescentes Florestais da Mata Atlântica – Período 2014-2015*. Relatório Técnico.

## Disputas pelo pau-brasil

Durante o Período Pré-Colonial, a ameaça de invasões estrangeiras preocupava a Coroa portuguesa. Espanhóis e franceses, principalmente, vinham em busca do precioso pau-brasil. Aproximavam-se dos indígenas e faziam carregamentos regulares de madeira e de animais para a Europa. Dessa forma, o governo português organizou expedições para fiscalizar o extenso litoral brasileiro e tentar impedir desembarques de piratas. No entanto, as invasões continuaram.

A solução encontrada para evitar essas invasões foi povoar o território com portugueses, sobretudo nas regiões litorâneas. Havia também outros interesses: a esperança de encontrar metais preciosos no Brasil, a exemplo do que ocorrera nas colônias americanas pertencentes à Espanha.

### Crise no comércio oriental

Apesar do alto valor do pau-brasil, Portugal manteve o comércio de produtos orientais ainda mais valiosos: especiarias, tapetes, cristais, porcelanas, joias, sedas e marfim. Isso explica o pouco interesse comercial da metrópole pelo Brasil durante o Período Pré-Colonial. Entretanto, os lucros com a venda de produtos orientais diminuíram com o tempo, pois eram negociados por vários comerciantes, tornando-se mais comuns e baratos na Europa. Assim, cresceu o interesse dos portugueses pelo Brasil. Motivados a ampliar os lucros com a colonização, eles buscaram outros investimentos, introduzindo o cultivo da cana-de-açúcar e a produção de açúcar.

# Dois mundos se enfrentam

A partir de 1530 começou de fato a colonização do Brasil: a metrópole portuguesa iniciou a ocupação da colônia e organizou seu governo. Os portugueses passaram a utilizar o trabalho escravo de indígenas na extração do pau-brasil e em outras tarefas, o que provocou conflitos entre colonizadores e nativos.

O antropólogo Darcy Ribeiro definiu esses conflitos como um "enfrentamento dos mundos", com características muito diferentes um do outro. Os colonizadores não valorizavam o trabalho ou mesmo os conhecimentos dos indígenas; estavam interessados apenas em garantir mão de obra fácil e barata. Já os indígenas, após conhecerem espelhos, facas, machados, objetos coloridos, passaram a considerá-los necessários e, por isso, submetiam-se ao escambo. Quando começaram a ser escravizados, entretanto, reagiram de vários modos, declarando guerra aos portugueses, aliando-se a outros europeus, como os franceses, ou deslocando suas tribos para o interior.

**Ampliar**

**A colônia brasileira: economia e diversidade,** de Sheila de Castro Faria (Moderna).

O livro trata dos principais aspectos da economia dos primeiros tempos da colônia.

**zoom** Que elementos da imagem indicam que se trata de um conflito, como o título *Guerrilha* sugere?

Johann Moritz Rugendas. *Guerrilha*, c. 1835. Litografia.

Na obra, o artista representou o conflito entre indígenas e soldados no cotidiano da colônia.

# Atividades

**1.** O encontro entre indígenas e portugueses resultou em um enfrentamento de dois mundos com características muito diferentes. O texto a seguir descreve o impacto desse enfrentamento para as sociedades indígenas. Leia-o atentamente e, depois, responda às questões.

> Os indígenas, que as estimativas muito díspares projetam entre 1 milhão e quase 2,5 milhões quando da "descoberta" do Brasil, desapareceram rapidamente do litoral. Primeiro, em função da guerra de extermínio e da escravização, aliado ao processo de "desculturação" encabeçado pelos jesuítas. A imposição de um "excesso de trabalho, e moléstias, eram aumentadas pelas baixas infringidas às tribos que resistiam à domesticação, ou que por qualquer outro motivo incorriam na cólera do branco". [...] Particularmente vulneráveis à varíola, o contato com o conquistador gerou uma grande mortalidade também em função de doenças como sarampo, sífilis, tuberculose, tétano, lepra, infecções pulmonares e intestinais; enfim, de febres diversas. No censo de 1798, contabilizaram-se 252 mil índios "pacificados" (7,8% da totalidade da população da colônia). "Quando em 1819 foram contados todos os índios, inclusive aqueles ainda não subjugados, a população nativa foi estimada em cerca de 800 mil almas, um terço do que fora em 1500 e 18,2 por cento da população total do Brasil".
>
> Sérgio Odilon Nadalin. A população no passado colonial brasileiro: mobilidade *versus* estabilidade. *Topoi*, v. 4, n. 7, p. 222-275, jul./dez. 2003.

**a)** De acordo com o texto, o que ocorreu com a população indígena que vivia no atual território brasileiro entre 1500 e o início do século XIX?

**b)** O que pode explicar o processo descrito? Responda com base nas informações do texto e em seus conhecimentos.

**2.** O texto a seguir analisa alguns aspectos dos primeiros encontros entre portugueses e indígenas. Leia-o atentamente e, depois, responda:

> Destes receberam não só os comestíveis indígenas aproveitáveis, mas também os métodos de cultivá-los, e copiaram os métodos dos indígenas de caça e pesca. Adotaram o estilo indígena nas casas e embarcações, e também os métodos indígenas na construção de casas e de embarcações. Mais importante do que isto: não dispondo inicialmente de mulheres europeias, os portugueses ligaram-se intensamente às índias e adotaram muitos dos seus costumes. [...] Primeiro, porque [os portugueses] eram fracos e escassos, trataram os nativos com grande cautela, e, é claro, com temor, pois nada sabiam a seu respeito e não se sentiam suficientemente fortes para enfrentar a hostilidade dos naturais da terra. Levavam consigo muita coisa que os índios cobiçavam pela novidade ou pelo brilho, e tudo isso ofereceram para induzir os índios a trabalhar para eles. A princípio não se envergonharam de trabalhar lado a lado com os índios de boa paz no indispensável trabalho de abrir clareiras na terra e estaquear as primeiras habitações. O segundo passo foi o da escravidão, quando, fosse por que fosse, as miçangas e quinquilharias deixaram de atrair os índios. Primeiro os portugueses compraram escravos, cativos de guerra, entre os próprios índios, de seus aliados ou amigos indígenas. Depois, à medida que se sentiram mais fortes, empreenderam guerras por conta própria e escravizaram os prisioneiros. [...] Quando os portugueses desembarcaram, agiram com cautela pelo temor de precipitarem, inadvertidamente, um ataque dos índios.
>
> Alexander Marchant. Do escambo à escravidão: as relações econômicas de portugueses e índios na colonização do Brasil. 1500-1580. *Brasiliana Eletrônica*. Disponível em: <www.brasiliana.com.br/obras/do-escambo-a-escravidao-as-relacoes-economicas-de-portugueses-e-indios-na-colonizacao-do-brasil-1500-1580/pagina/27/texto>. Acesso em: set. 2018.

**a)** De acordo com o texto, os portugueses assimilaram hábitos e tradições culturais dos indígenas? Justifique sua resposta.

**b)** Como os portugueses agiram diante dos indígenas no início do processo de conquista do novo território?

**c)** Com base em seus conhecimentos, é possível afirmar que os portugueses mudaram a postura inicial diante dos indígenas descrita no texto posteriormente? Justifique sua resposta.

118

**3** No texto a seguir, a historiadora Elisa Frühauf Garcia analisa a questão do escambo e o valor das mercadorias trocadas entre portugueses e indígenas. Leia-o atentamente e, depois, responda às questões.

> Outras mercadorias, apesar de não ser estritamente caracterizáveis como úteis, faziam grande sucesso entre os índios e eram importantes moedas de troca. Entre elas estavam roupas, muitas vezes coloridas, espelhos, pentes, pulseiras, miçangas e, posteriormente, aguardente. A bibliografia disponível, ao comumente designar esses objetos como 'bugigangas' ou 'quinquilharias', sugere que o seu valor era ínfimo e, portanto, as trocas desiguais. Desse modo, explícita ou implicitamente, semelhante abordagem indica que os índios faziam um 'mau negócio' em suas transações com os europeus.
>
> Do ponto de vista dos europeus, tal abordagem é procedente. Aqueles produtos poucos valiam para os colonizadores e, ao referirem-se a eles, geralmente os qualificavam como baratos. Contudo, o valor das mercadorias certamente era diferente para os índios [...] elas paulatinamente tornaram-se símbolos de prestígio e distinção, tanto no interior dos grupos indígenas quanto nas suas relações com os demais.
>
> Elisa Frühauf Garcia. Troca, guerras e aliança na formação da sociedade colonial. In: João Fragoso e Maria de Fátima Gouvêa. *O Brasil Colonial*. Rio de Janeiro: Civilização Brasileira, 2015. v. 1, p. 325-326.

a) A autora considera que as mercadorias oferecidas pelos portugueses aos indígenas eram bugigangas sem valor? Justifique sua resposta.

b) Para a autora, qual era o interesse dos indígenas em receber roupas e objetos coloridos?

**4** No século XVI, havia abundância de pau-brasil na Mata Atlântica. Atualmente, o pau-brasil é considerado praticamente extinto. A própria Mata Atlântica, que se estendia por toda a costa brasileira, hoje está reduzida a pequenas porções do território. Converse com os colegas sobre esse fato. Na opinião de vocês, é correto destruir florestas para garantir atividades lucrativas?

**5** Observe atentamente a imagem a seguir. Trata-se de um painel de madeira esculpido na França no início do século XVI. Analise-a e faça o que se pede.

Escultura em madeira que representa o comércio de pau-brasil, c. 1550.

a) Descreva a imagem.

b) De que modo ela pode ser relacionada com o processo de exploração das riquezas do atual território brasileiro?

c) Formule uma hipótese para explicar o interesse dos franceses em produzir uma representação como essa.

# Caleidoscópio

## Caminha, o primeiro intérprete do Brasil

**Nascido na cidade do Porto, em 1450, Pero Vaz de Caminha foi o escrivão da armada de Pedro Álvares Cabral. Ao longo da viagem, de 44 dias e de 7 mil quilômetros percorridos (só na ida), Caminha anotou seus relatos e, ao chegar à região que hoje é o Brasil, escreveu uma carta ao rei de Portugal relatando o que tinha visto.**

> posto que o capitam moor desta vossa frota e asy os outros capitaães screpuam a vossa alteza a noua do achamento desta vossa terra noua que se ora neesta nauegaçom achou . nom . leixarey tambem de dar disso minha comta a vossa alteza asy como eu milhor poder ajmda que pera o bem contar e falar o saiba pior que todos fazer

### A CARTA E A LÍNGUA

Essa carta foi o primeiro documento oficial produzido no lugar que viria a ser o Brasil. O texto não só oferece relatos como também subjetividade – ou seja, gostos e impressões pessoais – pode também ser considerada a primeira peça literária brasileira. Nesse trecho, é possível ter contato a língua portuguesa em sua forma arcaica, utilizada no começo do século XVI, muito diferente da forma atual.
Mesmo especialistas não conhecem todas as palavras utilizadas por Caminha, mas isso não prejudicou o entendimento da Carta e não impediu a sua "tradução".

> Dali avistamos homens que andavam pela praia [...].
> Pardos, todos nus, sem coisa alguma que lhes cobrisse suas vergonhas.
> Traziam arcos nas mãos, e suas setas. [...]
> A feição deles é serem pardos, um tanto avermelhados, de bons rostos e bons narizes, bem feitos. [...]

*Primeira página da carta de Caminha ao rei, 1500.*

### O POVO

Durante séculos, a única fonte de informação que os europeus tinham sobre o Novo Mundo eram os relatos daqueles que vinham às Américas. E, por muito tempo, a carta de Caminha foi o principal relato a respeito do Brasil. Portanto, a visão deste europeu definiu o que se pensava sobre o indígena, e inaugurou alguns preconceitos que duram até hoje: "andam nus"; "são 'vermelhos'"; "são, ao mesmo tempo, inocentes e perigosos".

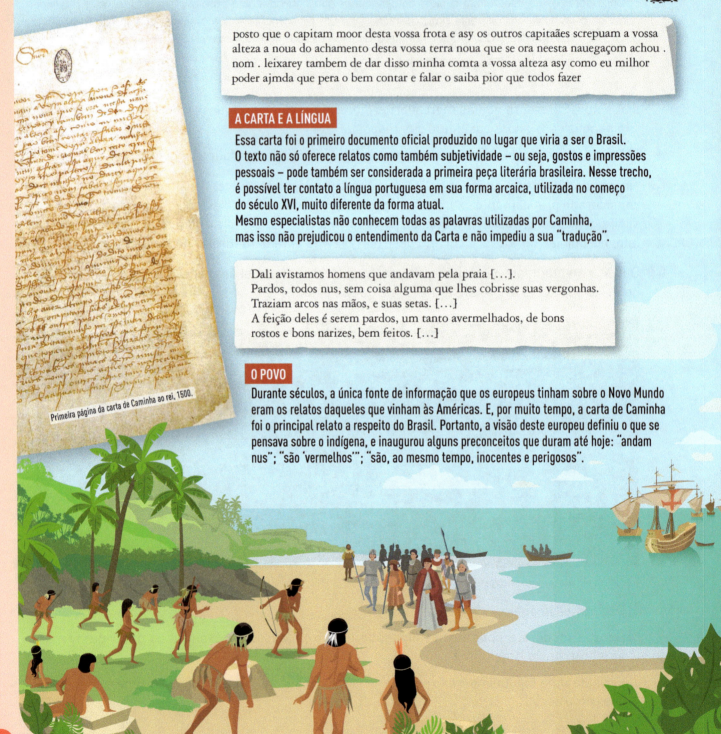

Ao domingo de Pascoela [Páscoa] pela manhã, determinou o Capitão ir ouvir missa e sermão naquele ilhéu. [...] E ali com todos nós outros fez dizer missa, a qual disse o padre frei Henrique, em voz entoada, e oficiada com aquela mesma voz pelos outros padres e sacerdotes que todos assistiram, a qual missa, segundo meu parecer, foi ouvida por todos com muito prazer e devoção. [...]
Contudo, o melhor fruto que dela [terra] se pode tirar parece-me que será salvar esta gente. E esta deve ser a principal semente que Vossa Alteza em ela deve lançar. [...]

### A FÉ CATÓLICA

Os povos indígenas encontrados no atual território brasileiro eram vistos pelos colonizadores como selvagens, bárbaros. Caminha diz ao rei que "o melhor fruto" da nova colônia "será salvar esta gente". Com as missas e a catequização, a cultura indígena foi sendo corrompida e apagada, enquanto os portugueses expandiam a fé católica, considerando um ato de salvação das almas dos povos nativos.

Esta terra, Senhor, parece-me que, da ponta que mais contra o sul vimos, até à outra ponta que contra o norte vem, de que nós deste porto houvemos vista, será tamanha que haverá nela bem vinte ou vinte e cinco léguas de costa. [...] Até agora não pudemos saber se há ouro ou prata nela, ou outra coisa de metal, ou ferro [...]. Contudo a terra em si é de muito bons ares frescos e temperados [...]. Em tal maneira é graciosa que, querendo-a aproveitar, dar-se-á nela tudo; por causa das águas que tem!

### A TERRA E OS MINÉRIOS

Caminha estimou que o litoral daquela terra teria em torno de 25 léguas, algo em torno de 140 quilômetros (o atual território do Brasil tem mais de 7 mil quilômetros de litoral). Ele considerou o clima frio e temperado, pois os portugueses desembarcaram na primavera.
Como as Grandes Navegações foram uma empreitada de exploração em busca de riquezas, Caminha disse ao rei que não encontrou ouro, prata ou ferro, mas que avistou águas e terra fértil. A ideia resultante dessa observação, de que "dar-se-á nela [em terras brasileiras] tudo", apesar de antiga e superada, sobrevive até hoje. As primeiras formas de exploração da colônia seguiram o que relatou Caminha: a exploração do pau-brasil e o cultivo da cana-de-açúcar. O ouro e os diamantes seriam encontrados mais de um século depois, principalmente nas regiões dos atuais estados de Minas Gerais e Mato Grosso.

Fontes: Pero Vaz de Caminha. A Carta. Portal Domínio Público. Disponível em: http://www.dominiopublico.gov.br/download/texto/bv000292.pdf. Acesso em: out. 2018; Katia Maria Abud et al. O descobrimento do Brasil através dos textos: edições críticas e comentadas. *Revista de História*, v. 36, n. 73, p. 185-226, 1968. p. 185-186.

**1.** A carta de Pero Vaz de Caminha permite entender os principais pontos da colonização portuguesa no Brasil? Quais são?

**2.** Qual foi a impressão inicial de Pero Vaz de Caminha em relação ao espaço territorial?

# CAPÍTULO 12
## Açúcar: o ouro branco

Vista aérea de canavial. Comendador Gomes (MG), 2018.

Um dos principais produtos da agricultura brasileira até os dias de hoje é a cana-de-açúcar; entre 2017 e 2018, a produção nacional foi de aproximadamente 647 milhões de toneladas. Espalhada por diversas regiões do país, essa produção é a base para diversas mercadorias, das quais a mais conhecida é o açúcar refinado, amplamente utilizado em nossa alimentação.

Entretanto, o açúcar é apenas uma das múltiplas utilidades da cana. Desde a década de 1970, o governo brasileiro investe em tecnologia para transformar a cana-de-açúcar em combustível, o chamado etanol. Esse combustível é usado para abastecer os mais diversos tipos de veículos e foi uma forma encontrada pelo país para diminuir sua dependência dos combustíveis derivados do petróleo.

Além do etanol, nas últimas décadas, a indústria brasileira passou a utilizar a cana para produzir outras fontes de energia – chamadas de bioenergia – e fazer bioplástico. Como a cana-de-açúcar é uma matéria-prima renovável, muitos setores da indústria brasileira apostam em seu uso como forma de ampliar a produção de forma sustentável.

Essa importância da cana-de-açúcar, entretanto, não é uma novidade na história do Brasil. Na realidade, esse gênero agrícola possibilitou a organização da colonização da América pelos portugueses e se transformou na base da economia colonial. Sobretudo nos séculos XVI e XVII, a cana era utilizada principalmente na produção de açúcar, mercadoria muito valiosa na Europa. A fim de dar conta da demanda, os portugueses criaram amplas unidades produtivas, chamadas de engenho, e trouxeram um grande número de africanos escravizados para trabalhar nessa atividade.

# Os engenhos de açúcar

Entre as diversas especiarias apreciadas pelos europeus, o açúcar era uma das mais caras. Originário da Ásia, era produzido de forma artesanal e em pequenas quantidades, sendo utilizado principalmente como medicamento. Devido a seu alto valor, porções de açúcar muitas vezes eram deixadas como herança em testamentos ou dadas como presente a reis e nobres.

No século XV, os portugueses iniciaram sua produção açucareira na Ilha da Madeira e no Arquipélago dos Açores, situados no Oceano Atlântico. Lá, adquiriram experiência no cultivo da cana e na montagem dos engenhos, onde a cana era transformada em açúcar. Produzir açúcar no Brasil foi uma opção bastante atraente: o solo e o clima do litoral eram adequados ao cultivo da cana-de-açúcar. Além disso, a venda do produto na Europa poderia render altos lucros para a metrópole.

## Pioneirismo: São Vicente e Pernambuco

Em 1532, expedições comandadas pelos nobres Martim Afonso de Sousa e seu irmão Pero Lopes de Sousa trouxeram mudas de cana-de-açúcar para o litoral paulista. Lá fundaram o primeiro núcleo de povoamento oficial da colônia – a Vila de São Vicente –, dando início à produção açucareira, que durante dois séculos sustentou a economia colonial e metropolitana.

A partir da segunda metade do século XVI, a capitania de Pernambuco se destacou na produção açucareira devido a vários fatores: a fertilidade do solo (do tipo **massapê**); a proximidade geográfica com a Europa (onde se concentravam os mercados consumidores) e com a África (de onde vinha a mão de obra para os engenhos); e os investimentos feitos por seu donatário, Duarte Coelho. Paralelamente, a capitania de São Vicente enfrentava dificuldades: o esgotamento do solo, a estreita faixa de terras cultiváveis entre o litoral e a Serra do Mar e a maior distância em relação à Europa e à África.

**Glossário**

**Massapê:** terra semelhante à argila, de cor quase preta, enriquecida por resíduos de cálcio, ideal para o plantio de cana-de-açúcar.

Ruínas do Engenho de São Jorge dos Erasmos, um dos três primeiros engenhos de açúcar do país, provavelmente construído em 1534, localizado entre as cidades de Santos e São Vicente (SP).

1. **Áreas de cultivo:** onde a cana-de-açúcar era plantada.
2. **Moenda:** onde a cana era moída.
3. **Caldeira:** onde o caldo era fervido.
4. **Casa de purgar:** onde o caldo era colocado em formas para endurecer.
5. **Casa-grande:** residência do senhor do engenho e de sua família e agregados.
6. **Capela:** local de missas, casamentos e batizados dos moradores do engenho.
7. **Senzala:** alojamento dos escravos.
8. **Terras de subsistência:** locais em que eram criados animais e cultivadas mandioca, milho, feijão e frutas para abastecer o engenho.

### Ampliar

**Ruínas do Engenho de São Jorge dos Erasmos**
www.engenho.prceu.usp.br
Projeto arqueológico mantido pela Universidade de São Paulo (USP).

**O trabalho nos engenhos,** de Etelvina Trindade (Atual).
O livro aborda as diversas etapas de produção e comercialização do açúcar no Brasil e na Europa durante a época colonial.

**zoom**

❶ Pela observação da imagem de um engenho, identifique:
 a) um dos meios de transporte utilizado nas fazendas;
 b) quem operava as máquinas de moer cana;
 c) quem cortava a cana.

124

# Trabalhadores especializados

O funcionamento do engenho dependia quase exclusivamente do trabalho escravo. Entretanto, havia na sociedade colonial vários trabalhadores especializados livres que recebiam salários para exercer funções técnicas e de controle da produção, como o mestre de açúcar, que inspecionava todo o processo de fabricação do produto; o purgador, que cuidava do branqueamento do açúcar; o feitor, que distribuía as tarefas e cuidava da disciplina no engenho. Um exemplo da proporção entre o número de escravos e o de homens livres é o engenho Sergipe do Conde, na Bahia, que em 1635 tinha 80 escravos e 13 trabalhadores assalariados.

## A vida dos escravizados nas fazendas

Nas fazendas, os africanos escravizados enfrentavam duras condições de vida e de trabalho. Eram alojados em senzalas mal iluminadas e mal ventiladas, onde dormiam amontoados sobre esteiras de palha. Sua alimentação diária resumia-se a mandioca, feijão, milho, pão e água. Em dias de festa, recebiam as sobras das refeições servidas nas casas de seus senhores. As punições que sofriam eram cruéis, mas o castigo físico exagerado não era recomendado, pois se temia perder o capital que cada escravizado representava.

O trabalho começava bem cedo e terminava à noite. Na época da colheita, os escravizados chegavam a trabalhar 18 horas por dia. Folga ou descanso havia somente nos poucos feriados religiosos, quando tinham permissão para ir à cidade. Esgotados, doentes, humilhados, os negros escravizados tinham "vida útil" de aproximadamente dez anos.

Vários instrumentos eram usados para castigar os escravizados, entre eles: viramundo (1), algema (2), peia (3), palmatória (4) e gargalheira (5).

## Escravizados no trabalho doméstico

Uma parte dos africanos escravizados que os fazendeiros compravam era destinada às atividades domésticas na casa-grande. Ocupavam-se com a cozinha, a limpeza, o cuidado com as crianças, lavavam as roupas, serviam as refeições.

Essa convivência com a família do senhor de engenho teve grande influência na formação de costumes culturais da população brasileira, pois ocorria um aprendizado dos dois lados. Por um lado, os africanos conheciam outros modos de preparar alimentos e tinham crenças e línguas diferentes. Por outro lado, os portugueses falavam a língua portuguesa, professavam a religião católica e tinham modos de se vestir que imitavam a moda europeia. Quando a família do senhor de engenho ia às vilas, levava seus escravos domésticos com roupas de festa, pois era um modo de exibir a prosperidade da família.

As crianças pequenas, tanto da família do senhor de engenho quanto os filhos de escravos, conviviam e brincavam juntas. Costumava haver uma ou mais escravas para cuidar das crianças – eram as mucamas, que, inclusive, amamentavam os bebês da família do fazendeiro.

# Produção e consumo na colônia

Entre os séculos XVI e XVII, a produção açucareira do nordeste brasileiro sustentou a economia colonial e a metropolitana. Além do açúcar, alguns engenhos produziam cachaça, comprada por traficantes para ser trocada por escravos na África. Nessa região também era produzido o tabaco, com a mesma finalidade.

O açúcar e o tabaco eram produzidos de acordo com o sistema de *plantation*, uma combinação das seguintes características: latifúndio (grande propriedade rural visando à produção em larga escala), monocultura (cada latifúndio se especializava em um só produto), mão de obra escrava e produção destinada à exportação.

O algodão teve duas fases distintas: cultivado principalmente no Maranhão, inicialmente servia para abastecer o mercado interno de tecidos rústicos utilizados nas roupas dos africanos escravizados. No século XVIII, começou a ser exportado para as indústrias têxteis da Inglaterra.

> Gêneros agrícolas como milho, mandioca, feijão, frutas, verduras destinavam-se ao consumo dos habitantes da própria colônia, sendo cultivados em pequenas roças. Como não eram exportados, sua produção não seguia o sistema de *plantation*.

Franz Keller. *Índia civilizada fiando algodão: Aldeamento São Jeronimo*. Grafite, 17 cm × 19,2 cm.

## Ampliar

**Grandezas do Brasil no tempo de Antonil (1681-1716)**, de Raymundo Campos (Atual).

O livro apresenta as características da sociedade e da economia na colônia, com base na obra de Antonil.

**O engenho resiste**
www.reporterbrasil.com.br/reportagens/engenho/engenho.pdf

Reportagem sobre os engenhos na história do Brasil e sua importância econômica.

## Viver

### O trabalho árduo nos engenhos

O documento histórico a seguir foi escrito no século XVII pelo padre português Antonio Vieira, que viveu no Brasil e conheceu o cotidiano dos escravos nos engenhos.

> Que coisa há na confusão deste mundo mais semelhante ao inferno, que qualquer desses vossos engenhos? Por isso foi tão bem recebida aquela bela e discreta definição de quem chamou a um engenho de açúcar doce inferno. E verdadeiramente quem vir na escuridão da noite aquelas fornalhas tremendas perpetuamente ardentes; as labaredas que estão saindo [...]; os africanos banhados em suor, tão negros como robustos que administram a grossa e dura matéria ao fogo, e os **forcados** com que o revolvem e atiçam; as caldeiras ou lagos ferventes vomitando espumas, exalando nuvens de vapores; o ruído das rodas, das cadeias, da gente toda da cor da mesma noite, trabalhando vivamente, e gemendo tudo ao mesmo tempo, sem momentos de trégua, nem de descanso; quem vir enfim toda a máquina, não poderá duvidar que é uma semelhança do inferno [...].
>
> Elsa Gonçalves Avancini. *Doce inferno*. São Paulo: Atual, 1991, p. 25.

**Glossário**

**Forcado:** instrumento com cabo de madeira cuja extremidade é semelhante a um garfo com três dentes; é utilizado para remexer o feno.

1. Qual é a opinião do autor sobre as condições de trabalho dos escravos nos engenhos?

2. A sociedade que se organizou em torno da produção do açúcar era extremamente desigual do ponto de vista racial por conta da escravidão.

   a) Observe e identifique na imagem elementos que explicitem a afirmação acima.

   b) Atualmente, nossa sociedade continua apresentando uma grave desigualdade entre brancos e negros, ainda que não exista mais a escravidão. Pesquise dados que demonstrem o impacto da desigualdade racial em nossa sociedade.

3. Com base nos dados levantados, converse com os colegas e pense em ações que poderiam ser tomadas pelos governantes brasileiros e pela sociedade para superar a atual desigualdade racial.

Johann Moritz Rugendas. *Engenho de açúcar*, 1835. Litografia colorida à mão, 35,5 cm × 51,3 cm.

1. Observe atentamente as duas imagens a seguir e faça o que se pede.

Joaquim Candido Guillobel. *Fiel retrato de uma casa brasileira*, 1812-1816. Aquarela, 14 cm × 11,5 cm.

Jean-Baptiste Debret. *Um jantar brasileiro*, 1827. Aquarela, 15,9 cm × 21,9 cm.

a) Pela observação das obras de Debret e Gillobel, podemos afirmar que os africanos escravizados trabalhavam apenas nas plantações e nos engenhos? Justifique sua resposta.

b) Como as pinturas representam a condição das crianças no período?

c) Descreva o que fazem as mulheres nas duas cenas.

d) Que elementos nessas imagens demonstram que as mulheres brancas ocupavam posição social superior à das escravas?

**2** Debata com seus colegas a seguinte ideia: no Brasil, a escravidão deixou como herança a desvalorização do trabalho manual. Depois, montem um texto coletivo com os pontos principais.

**3** O historiador Stuart Schwartz, analisa as estratégias utilizadas pelos senhores de engenho para ampliar o trabalho das pessoas escravizadas nas máquinas do engenho, (chamadas por ele de fábricas). Leia o texto a seguir e responda o que se pede.

A escravidão sempre foi sinônimo de chicote ou pior, e a realidade dos castigos estava sempre presente, mas, ao contrário da situação na roça, não conheço menção ao uso do chicote dentro da fábrica. Ali, tal punição física era **contraproducente**. Embora aos escravos se pudesse atribuir algumas tarefas desagradáveis (como alimentar as fornalhas) como castigo, a maioria dos agricultores descobriu outros métodos para garantir a colaboração e obter a qualidade que exigiam.

Os engenhos geravam uma série de incentivos positivos e negativos, não só no processamento do açúcar, mas que também se estendiam para fora, para outros aspectos da sociedade. Distribuíam-se presentes, rum e rações extras ou privilégios, porém ainda mais importante era a diminuição ou a reestruturação do próprio trabalho.

Stuart Schwartz. *Escravos, roceiros e rebeldes*. Bauru: Edusc, 2001. p. 98-99.

**Glossário**

**Contraproducente:** que produz resultado oposto ao esperado.

a) De acordo com o texto, os senhores de engenho não utilizavam castigos físicos para obrigar as pessoas escravizadas a trabalhar? Explique.

b) Qual era a diferença no tratamento das pessoas escravizadas na roça e nas máquinas do engenho segundo o texto?

c) Formule uma hipótese para explicar essa diferença.

**4** Observe atentamente a tabela a seguir. Ela fornece informações sobre o número de pessoas escravizadas nos engenhos de algumas regiões da Bahia entre o final do século XVIII e o início do XIX. Com base nesses dados, responda às questões.

| Número de pessoas escravizadas | Rio Fundo | Santo Amaro e São Francisco do Conde | Santiago do Iguape | Socorro, Matoim e Rio Fundo |
|---|---|---|---|---|
| 20-39 | 12 engenhos | 35 engenhos | 2 engenhos | 7 engenhos |
| 40 a 59 | 5 engenhos | 27 engenhos | 2 engenhos | 14 engenhos |
| 60 a 99 | 13 engenhos | 59 engenhos | 6 engenhos | 14 engenhos |
| 100 a 149 | 4 engenhos | 21 engenhos | 3 engenhos | 6 engenhos |
| Mais de 150 | 1 engenho | 4 engenhos | 8 engenhos | 0 |
| Média | 61,5 | 67,7 | 122,8 | 59,7 |

Fonte: Bert J. Barickman. *Um contraponto baiano*. Rio de Janeiro: Civilização Brasileira, 2003. p. 242.

a) De acordo com os dados da tabela, qual região tinha a maior média de pessoas escravizadas nos engenhos?

b) Qual era a região com o maior número de engenhos?

c) Com base na tabela, é possível afirmar que, na Bahia do final do século XVIII e início do XIX, os engenhos com mais de cem pessoas escravizadas eram comuns? Explique.

# CAPÍTULO 13

# Diásporas africanas e resistências

Entre os séculos XVI e XIX, as operações de compra e venda de escravos de origem africana foram feitas em escala global. Conhecido como escravismo moderno, o sistema promoveu o aprisionamento e a perda da liberdade de milhões de homens e mulheres – pessoas que foram deslocadas dos lugares onde viviam para trabalhar em terras distantes. Esse processo de imigração forçada das populações africanas é chamado de **diáspora** africana ou negra.

A escravidão era prática social antiga. Diferentes sociedades utilizavam o cativeiro como forma de punição às derrotas em guerras e ao não pagamento de dívidas. Contudo, no escravismo moderno, a condição de cativo transformava o escravo em uma mercadoria. O escravo era uma peça dentro da lógica comercial, cujo objetivo era o lucro.

Depois do século XVI, a escravidão ganha a **conotação** de um sistema econômico altamente lucrativo, no qual a perda da liberdade está relacionada à exploração do trabalho. O tráfico de escravizados na África funcionava, portanto, atendendo aos interesses comerciais de mercadores estrangeiros e autoridades locais.

A partir do século XVI, as principais rotas do tráfico aconteciam no Oceano Atlântico, ligação entre a África e a América. As viagens eram feitas em larga escala. Estima-se que cerca de 10 milhões de africanos tenham desembarcado no continente americano na condição de escravizados. O principal destino foi o litoral do Brasil.

## Tráfico negreiro

Estimativa do número de africanos desembarcados em cada região (em milhares de indivíduos).

| Região / Período | América Espanhola | Brasil | Antilhas Britânicas | Antilhas Francesas | Antilhas Holandesas | América Britânica e EUA |
|---|---|---|---|---|---|---|
| 1501-1550 | 12,5 | - | - | - | - | - |
| 1551-1600 | 32,5 | 50,0 | - | - | - | - |
| 1601-1650 | 127,5 | 200,0 | 20,7 | 2,5 | - | - |
| 1651-1700 | 165,0 | 360,0 | 243,0 | 153,3 | 40,0 | - |
| 1701-1750 | 180,8 | 605,1 | 358,8 | 357,2 | 200,0 | 70,2 |
| 1751-1800 | 331,9 | 1 095,2 | 897,2 | 1 074,0 | 197,6 | 321,0 |
| 1801-1830 | 367,0 | 1 000,4 | 105,8 | 93,7 | 0,1 | 168,3 |
| 1831-1850 | 261,6 | 712,7 | 10,2 | 0,6 | 0 | 0 |
| 1851-1870 | 153,6 | 6,6 | 0 | 18,4 | 0 | 0,3 |
| TOTAL GERAL | 1 662,4 | 4 029,8 | 1 635,7 | 1 699,7 | 437,7 | 559,8 |

Fonte: Luis Felipe de Alencastro. *O trato dos viventes: formação do Brasil no Atlântico Sul*. São Paulo: Companhia das Letras, 2000.

# Escravidão no Brasil

O Brasil foi a região que mais recebeu africanos escravizados entre os séculos XVI e XIX. No início da colonização, não havia muitos trabalhadores livres na colônia e o desenvolvimento da economia açucareira exigia inúmeros trabalhadores. O trabalho escravo foi muito utilizado também nas jazidas de ouro das Minas Gerais no século XVIII e nas lavouras cafeeiras no Rio de Janeiro e São Paulo no século XIX.

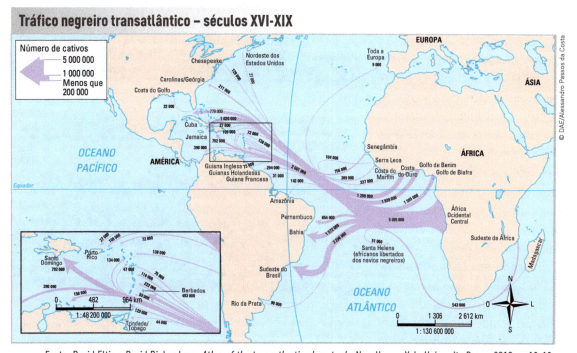

Fonte: David Eltis e David Richardson. *Atlas of the transatlantic slave trade*. New Haven: Yale University Press, 2010. p. 18-19.

Por ser uma atividade bastante lucrativa, diferentes grupos se envolveram no tráfico negreiro. Inicialmente, mercadores e **fidalgos**, autorizados pela Coroa portuguesa, investiram nas viagens de longa distância. Com o tempo, comerciantes luso-brasileiros, descendentes de portugueses nascidos no Brasil, entraram no comércio transatlântico de escravos, diminuindo o predomínio dos comerciantes luso-africanos. A importância econômica do escravismo levou a Coroa portuguesa a aumentar o controle do tráfico por meio de orgãos do governo, como o Conselho Ultramarino de Portugal, criado em 1640. Assim, o tráfico de escravos deixou de ser uma atividade secundária para se tornar uma atividade econômica fundamental para o sistema mercantilista.

## Negociações entre africanos e europeus

Na África, os comerciantes europeus **cooptavam** nativos como guias, intérpretes e intermediários. Em troca, os africanos recebiam presentes ou uma porcentagem de 6% ou 7% do valor das mercadorias. Aos poucos, esses intermediários formaram uma nova classe social ligada às atividades comerciais. Na região da África Central, as pessoas responsáveis pela captura e pelo transporte dos cativos para o litoral eram conhecidas como "pumbeiros". Os negociantes estrangeiros pagavam tributos aos reis africanos e lhes prestavam cortesias.

Assim, um sistema de trocas estabelecendo-se e, com o tempo, artefatos e produtos europeus foram apresentados às elites africanas, por exemplo, a introdução de armas de fogo na África.

**Glossário**

**Conotação:** sentido dado a uma palavra ou situação.
**Cooptar:** atrair.
**Diáspora:** dispersão de um povo em consequência de preconceito ou perseguição política, religiosa ou étnica.
**Fidalgo:** indivíduo que tem título da nobreza.

# Da África para a América

A travessia entre a África e a América era feita em embarcações, conhecidas como navios negreiros, sob condições muito precárias. Os porões eram pouco ventilados, muito úmidos e superlotados. A água e os alimentos eram escassos. Muitas pessoas não conseguiam resistir e adoeciam, chegando a morrer durante o percurso.

A separação dos africanos nas embarcações era feita tendo em vista as características físicas, os conhecimentos técnicos e a origem de cada um. Os comerciantes evitavam manter juntos os indivíduos de uma mesma comunidade ou reino para dificultar a comunicação e a resistência ao cativeiro.

Antes da viagem, era comum os portugueses promoverem batismos coletivos entre os africanos, já que uma das justificativas usadas para a escravidão era a conversão ao cristianismo para garantir a salvação do indivíduo diante de Deus.

No Brasil, os cativos desembarcavam principalmente nos portos da Bahia, de Pernambuco e do Rio de Janeiro. Próximo aos portos, ficavam os valongos, espaços em que as populações negras eram comercializadas como escravas. Após se tornarem propriedade de um senhor, os escravizados eram obrigados a trabalhar nas lavouras, na extração de ouro, no comércio e nas atividades domésticas.

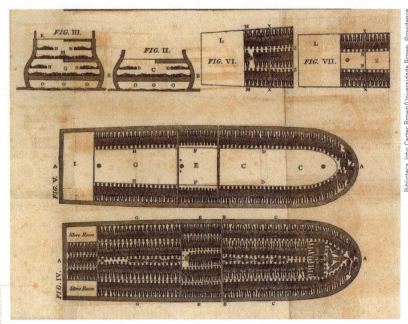

Thomas Clarkson. Diagrama de navio negreiro publicado em um panfleto, 1821. Xilogravura.

É possível identificar os locais de transporte de centenas de escravizados, todos deitados, lado a lado, em condições precárias.

Retiradas de sua terra natal, as populações africanas passaram a fazer parte do Novo Mundo, onde reinventaram suas histórias com base na memória, na religiosidade e nas tradições de seus ancestrais e, também, no contato com outros povos.

Nesse processo de interação entre culturas tão distintas, surgiram novas línguas, novas formas de religiosidade, indivíduos miscigenados e configurações familiares em uma sociedade totalmente original.

Jean-Baptiste Debret. *Mercado da Rua do Valongo*, 1834-1839. Litografia, 49 cm × 34 cm.

## A resistência africana

A partir da chegada ao novo território, as populações africanas e seus descendentes formaram comunidades e espaços coletivos onde, sempre que possível, se reuniam para a prática de rituais e celebrações.

Os terreiros, por exemplo, surgiram como espaços religiosos e comunitários. Como forma de resistir à imposição do cristianismo, o culto às divindades africanas se misturou ao culto dos santos católicos. Assim, os africanos mantinham suas crenças tradicionais adaptando-as às condições sociais e culturais locais. Essa mistura entre as religiosidades africanas e os valores cristãos deu origem às chamadas religiões afro-brasileiras.

Zacharias Wagener. *Dança de negros escravos*. Aquarela publicada em livro de c. 1634-1637.

Esta obra retrata o momento de culto dos africanos. Observe a presença dos instrumentos musicais e das danças no ritual religioso. Os adeptos do calundu reuniam-se em festividades públicas e tinham um calendário de dias santos. Muitos brancos iam se consultar com as sacerdotisas calunduzeiras para obter a cura de certas doenças.

A mais conhecida religião brasileira de matriz africana é o candomblé, que se baseia em mitos da religiosidade iorubá sobre como os orixás transformaram-se em divindades. No Brasil, os orixás mais cultuados são Iemanjá, Xangô, Iansã, Oxum, Ogum e Exu. Essas divindades se assemelham às pessoas comuns, pois têm sentimentos diversos, como o amor, a caridade, a tristeza e a raiva.

Outra forma de expressão cultural e religiosa dos africanos eram as irmandades negras, que se multiplicaram principalmente no século XVIII na região das minas. As irmandades eram espaços importantes de convivência e de construção da identidade afro-brasileira. Os líderes desses grupos tinham uma função religiosa, mas também atuavam nas relações entre os escravizados e seus senhores, **intercedendo** em favor dos cativos.

As irmandades recebiam contribuições de seus associados (chamados de "irmãos"), que eram usadas na construção e manutenção das capelas, na realização de festividades e cortejos fúnebres e na assistência aos associados em caso de doença, por exemplo. Quando morriam, os irmãos eram enterrados com dignidade e reverência da comunidade.

**Glossário**

**Interceder:** intervir a favor de alguém ou algo; rogar.

**ZOOM**
Que importância tinham os espaços religiosos e as comunidades quilombolas para a resistência dos africanos e seus descendentes?

Jean-Baptiste Debret. *Coleta para a manutenção da Igreja de Nossa Senhora do Rosário*, 1828. Litografia, 34 cm × 49 cm.

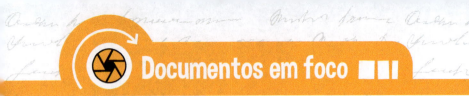

## Documentos em foco

### O escravismo no Brasil visto por um inglês

Em 17 de dezembro de 1792, uma comitiva de ingleses desembarcou no Rio de Janeiro para abastecer as embarcações antes de prosseguir viagem para a China. Os estrangeiros ficaram na cidade por duas semanas e deixaram registradas suas impressões sobre a cidade e seus habitantes. Leia com atenção um fragmento do relato de viagem de *Sir* George Leonard Staunton, secretário da embaixada britânica que fazia parte da comitiva.

> O Brasil importa, a cada ano, cerca de 20 mil escravos. Desses, 5 mil são vendidos para indivíduos que habitam o Rio de Janeiro. O preço de um escravo é em média 28 mil libras esterlinas. Aqueles que compram na África não podem embarcá-los sem antes pagar, ao agente do Rei de Portugal, 10 mil réis por cabeça. Esse imposto atinge, anualmente uma receita de 60 mil libras esterlinas, dinheiro que entra nos cofres da Coroa, mas que não é considerado parte do **erário** público.
>
> Estima-se que a população de escravos no Brasil, entre nativos da África e descendentes, ronde 600 mil indivíduos: enquanto a de brancos, dizem, não ultrapassa os de 200 mil. No Rio de Janeiro, essa desproporção é bem maior do que o restante do país, pois a cidade não conta com mais de 3 mil brancos, sendo que o número de negros atinge facilmente a casa dos 40 mil.
>
> Deixando de lado a população de escravos empregados nas plantações, os quais são submetidos a duros trabalhos, aqueles que ficam na cidade não parecem infelizes. [...]. Os negros que vivem nas plantações do Brasil podem trabalhar dois dias em benefício próprio – o dobro do tempo de que dispõem os escravos das Antilhas. Procura-se coibir a prática do roubo e da mentira, mas parece que esses vícios pertencem à sua própria condição. A escravidão não é determinada somente pela cor negra: trata-se de uma herança **funesta** transmitida pela linhagem materna. No Rio de Janeiro, por exemplo, há escravos de todos os matizes entre o branco e o negro.
>
> Os africanos parecem naturalmente alegres e plenos de vivacidade. Eles acomodam-se facilmente à sua situação, gozam de todos os prazeres que lhe são permitidos e raramente usam álcool como antídoto contra o sofrimento ou como meio de abafar as reflexões suscitadas pelo seu estado. As grandes paixões dessa classe de indivíduos são a música e a dança. É comum encontrar, no Rio de Janeiro, cocheiros negros que, nos seus momentos de lazer, sentados nos bancos das carruagens que conduzem, aproveitam para tocar viola.
>
> A Coroa portuguesa possui uma grande quantidade de escravos, 10 mil dos quais são empregados na exploração das minas de diamantes. [...] Os conventos também possuem grande quantidade de escravos. Os beneditinos têm cerca de mil, trabalhando em suas plantações. [...]. Os beneditinos têm ocasião de observar que, entre os escravos de tenra idade, os mulatos – frutos da união do negro como o branco – são dotados de mais inteligência e talento que os outros. Os padres têm instruído alguns desses meninos com especial cuidado, obtendo sucesso que julgam não estar longe o dia em que serão obrigados a enviar alguns deles para completarem a sua educação literária nas universidades portuguesas. Esses monges contaram-nos, cheios de orgulho, que um mulato tinha acabado de ser eleito para ocupar uma cadeira de ensino em Lisboa.

Trecho do relato de viagem de *Sir* George Leonard Staunton, secretário da embaixada britânica em 1792. In: Jean M. C. França. *Visões do Rio de Janeiro colonial: antologia de textos, 1531-1800*. Rio de Janeiro: Eduerj, José Olympio, 1999. p. 204-205.

### Glossário

**Erário:** conjunto dos recursos financeiros de uma nação.
**Funesto:** algo lamentável; que provoca tristeza.
**Prover:** providenciar.

1. Logo no início do relato, George Staunton indica o preço médio de um escravo e o valor do imposto a ser pago à Coroa portuguesa por escravo vendido. O que esses dados indicam?

2. George Staunton apresenta algumas estimativas sobre a população escrava no Brasil e na cidade do Rio de Janeiro. O que mais chama atenção nos números registrados pelo viajante?

3. O viajante faz uma distinção entre os escravos da lavoura e os cativos da cidade. Como ele os descreve?

4. Os africanos de diferentes povos trazidos para a América ressignificaram suas tradições e reinventaram a própria história por meio da interação cultural com outras etnias. Indique uma passagem no relato que aponte esse processo de interação cultural.

5. No relato, que aborda a questão da mestiçagem, qual é a categoria social usada para definir os mestiços?

6. Segundo George Staunton, a Coroa também possuía escravos. Onde eram empregados os cativos da metrópole? Em sua opinião, por que a Coroa os destinava para essa atividade?

7. De acordo com Staunton, como era a relação entre os padres beneditinos e os escravos?

## Viver

### O que é racismo institucional?

A Organização das Nações Unidas (ONU) vem produzindo uma série de estudos e ações em torno das questões étnico-raciais no Brasil e no mundo e das condições que as populações afrodescendentes enfrentam atualmente.

Ao analisar as desigualdades que assolam essas populações, especialmente, a ONU definiu e passou a alertar para o "racismo institucional".

> O racismo institucional é definido como o fracasso das instituições e organizações em **prover** um serviço profissional e adequado às pessoas por causa de sua cor, cultura, origem racial ou étnica. Suas manifestações podem ser identificadas por meio de normas, práticas e comportamentos discriminatórios adotados no cotidiano de trabalho, resultantes da ignorância, da falta de atenção, preconceitos ou estereótipos racistas. Em qualquer caso, o racismo institucional sempre coloca pessoas de grupos sociais ou étnicos discriminados em situação de desvantagem no acesso a benefícios gerados pela ação do Estado, de suas instituições e organizações.

Disponível em: <www.unfpa.org.br/Arquivos/onu.pdf>. Acesso em: set. 2018.

No Brasil, cerca de 54% da população é preta ou parda. Observe a seguir alguns dados que demonstram a desigualdade entre brancos e negros no país.

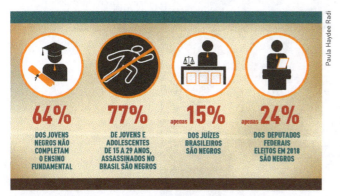

Fonte: Maré *Online*. Disponível em: <http://redesdamare.org.br/mareonline/2017/11/29/racismo-e-desigualdade-no-brasil>. Acesso em: set. 2018.

1. Em sua opinião, qual é a relação entre o escravismo das populações negras, entre os séculos XVI e XIX, e a desigualdade que acomete os afrodescendentes hoje no Brasil?

2. Como o chamado "racismo institucional" pode ser observado no contexto brasileiro?

135

# Quilombos

Outro espaço de apoio e resistência eram os quilombos, comunidades formadas por escravos que conseguiam fugir dos domínios dos senhores. Reunidos no meio das matas, organizavam-se para garantir a subsistência e a segurança uns dos outros.

Um dos maiores quilombos foi Palmares, organizado na Serra da Barriga, onde hoje é o Estado de Alagoas. Estima-se que Palmares tenha sido o quilombo mais duradouro da América e abrigado cerca de 20 mil quilombolas. Em 1695, foi destruído pelas autoridades portuguesas, depois do assassinato de seus moradores e da principal liderança: Zumbi dos Palmares.

Os costumes, os hábitos alimentares e a religiosidade dos povos africanos ajudaram a construir a riqueza material e cultural do Brasil. Essa contribuição pode ser observada tanto em nossa culinária, que utiliza ingredientes como o coco verde, a banana, o café, a pimenta-malagueta, o azeite de dendê, o inhame, o quiabo, entre outros, quanto nas palavras de origem banto que fazem parte da língua portuguesa. Além disso, ritmos como o samba, o lundu, a congada, o maracatu e o afoxé são resultado da interação entre os grupos étnicos que viviam na América.

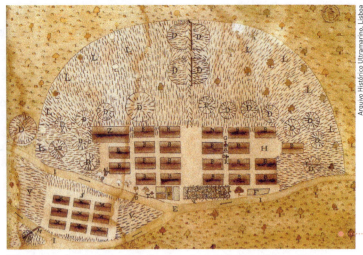

Planta do quilombo Buraco do Tatu, em Itapuã, Bahia, feita em 1764.

A organização dos quilombos reproduzia valores e formas de organização tradicionais entre os africanos.

Samba de roda Raízes de Acupe. Santo Amaro, Bahia.

## Ampliar

**A África explicada aos meus filhos,** de Alberto da Costa e Silva (Agir).

O livro aborda a relação próxima entre o Brasil e a África e os profundos contrastes do continente africano, onde a exuberância e a diversidade cultural convivem com a miséria, as guerras, a violência e as epidemias.

## Atividades

**1** A escravidão, como prática social, já existia na Antiguidade. Contudo, a partir do século XVI, ela passou a ter outras motivações. Explique a principal mudança do chamado "escravismo moderno" em relação às práticas escravistas antigas.

**2** Em sua opinião, por que os portos brasileiros eram os principais destinos dos escravos que vinham para a América?

**3** Além do comércio, que outra justificativa era dada para a escravização dos africanos pelos europeus?

**4** Os comerciantes de escravos mantinham relações com as autoridades africanas. Como eram essas relações?

**5** Observe a gravura *Negros no fundo do porão*, de Johann Moritz Rugendas, produzida na década de 1830.

Considerando a obra como um documento histórico, o que é possível afirmar sobre as condições dos navios negreiros, que faziam a viagem de travessia entre a África e a América?

Johann Moritz Rugendas. *Negros no fundo do porão (O navio negreiro)*. Gravura publicada em 1835.

**6** Leia a letra da canção "Chiclete com banana", de Gordurinha e Almira Castilho, gravada por Jackson do Pandeiro, em 1959. Em seguida, faça o que se pede.

Só boto *bebop* no meu samba
Quando o tio Sam pegar um tamborim
Quando ele pegar no pandeiro e no zabumba
Quando ele aprender que o samba não é rumba
Aí eu vou misturar Miami com Copacabana
Chiclete eu misturo com banana
E o meu samba vai ficar assim

Turururururi *Bebop, Bebop, Bebop*
Turururururi *Bebop, Bebop, Bebop*
Turururururi *Bebop, Bebop, Bebop*

Eu quero ver a confusão
Turururururi *Bebop, Bebop, Bebop,*
Turururururi *Bebop, Bebop, Bebop,*
Turururururi *Bebop, Bebop, Bebop,*
É o samba-rock, meu irmão

É, mas em compensação
Eu quero ver o *boogie-woogie* de pandeiro e violão
Quero ver o tio Sam de frigideira
Numa batucada brasileira

Gordurinha e Almira Castilho. Chiclete com banana. *Jackson do Pandeiro*. Intérprete: Jackson do Pandeiro. Columbia, 1959. LP.

**a)** Qual é o tema da canção?
**b)** Identifique na canção, elementos da cultura brasileira que são de origem africana.

# Visualização

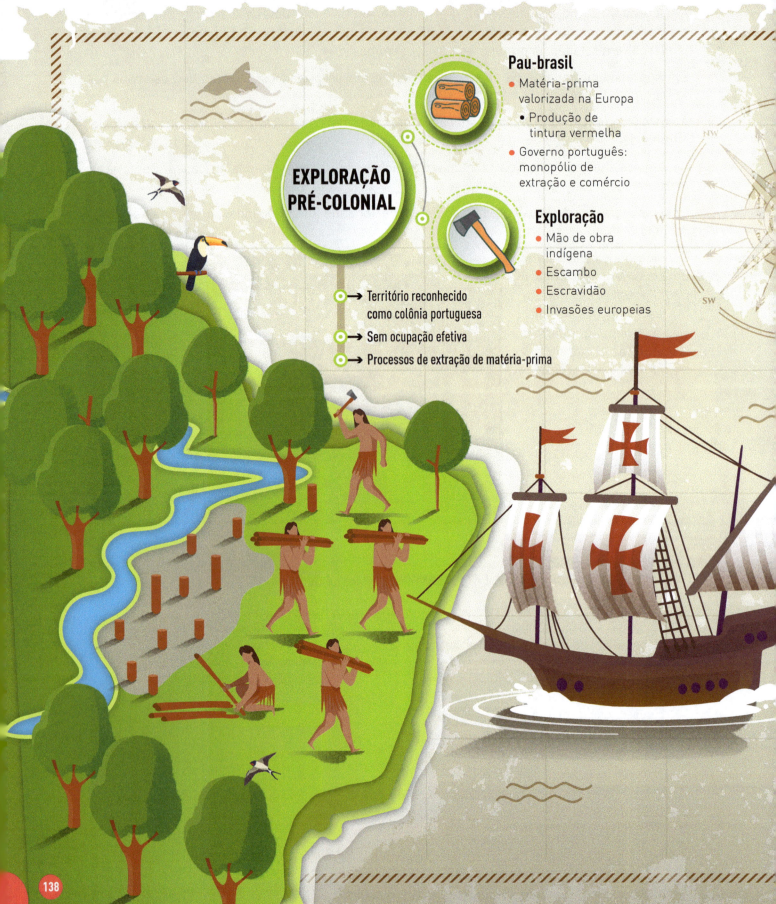

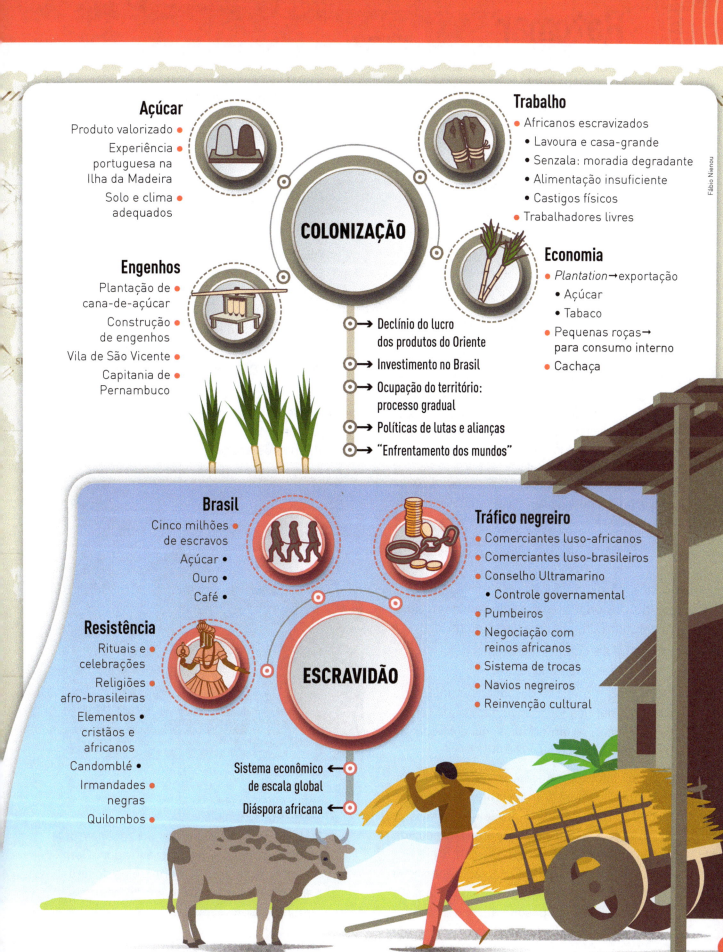

# Retomar

1. Leia o texto e responda às questões.

> Até os dias de hoje há muita controvérsia sobre a antiguidade dos povos do Novo Mundo, que só era novo em relação a uma Europa que se reconhecia como velha. As estimativas mais tradicionais mencionam o período de 12 mil anos, mas pesquisas recentes arriscam projetar de 30 mil a 35 mil anos. Sabe-se pouco dessa história indígena, e dos inúmeros povos que desapareceram em resultado do que agora chamamos [...] de "encontro" de sociedades. Um verdadeiro morticínio teve início naquele momento: uma população estimada na casa dos milhões em 1500 foi sendo reduzida aos poucos a cerca de 800 mil, que é a quantidade de índios que habitam o Brasil atualmente. São muitos os fatores que explicam tal desastre populacional. Em primeiro lugar, existiu de fato uma barreira epidemiológica favorável aos europeus. Na África sucedera o oposto: os brancos morreram aos milhares, como se houvesse uma linha invisível e envenenada. No caso da América, eram os índios que morriam, atacados por agentes [...] da varíola, do sarampo, da coqueluche, da catapora, da difeteria, do tifo, da peste bubônica e até mesmo de uma hoje quase infensiva gripe.
>
> Lilia Moritz Schwarcz e Heloisa M. Starling. *Brasil: uma biografia*. São Paulo: Companhia das Letras, 2015, p. 40.

a) Os povos indígenas reconheciam os territórios onde viviam como sendo um Novo Mundo? Justifique a partir do texto.

b) O que se entende pelo "encontro" de sociedades citado no texto?

c) Como a questão das doenças interferiu na dinâmica das sociedades africanas, europeias e ameríndias no contexto da colonização do Novo Mundo?

2. Como visto, a produção de cana-de-açúcar continua bastante importante para a economia brasileira até o presente. Todavia, a forma pela qual esse gênero é produzido atualmente se diferencia de como ele era produzido no Período Colonial. Tendo isso em vista, forme um grupo com os colegas e sigam o roteiro de pesquisa:

a) Que diferenças podem ser apontadas entre a produção açucareira do Brasil nos séculos XVI e XVII e a produção atual?

b) Como vocês caracterizam as condições de trabalho dos cortadores de cana? Pesquisem o que tem sido feito para melhorar a situação desses trabalhadores e se essas iniciativas têm apresentado resultados satisfatórios.

c) Alguns setores defendem o crescente uso do etanol com base nos benefícios ambientais que ele representa, enquanto outros setores temem que o crescimento das lavouras de cana prejudique a produção de alimentos. Qual é a opinião do grupo em relação a essa polêmica? Justifique-a.

3. Observe a imagem a seguir. Esse trabalho representa uma construção presente nos engenhos de açúcar.

Frans post. *Casa grande com torre*, 1661. Óleo sobre madeira, 52 cm × 69 cm (detalhe).

a) Descreva a imagem.

b) Nela é possível observar a presença de trabalhadores negros escravizados. Com base nos elementos da obra, eles desempenhavam tarefas rurais ou domésticas? Justifique sua resposta.

**4** Você sabe que há comunidades quilombolas no Brasil atual? Conheça mais sobre o assunto no fragmento e no mapa a seguir:

> "Quilombolas" ou "remanescentes de quilombos" do tempo presente são grupos que se autoidentificam como tal e têm efetiva participação na vida política e pública como sujeitos de direito. Afirma-se com isso a diversidade histórica e a especificidade de cada grupo. A Constituição Federal de 1988 estabelece o direito à emissão de título de propriedade da terra aos remanescentes das comunidades dos quilombos.

Fonte: *Atlas geográfico escolar: Ensino Fundamental – do 6º ao 9º ano*. Rio de Janeiro: IBGE, 2010. p. 24.

Reúna-se em grupo e pesquisem como vivem as comunidades quilombolas atuais e quais os principais desafios que enfrentam. Caso haja comunidade quilombola na sua região, procurem levantar informações sobre ela: localização, número de famílias, condições socioeconômicas, tradições culturais. Com base nas pesquisas, discutam a seguinte questão:

- Hoje, passados mais de cento e trinta anos do fim da escravidão no Brasil, descendentes quilombolas ainda lutam pelo direito a suas terras e para preservar suas tradições. Na sua opinião, por que muitos quilombolas precisam lutar por seus direitos?

**5** Entre os séculos XVI e XVII, além do açúcar, alguns engenhos do nordeste brasileiro produziam cachaça e outras fazendas produziam o tabaco. Qual é a relação desses três produtos da economia colonial com o tráfico transatlântico de escravos que se operou na época?

**6** Em dupla, criem um cartaz que divulgue e valorize manifestações culturais afro-brasileiras. Pesquisem imagens e informações sobre o tema; discutam sobre o material pesquisado, selecionem o que desejam inserir no cartaz e trabalhem juntos na confecção dele.

# UNIDADE 5

> **Antever**

Passada a grande aventura inicial de explorar o pau-brasil, a partir de 1534 a Coroa portuguesa viu-se diante da necessidade de administrar a colônia à distância, com o desafio de defender, produzir e povoar o vasto território.

Como era hábito, o império português não pretendia arriscar as riquezas do Tesouro Real nessa iniciativa. À época, apesar dos lucros advindos das especiarias do Oriente, os custos do comércio com as Índias eram altos. Para a Coroa portuguesa, assumir outro empreendimento em terras distantes (o Brasil), onde seria necessário implantar um sistema produtivo e mercantil, implicava fazer um investimento de retorno incerto, que exigia capitais e esforços.

Como Portugal poderia ocupar e governar terras tão vastas? Como foi organizada a administração do Brasil? Será que foi necessário estabelecer alianças com as diferentes nações indígenas para consolidar a administração colonial portuguesa?

Benedito Calixto. *Fundação de São Vicente*, 1900. Óleo sobre tela, 1,92m × 3,85m.

# Um império nos trópicos

# CAPÍTULO 14
# A administração portuguesa no Brasil

Atualmente, o Brasil está organizado da seguinte maneira: 27 divisões administrativas, sendo 26 estados e um Distrito Federal, onde se localiza a capital federal, Brasília, e onde fica instalado o presidente da República, que governa a nação. Cada estado é chefiado por um governador e está subdividido em municípios, que são governados por prefeitos. O presidente da República, os governadores e os prefeitos são eleitos por voto popular e cumprem um mandato de quatro anos, ao final do qual são convocadas novas eleições.

Essa estrutura é ainda mais complexa, pois é complementada por inúmeros órgãos públicos cujos funcionários trabalham nos mais variados setores em todo o território nacional – educação, saúde, justiça, segurança, reforma agrária, assistência social, habitação, **infraestrutura**, Forças Armadas etc.

No entanto, essa administração nem sempre foi assim. Após o início da colonização, o governo português demorou décadas para criar uma estrutura capaz de mover a máquina pública de maneira eficiente.

### Glossário

**Infraestrutura:** conjunto de serviços e instalações que garantem o funcionamento das instituições públicas. Inclui saneamento básico, hospitais, escolas, habitações populares, parques, museus, universidades, rodovias, ferrovias, aeroportos, portos, vias de transporte fluvial, parques, linhas de metrô etc.

Fonte: *Atlas geográfico escolar*. 7. ed. Rio de Janeiro: IBGE, 2016. p. 90.

# Capitanias hereditárias e sesmarias

Após a chegada às terras que hoje compõem o Brasil, os portugueses tinham um obstáculo pela frente: o território era desconhecido e grande demais para ser explorado por um país com poucos recursos financeiros e populacionais. Como solução, a Coroa portuguesa decidiu entregar a tarefa de exploração a administradores particulares. Em 1534, dividiu a colônia em capitanias hereditárias – quinze faixas de terra que se estendiam da linha imaginária de Tordesilhas até o litoral.

As capitanias foram doadas aos capitães donatários, nobres escolhidos pelo rei que eram encarregados dos gastos com defesa, produção e mão de obra, responsabilidades transmitidas a seus descendentes. Os donatários tinham o direito de dividir as capitanias em lotes menores e doá-los a pessoas de sua confiança, que, por sua vez, assumiam as mesmas responsabilidades em seus respectivos lotes, as sesmarias. Essa iniciativa poupou o governo português de despesas com a colônia, transferindo-as para os capitães donatários, que eram obrigados a aceitar a oferta do rei. Eles não podiam vender as terras e, caso não cuidassem delas satisfatoriamente, o rei poderia tomá-las e doá-las a outro nobre.

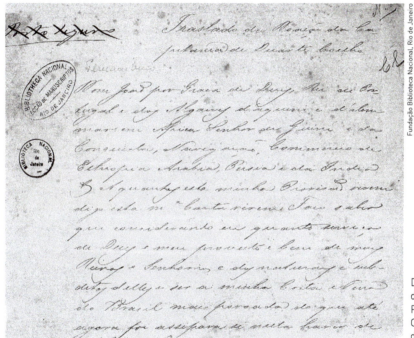

Detalhe da carta de doação da capitania de Pernambuco a Duarte Coelho, de 10 de março de 1534.

O sistema de capitanias foi um grande fracasso: a distância entre elas, assim como entre a colônia e a metrópole, tornava-as áreas isoladas, o que dificultava sua ocupação e defesa e favorecia os constantes ataques de indígenas, que resistiam à escravidão e à ocupação de seus territórios. Mas a principal razão foi o fato de que os donatários não tinham recursos necessários nem para criar uma estrutura na colônia, nem para explorá-la em busca de minérios – a grande esperança da Coroa portuguesa. São Vicente, na Região Sudeste, e Pernambuco, no Nordeste, prosperaram por causa dos recursos financeiros investidos na produção açucareira. O sucesso de São Vicente se deveu, em grande parte, à presença de náufragos e **degredados**, como João Ramalho e o Bacharel da Cananeia (traficante de escravos indígenas de quem pouco se sabe), que tinham se estabelecido ali, e exerceram importante papel na intermediação do contato entre a população indígena e os novos senhores da terra.

Por causa dos altos custos de manutenção das capitanias, a maioria dos donatários perdeu suas posses por não conseguir administrá-las; outros morreram em confrontos com os indígenas.

**Glossário**

**Degredado:** que foi condenado à pena de degredo, desterro; exilado.

## Uma questão de limites

A imagem mais difundida da divisão territorial das capitanias criadas por D. João III é a que mostra o território dividido por catorze linhas horizontais, que se estendem do litoral até a linha imaginária de Tordesilhas. Essa imagem pode dar a impressão de que as capitanias foram entregues aos donatários dessa forma mas, de acordo com pesquisas recentes que confrontam os documentos das doações e suas coordenadas, o desenho é uma simplificação. No norte do território, a divisão das capitanias compreendia, na verdade, áreas verticais.

Observe os mapas a seguir e compare o traçado das capitanias horizontalmente recortadas no primeiro mapa com o outro mapa elaborado com base em pesquisa recente dos documentos.

Luís Teixeira. Mapa do Brasil com a divisão da América portuguesa em capitanias, c. 1573-1590. Mapa desenhado a bico de pena.

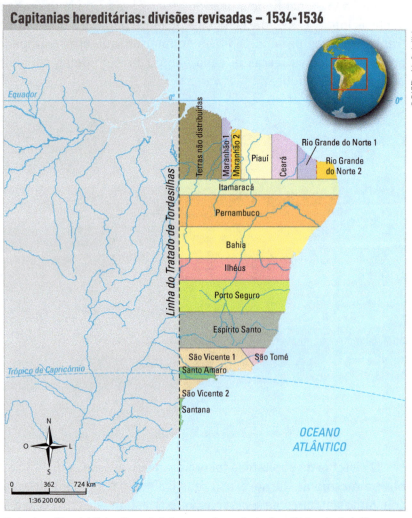

Fonte: Jorge Pimentel Cintra. Reconstruindo o mapa das capitanias hereditárias. *Anais do Museu Paulista*, São Paulo, v. 21, n. 2, p. 11-45, jul.-dez. 2013. p. 30.

Além de apresentar uma correção para o desenho das capitanias, essa pesquisa mostra a dificuldade do governo português em dividir um território tão vasto e desconhecido. Em alguns documentos há conflitos cartográficos – a mesma faixa de terra foi doada para dois donatários diferentes – e também situações indefinidas, em que cabia aos donatários se entenderem quanto aos limites.

**zoom**

❶ Que fatores dificultaram o estabelecimento das capitanias?

❷ O Tratado de Tordesilhas referia-se somente ao Brasil? Se o Tratado de Tordesilhas tivesse permanecido válido, o território colonial português seria maior ou menor?

# O governo-geral

Com o fracasso do sistema das capitanias hereditárias e, principalmente, diante do risco cada vez mais concreto de ocupação do território por outros reinos europeus, a Coroa portuguesa criou o governo-geral em 1549. Naquele período, a Coroa espanhola já obtinha lucros elevados com a exploração de metais preciosos, o que também estimulava a competição com Portugal.

O governo-geral tinha duas vantagens: uma nova estrutura administrativa passou a organizar diversos aspectos da vida na colônia; e a vinda de pessoas qualificadas em diversas funções, que não teriam chegado aqui se não fossem trazidas pelo governo.

Com essa iniciativa, a Coroa desistia de entregar a ocupação e defesa do Brasil a terceiros e assumia a responsabilidade de financiar e organizar sua colônia no Novo Mundo.

Cristovão Lopes. Retrato de D. João III, rei de Portugal, c. 1545. Óleo sobre tela, c. 1545. óleo sobre tela (detalhe).

## Estrutura administrativa do governo-geral

A estrutura do governo-geral compreendia as funções de governador-geral, provedor-mor e ouvidor-geral. Cada um desembarcou na colônia trazendo um "regimento", documento com orientações do rei D. João III sobre como deviam agir em suas funções.

- O provedor-mor era uma espécie de Secretário das Finanças. Sua responsabilidade era revisar as contas tomadas nas capitanias e fiscalizar os armamentos e a boa qualidade dos produtos.
- O ouvidor-mor era responsável pela Justiça; era quem **anistiava** ou determinava a punição dos réus. Em caso de pena de morte, dividia a decisão com o governador e, caso discordassem, o caso era enviado para a Corte em Portugal.
- O governador-geral era responsável pelo Poder Executivo. Uma de suas funções era organizar importantes recursos, como a construção de embarcações – prioritário para a época – e o planejamento para defesa e combate aos indígenas.

A primeira tarefa de Tomé de Souza, o primeiro governador-geral, foi, conforme seu regimento, "fazer uma fortaleza e povoação grande e forte em lugar conveniente" – no local que viria a ser a cidade de Salvador. Além dessas autoridades, havia um capitão-mor, encarregado do policiamento da costa, e diversos religiosos, entre os quais se destacaram os jesuítas – principais responsáveis pela tarefa de catequizar os índios.

Manuel Victor Filho. *Tomé de Souza*, s/d.

### Glossário

**Anistiar:** perdoar; conceder perdão de algum crime.

**zoom**

1. Podemos dizer, pela divisão de funções entre o governador e o ouvidor, que um estava acima do outro?
2. Qual seria a instituição contemporânea equivalente à função de provedor-mor?

## A construção de Salvador

A construção da primeira capital do Brasil era prioridade no Regimento trazido por Tomé de Souza. A história de Salvador nos conta muito sobre as condições sociais e materiais do Brasil Colonial: em primeiro lugar, a colaboração entre indígenas e portugueses e as alianças políticas entre eles.

Em alguns meses Salvador já tinha muitas casas, embora modestas. No entanto, não havia pedra disponível para a construção do muro, e, num primeiro momento, nem cal para aumentar a resistência das paredes de barro. Logo os depósitos de conchas e moluscos coletados pelos indígenas foram aproveitados como cal.

Anônimo. *Urbs Salvador - Intensidade do Porto*, c. 1640-1641. Gravura em cobre colorida, 30 cm × 36 cm.

Vista aérea da cidade de Salvador (BA) e do forte de São Marcelo, 2014.

A construção de Salvador é um dos muitos exemplos de que, num primeiro momento, os portugueses necessitavam de aliança com os indígenas, embora tivessem imposto, desde o início, a condição de que os indígenas deveriam aceitar as iniciativas catequizadoras dos padres. Mostra também que, além da necessidade de paz com os indígenas para construir Salvador, os portugueses precisavam do conhecimento e das técnicas construtivas desses povos, ou seja, de sua cultura, já que nos navios da comitiva do governo-geral vieram pedreiros e artesãos, mas não materiais de construção.

Assim, construída com material local e por mão de obra predominantemente indígena, a primeira capital do Brasil nascia se parecendo um pouco com uma das aldeias tupinambás que a cercavam, uma mistura entre o nativo e o europeu.

> **zoom**
> Com base em sua compreensão do texto, os portugueses conseguiriam se estabelecer no Brasil sem a ajuda dos indígenas? Justifique sua resposta.

## A instabilidade dos governos-gerais

Em 1553, iniciou-se o governo de Duarte da Costa, durante o qual foi fundada a Vila de São Paulo pelos jesuítas José de Anchieta e Manoel da Nóbrega. Nessa época, o Rio de Janeiro foi invadido pelos franceses, que não reconheciam o Tratado de Tordesilhas e não haviam desistido de obter colônias na América.

**Glossário**

**Gentio:** selvagem; nativo não catequizado.

Com o apoio das populações indígenas locais, os franceses conseguiram estabelecer uma fortaleza na Baía de Guanabara, chamada de França Antártica, que durou dezessete anos. Duarte da Costa se desentendeu com os jesuítas e não conseguiu derrotar os invasores franceses.

Mapa da Baía da Guanabara, Rio de Janeiro, feito com base em viagens de navegadores franceses, entre 1557 e 1558. Note, no topo, o nome do mapa: "La France Antarctique" (A França Antártica).

Entre 1558 e 1572 organizou-se o terceiro governo-geral, chefiado por Mem de Sá. Com a ajuda do sobrinho Estácio de Sá, que morreu em combate, ele expulsou os invasores franceses do Rio de Janeiro, estimulou a venda de negros escravizados, incentivou a produção açucareira, criou leis que protegiam os indígenas já catequizados da escravidão e liderou a guerra contra os **gentios**.

Após a morte de Mem de Sá, a Coroa portuguesa criou dois governos-gerais: o do sul, com sede no Rio de Janeiro, e o do norte, com sede em Salvador. Em 1578, voltou a unificar o governo, que, no entanto, ainda sofreria outras divisões e centralizações ordenadas pela metrópole.

Apenas em 1720 ocorreu a nomeação de um vice-rei, em torno do qual houve a centralização administrativa. Esse cargo, cuja autoridade estava subordinada apenas ao monarca de Portugal, já existia há muito tempo nas colônias portuguesas do Oriente e também nos territórios americanos de colonização espanhola, o que demonstra que o governo português modificou a administração colonial de acordo com as necessidades de cada época, sem fixar-se em um sistema administrativo único por todo o período em que dominou o Brasil.

Até meados do século XVIII, não houve continuidade nas regras administrativas adotadas no Brasil. Ao longo do tempo, os administradores nomeados pelo rei de Portugal impunham à população colonial regimentos que mudavam conforme as circunstâncias. Também era difícil garantir a aplicação das leis em todas as regiões da colônia. Geralmente, os funcionários públicos responsáveis pela justiça atuavam nas principais vilas e cidades, ficando as demais localidades sujeitas à justiça privada de poderosos senhores locais.

# A ocupação do território

Nos primeiros tempos da colonização, a ocupação territorial portuguesa concentrou-se no litoral. Por cerca de cinquenta anos, os núcleos de povoamento foram dispersos e situavam-se na costa atlântica, entre as capitanias de São Vicente e Rio Grande.

Em fins do século XVI, contudo, a bem-sucedida produção de açúcar alastrou-se nas capitanias de Pernambuco e Bahia, principalmente na região do Recôncavo Baiano, atraindo parte considerável dos colonizadores. Para lá também foram levadas populações de variadas etnias africanas, deslocadas à força de suas terras de origem para servirem como trabalhadores escravizados nos engenhos. Não demorou muito para a formação de uma cultura afro-brasileira em que negros e negras recriaram tradições africanas no Brasil, em meio a diferentes formas de lutas e resistências à sua condição de escravizados.

Ao mesmo tempo, o projeto colonizador português deixou clara a intenção de catequizar as populações indígenas que viviam nas áreas tomadas pelos europeus. Por isso, com o primeiro governador-geral vieram os padres jesuítas aos quais, no decorrer da colonização, somaram-se outras ordens religiosas. Assim, com a catequese do gentio firmava-se na colônia a aliança entre a Igreja e o Estado português, reproduzindo aqui o apoio de ambos à Contrarreforma católica.

No entanto, de norte a sul, as tentativas de expandir a fé católica entre os indígenas não foi um processo pacífico ou que obedeceu a um roteiro predefinido pelo clero. Ao contrário, os povos nativos agiram e reagiram de variadas formas. Às vezes, aliavam-se aos colonizadores para obter vantagens frente a etnias rivais ou guiavam-nos pelos caminhos abertos nas matas e nos rios, expandindo a ocupação mais para o interior; em outras, uniam-se aos estrangeiros inimigos de Portugal que ameaçavam tomar o território, como os tupinambás, que se aliaram aos franceses no Rio de Janeiro.

Os indígenas também praticavam um catolicismo misturado aos rituais das próprias crenças. Contra indígenas hostis à catequese, o governo permitiu a escravidão, justificando a captura desses nativos como uma "guerra justa". Populações numerosas de indígenas foram assim escravizadas para servir de mão de obra aos pequenos cultivos de subsistência e às tropas de luso-brasileiros que, a partir do século XVII, passaram a percorrer os sertões da colônia levando e vendendo produtos de uma região a outra.

Igreja de São Cosme e Damião. Igarassu (PE), 2017.

A posse da capitania de Pernambuco, em 1535, começou no território que atualmente corresponde ao município pernambucano de Igarassu, a 30 km de Recife. Nesse processo, houve combates entre os índios caetés e as tropas a serviço do donatário português Duarte Coelho. No mesmo ano foi erguida uma igreja no local que, segundo o Instituto do Patrimônio Histórico e Artístico Nacional (Iphan), é a mais antiga do Brasil. Em 1685, uma epidemia de febre amarela provocou muitas mortes em cidades próximas, como Recife e Olinda; no entanto, Igarassu (que significa "canoa grande") não foi atingida. Na tradição popular católica, o fato se deu por um milagre atribuído a São Cosme e Damião, que hoje dá nome à igreja.

# Atividades

1. A partir de 1549, o sistema de capitanias foi abandonado definitivamente, pois não era eficaz, e o governo português criou o governo-geral, que assumiu a responsabilidade sobre a administração colonial. Quais foram os fatores que levaram Portugal a criar um governo-geral no Brasil?

2. Que estratégias eram utilizadas pelo portugueses para se relacionarem com as diversas etnias dos indígenas brasileiros? Justifique.

3. Ao observar as tentativas de organizar a administração colonial, o que parecia ser mais importante para Portugal: explorar o território ou garantir sua presença no litoral?

4. Identifique os principais cargos e as respectivas funções desempenhadas no governo-geral.

5. O governo-geral criou, pela primeira vez na colônia, dois tipos de organização: a física e a legal (ou institucional). Em que consistia cada uma delas?

6. A pesquisa a respeito das fronteiras das capitanias hereditárias revelou que o desenho utilizado pelo ensino de História durante muito tempo era simplificado e impreciso, mas não revelou somente isso. O que as imprecisões cartográficas nos revelam sobre a administração portuguesa colonial?

7. É importante lembrar que tanto o sistema de capitanias hereditárias quanto o governo-geral foram concebidos quando Portugal era um poderoso Estado Absolutista na Europa. Em qual deles é possível perceber mais claramente as características do Estado Absolutista: nas capitanias hereditárias ou no governo-geral? Justifique.

8. Quando Tomé de Souza chegou ao Brasil trouxe o Regimento do governo-geral, um documento escrito pelo rei de Portugal com orientações detalhadas sobre como devia proceder.

   [...] Tanto que chegardes à dita Bahia, tomareis posse da cerca que nela está, que fez Francisco Pereira Coutinho, a qual sou informado que está povoada de meus vassalos e que é favorecida de alguns gentios da terra e está de maneira que pacificamente, sem resistência, podereis desembarcar e **aposentar-vos** nela com a gente que convosco vai; [...]

   1º Regimento de que levou Tomé de Souza, Governador do Brasil.
   *Revista do Instituto histórico e geográfico brasileiro*, Rio de Janeiro, tomo LXI, parte I, p. 39-57, jan.-jun. 1898. p. 40.

   a) Explique o sentido em que a palavra "cerca" foi utilizada no documento acima.

   b) Na sua opinião, observando as cidades nos tempos atuais, qual é a função e a importância das "cercas"?

Cerca de segurança.

**Aposentar:** abrigar, hospedar.

# CAPÍTULO 15
## Práticas sociais no Brasil Colônia

Os indígenas guaranis foram os primeiros a fazer contato com os portugueses quando estes chegaram ao Brasil em 1500. Drasticamente reduzida desde então, a população guarani soma atualmente aproximadamente 51 mil indígenas, distribuídos pelos estados do Pará, Mato Grosso do Sul, São Paulo, Rio de Janeiro, Espírito Santo, Paraná, Santa Catarina e Rio Grande do Sul.

Um dos maiores problemas sociais enfrentados pelos guaranis é a invasão de suas terras por fazendeiros, madeireiros e garimpeiros, que trazem com eles o desmatamento, a violência, o preconceito e, consequentemente, a ameaça de extinção.

As comunidades sofrem pressões e ameaças para abandonar suas terras e diversos setores da sociedade se mobilizam em sua defesa.

Indígenas guaranis protestam contra a anulação de novas remarcações da aldeia Jaraguá, em São Paulo (SP), 2017.

# Uma sociedade desigual

Se hoje os indígenas enfrentam tais obstáculos para conquistar a plena cidadania no Brasil, no passado foi ainda mais difícil e doloroso.

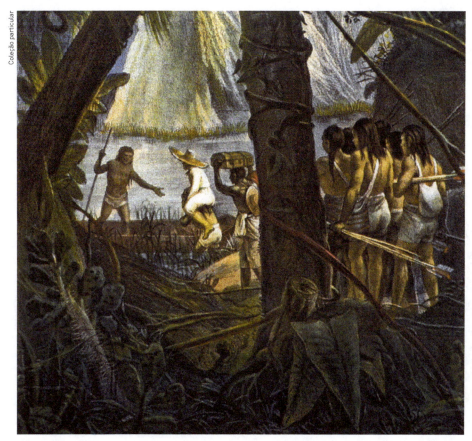

Jean-Baptiste Debret. *Índios guaianases*, 1834-1839. Litografia, 34 cm × 49 cm (detalhe).

A sociedade colonial brasileira era, sobretudo, uma sociedade de desiguais, na qual os homens brancos portugueses ocupavam o topo da hierarquia, enquanto indígenas e negros eram considerados inferiores.

Essa separação marcou todos os aspectos do cotidiano. No entanto, os portugueses que vieram colonizar o Brasil chegaram aqui sem recursos para reproduzir o modo de vida europeu: não havia pedras e pregos para construções, como na Europa, faltavam os grãos comuns a uma dieta europeia, quase não havia mulheres brancas para formar famílias cristãs. Assim, foi se desenvolvendo um arranjo social tipicamente brasileiro, em que as culturas indígena e africana foram, ao mesmo tempo, assimiladas e inferiorizadas.

Mesmo desenvolvendo, aqui, uma cultura mestiça, criada a partir da adaptação do modo de viver português e da incorporação de parte da cultura indígena (e depois africana), o elemento europeu sempre foi visto como superior, como se os elementos dessa mistura não tivessem o mesmo valor.

 **Ampliar**

**A escravidão dos brasileiros começou com a "descoberta" do Brasil**

http://observatorio3setor.org.br/noticias/escravidao-dos-brasileiros-comecou-com-descoberta-brasil/

Artigo sobre a escravidão indígena no passado colonial.

**zoom**

① A maneira como Portugal tratava a colônia revelava o desejo de criar aqui uma nova sociedade?

② Qual era a relação, na colônia, entre raça e condição social? Ainda existe, em sua opinião, alguma relação entre raça e condição social? Por quê?

# Religiosidade na Colônia

No Período Colonial, o catolicismo pregado pelos padres era muito diferente do praticado pelos colonos. Aqui, a religião católica mesclou-se às crenças dos indígenas e dos negros africanos, adaptando-se, assim, à nova realidade.

Uma das mais conhecidas manifestações culturais de sincretismo religioso no Brasil é a lavagem das escadarias da Igreja de Nosso Senhor do Bonfim, em Salvador, Bahia. A festa acontece anualmente, sempre na segunda quinta-feira do mês de janeiro, e mescla elementos do cristianismo e do candomblé. O ritual começou no século XVIII, quando os escravos lavavam e preparavam a igreja para o Dia de Reis (6 de janeiro); passaram, aos poucos, a associar a lavagem com a celebração do orixá Oxalá, criador do mundo. No sincretismo religioso, o Nosso Senhor do Bonfim é filho de Oxalá.

Caminhada em homenagem ao Senhor do Bonfim e lavagem das escadarias da Basílica Santuário Senhor Bom Jesus do Bonfim. Salvador (BA), 2018.

## O catolicismo precário dos colonos

Nos primeiros anos da colonização, havia poucos sacerdotes, e sem eles não era possível realizar casamentos e batizados. Como havia poucas mulheres brancas, os colonos se uniam a mulheres indígenas, deixando muitas vezes de batizar os filhos nascidos dessas uniões. Às vezes, integravam-se de tal maneira à sociedade indígena, que chegavam a ter mais de uma mulher. Muitos padres reclamavam de colonos que viviam "como selvagens". Um exemplo muito citado pelos historiadores foi o bandeirante paulista Domingos Jorge Velho, que quase não falava português, se expressava em língua indígena.

Para organizar a Igreja Católica no Brasil, o padre Manuel da Nóbrega pediu ao papa que enviasse um bispo, pedido atendido em 1554 com a criação do Bispado de Salvador. O bispo Sardinha, assim que chegou, revelou-se **intransigente** e com pouca habilidade para conviver com os colonos e os indígenas.

Enquanto os jesuítas permitiam que os indígenas conservassem parte de sua cultura, andassem nus e falassem o próprio idioma, o bispo Sardinha exigia que eles aceitassem a cultura portuguesa antes de serem batizados. Racista, Sardinha não se reconhecia, segundo os relatos de Nóbrega, bispo dos indígenas, somente dos brancos; ao contrário dos jesuítas, era favorável ao uso da força e da escravidão para disciplinar os nativos.

Após alguns desentendimentos, Sardinha foi chamado de volta a Roma, mas no caminho seu navio naufragou e, em Pernambuco, foi devorado pelos indígenas caetés. O governo português reagiu de forma brutal: em cinco anos de guerra, os caetés foram completamente exterminados.

**Glossário**
**Intransigente:** intolerante, inflexível.

**zoom**
Quando se deparou com a nudez dos indígenas, o bispo Sardinha, escandalizado, teria insistido com o padre Manuel da Nóbrega para que os obrigasse a usar roupas. Mais realista, o padre observou que não havia, no país inteiro, pano suficiente para vesti-los. Explique a afirmação de Nóbrega.

## O sincretismo religioso na colônia

Tanto os indígenas como os negros escravizados utilizaram, desde o Período Colonial, o **sincretismo** como forma de resistência cultural. Ao mesmo tempo em que aceitavam a mensagem dos padres, adaptavam as novas crenças aos próprios costumes. Havia também os que recusavam violentamente a presença dos jesuítas.

A relação dos religiosos com esse sincretismo indígena era contraditória. Por um lado, eram claros seus esforços para penetrar na cultura indígena e transformá-la por dentro. Ao contrário do que queria o bispo Sardinha, aprendiam os idiomas indígenas e procuravam compreender seus costumes. O padre José de Anchieta, por exemplo, estudou o idioma tupi, produziu uma gramática do tupi e peças teatrais nesse idioma.

### Glossário
**Missão:** também chamada de redução, era o nome dado aos aldeamentos indígenas construídos pelos padres jesuítas com a finalidade de catequizar os indígenas.
**Sincretismo:** fusão de diferentes doutrinas religiosas.

No Brasil colonial, a fusão do catolicismo com os elementos da cultura indígena revelou-se, principalmente, nas expressões do folclore e da cultura popular. São de origem indígena, por exemplo, as entidades Uiára, Caipora, Boitatá, Boto cor-de-rosa, Boiuna, que têm muitas versões e sofreram alterações conforme a região do Brasil.

Por outro lado, em suas **missões**, os jesuítas procuravam catequizar os índios e impor o modo de vida cristão. Os colonizadores dividiam a população indígena entre mansos e bravos, isto é, aqueles que aceitavam e aqueles que não aceitavam a catequização. Quando dizemos que aceitavam a catequização, no entanto, isso não queria dizer que assimilavam completamente a mensagem dos colonizadores tal como eles queriam. Na realidade, compreendiam parte da mensagem catequizadora e a reinterpretavam segundo sua cultura. A partir das narrativas cristãs, criavam novos personagens mitológicos, que passavam a incorporar nos seus ritos.

Apresentação do grupo de dança kaingang da E. E. Indígena de Ensino Fundamental Toldo Campinas, Redentora (RS), 2014.

Um exemplo atual de interculturalidade e de sincretismo é o trabalho desenvolvido pelo CONIC (Conselho Nacional de Igrejas Cristãs do Brasil), com sede em Brasília. Seu principal objetivo é fortalecer o diálogo inter-religioso como forma de promover a justiça e a paz. O CONIC desenvolve diversas ações humanitárias junto às comunidades indígenas do Brasil. Os kaingang, por exemplo, que vivem nas regiões Sul e Sudeste, incorporaram o cristianismo, mas conseguiram preservar algumas tradições consideradas essenciais para sua cultura.

Alguns senhores permitiam os cultos entre seus escravos indígenas, e até os incentivavam para agradá-los e evitar possíveis revoltas. Alguns jesuítas desaprovavam essa medida, pois enquanto estavam sob suas orientações, os indígenas podiam praticar o próprio idioma, suas danças e seus cantos. No entanto, quando usavam as pregações católicas para inventar os próprios rituais sem a orientação dos padres, eram vistos como demoníacos.

Com os africanos, ocorreu um processo semelhante: as crenças trazidas de diferentes nações africanas se misturaram entre si e com o catolicismo. Durante o Período Colonial surgiram diversas irmandades negras, igrejas erguidas por comunidades escravas e também o culto de santos negros.

Naquele período persistiram inúmeras formas de expressão religiosa negra e indígena, principalmente nas atividades de curandeiros e feiticeiros, homens e mulheres que herdaram conhecimentos de seus antepassados e continuaram resistindo.

## Documentos em foco

### Caramuru

Diogo Álvares Correa, fidalgo português que naufragou no Brasil, apaixonou-se pela indígena Paraguaçu e se integrou à sociedade tupinambá; eles casaram-se por volta de 1528. Por ser filha do chefe Taparica, o casamento colocou Diogo, apelidado de Caramuru, em lugar de destaque entre os tupinambás, já que, naquela sociedade, casar-se com a filha de um chefe garantia o apoio de todos os seus irmãos, uma prática indígena conhecida como cunhadismo. Paraguaçu e Diogo formaram, assim, a primeira família oficialmente católica brasileira.

Segundo a historiadora Janaína Amado, essa antiga história, que faz parte da cultura popular desde o século XVI, constitui uma explicação para as origens do Brasil. Ela observa:

**Ampliar**

**Caramuru – de lá para cá**
Brasil, 2009. Documentário da TV Brasil.
Entrevistas, narrativas e reportagens que resgatam a história de Caramuru.

> Diogo Álvares aprendeu línguas e costumes dos índios, parece que se envolveu em guerras tribais, segundo algumas fontes chegou a ser respeitado pelos chefes indígenas, e comprovadamente deixou descendência, seja das "muitas mulheres" indígenas que lhe atribuem certos cronistas, seja da índia Paraguaçu, filha de um grande guerreiro e chefe tupinambá da Bahia. Teve filhos, que também se casaram e lhe deram netos.
>
> [...]
>
> Sem concordar quanto à data, algumas fontes relatam uma viagem de Caramuru e Paraguaçu à França, em navio francês que aportara às costas brasileiras, durante o reinado de Henrique II e Catarina de Médicis: ali Paraguaçu teria sido batizada como "Catarina", em homenagem, segundo alguns, à rainha dos franceses, segundo outros, a Catarina de Portugal.
>
> Quando chegaram à Bahia as primeiras autoridades civis portuguesas como o donatário Francisco Pereira Coutinho e o primeiro governador-geral, Tomé de Souza, este em 1549 –, e os primeiros jesuítas, como o padre Manuel da Nóbrega, Diogo Alvares comprovadamente os auxiliou, prestando-lhes informações preciosas sobre a terra e a gente do lugar, além de repetidos serviços como lingoa (intérprete) e mediador junto aos índios. [...]. Tudo indica que faleceu na Bahia, havendo dúvidas quanto à data: teria sido no ano de 1557. [...]
>
> Portanto, a história do Caramuru tem-se constituído, desde o século XVI, em uma das narrativas preferidas de brasileiros, portugueses e pessoas de outras nacionalidades quando querem falar a respeito do Brasil e estabelecer uma origem para esse país.

Janaína Amado. Diogo Álvares, o Caramuru, e a fundação mítica do Brasil. *Revista Estudos Históricos*, Rio de Janeiro, v. 14, n. 25, jul. 2000, p. 3, 4, 5. Disponível em: <http://bibliotecadigital.fgv.br/ojs/index.php/reh/article/view/2110>. Acesso em: ago. 2018.

Manuel Lopes Rodrigues. *Sonho de Catarina Paraguaçu*, 1871. Óleo sobre tela.

> Na imagem, Paraguaçu foi representada em uma cena católica.

① Que elementos visuais estão idealizados na pintura? Por quê?

② Como você imagina que seria uma pintura realista de Paraguaçu e do seu ambiente?

③ Destaque os elementos simbólicos mais significativos da obra.

# Cuidados com a saúde

A medicina do século XVI era fundamentada nas teorias de Hipócrates e Galeno (dois médicos da Antiguidade), que afirmavam que o mau funcionamento do corpo podia ser explicado por um desequilíbrio de quatro **fluidos** corporais, ou "humores": a bile negra, a bile amarela, o sangue e a **fleuma**. Por esse motivo, um dos tratamentos mais comuns do período era provocar pequenos sangramentos (ou sangrias) no paciente, já que se acreditava que muitas doenças eram causadas por excesso de sangue.

Outro conceito importante para a medicina da época era o **miasma**, uma espécie de vapor infeccioso que se imaginava ser a causa exterior das doenças. Acreditava-se que os banhos públicos, comuns na Idade Média, facilitavam a entrada dos miasmas pela pele, propagando as epidemias. No lugar do banho, a roupa "de baixo" branca era usada como medida de higiene.

A ausência de médicos formados na Europa fez dos jesuítas os responsáveis por uma assistência "médica" no primeiro século de colonização do Brasil. Entre diversos documentos, a presença de vários manuais de medicina, por exemplo, e de **boticas** nas instalações jesuíticas revelam o interesse deles pelo tema.

Como tudo o que os europeus trouxeram para o Brasil, a medicina também foi influenciada pelas trocas com o novo ambiente e as novas culturas. Levaram à Europa o conhecimento do uso medicinal de raízes, caules, folhas, cascas, sumos, pólens, minerais e óleos. Aprendiam as receitas indígenas, como o uso da erva-quina, ou quinquina, para combater a malária, e faziam as próprias receitas, algumas das quais eram comercializadas na Europa. Manuel da Nóbrega, jesuíta que viera com a comitiva do governo-geral, por exemplo, enviou a Portugal algumas conservas de suposto efeito terapêutico, como suco de abacaxi verde, para o tratamento de "pedras e areias na urina", recomendando que viessem ao Brasil os que deste mal sofressem.

Assim como a medicina produzida pelas universidades europeias, esse conhecimento com frequência era incorreto – a quinquina, por exemplo, é realmente útil no combate à malária, mas as compotas de abacaxi verde não ajudavam muito para expelir **cálculos renais**. O padre Manuel da Nóbrega também estava equivocado a respeito do tabaco, que acreditava ser benéfico por ajudar a expelir catarro dos pulmões. Hoje sabemos que o consumo de tabaco representa sérios riscos para a saúde, como câncer, doenças cardiovasculares, tuberculose, infecções respiratórias etc.

> **Glossário**
>
> **Botica:** farmácia onde se preparam medicamentos.
> **Cálculo renal:** popularmente conhecido como pedra no rim; pequeno cristal de cálcio que se forma no rim e causa dor ao urinar.
> **Fleuma:** comportamento de quem não demonstra sentimento ou emoção.
> **Fluido:** líquido; secreção.

M. Albik. *Sangria "Tractus de Pestilencia"*, século XV. Pergaminho.

A sangria era uma forma comum de tratamento na época. Essa prática era usada desde a Antiguidade, permaneceu por pelo menos três séculos e ainda hoje é praticada em alguns lugares. Na ilustração alemã de 1509, uma sangria é aplicada em um paciente.

## Padres *versus* pajés

Ao mesmo tempo que os jesuítas tomavam para si a obrigação de cuidar da saúde de europeus e nativos, tinham também a missão de combater as religiões indígenas, o que incluía os rituais de cura dos pajés.

Era muito comum entre os tupinambás, por exemplo, a crença no poder curativo do sopro dos pajés, que "sugavam a doença com a boca". Os europeus consideravam essas práticas demoníacas, e as relacionavam com as bruxas e os rituais que acreditavam acontecer entre elas, tão temidos pelos cristãos na época. Por outro lado, acreditavam no poder curativo dos rituais católicos e relatavam curas milagrosas ocorridas logo após o batismo de doentes que estavam à beira da morte, assim como casos de indígenas que recusaram o batismo e morreram.

Apesar do combate dos jesuítas aos conhecimentos médicos e religiosos que não se enquadravam nos modelos europeus e católicos, era grande a força dessas práticas "alternativas" na sociedade colonial. Não somente os indígenas as praticavam, mas também os africanos e a população livre que se considerava branca mesmo quando era mestiça.

Assim, era comum que uma pessoa doente procurasse o auxílio de um curandeiro negro ou indígena – considerado feiticeiro com frequência – antes de procurar qualquer outro tipo de auxílio. Os padres eram procurados em último caso, para auxílio médico ou para casos de oração para afugentar espíritos malignos, mais um sinal de que a medicina e a religião andavam juntas.

Wilmer López, um matsés que é especialista em sua linguagem escrita, revisa os primeiros rascunhos da enciclopédia, 2015.

Em 2015, o povo matsés (do Brasil e do Peru) criou, com a participação de cinco xamãs, uma enciclopédia de medicina tradicional com 500 páginas, em sua própria língua. A iniciativa constitui uma inovação na preservação dos saberes tradicionais dos povos indígenas.

 **Viver**

### Os araweté

Os araweté são um povo tupi-guarani de caçadores e agricultores da floresta; vivem no Pará, entre os rios Xingu e Tocantins, e se autodenominam "bïde". São cerca de 500 membros e grande parte deles não fala português.

Os araweté têm poucas, mas exclusivas, peças de cultura material, em razão de sua vida nômade; uma delas é o chocalho *aray* de pajelança. Trata-se de um cone invertido feito de fibras trançadas, coberto por fios de algodão e arrematado com algumas penas de cauda de arara vermelha; dentro do cone trançado, são colocados cacos de conchas de caramujo do mato. Somente o pajé tem permissão para usar o chocalho *aray* para marcar o ritmo dos cantos em que chama os deuses e as almas dos mortos, encaminha almas perdidas e cura doenças e ferimentos.

① Nas sociedades indígenas, os pajés (ou xamãs) são líderes religiosos respeitados pois, além de realizar curas, têm autoridade para se comunicar com as divindades do mundo espiritual. Em dupla, reflitam sobre o tipo de conhecimento que os pajés precisam ter para exercer essa liderança e registrem no caderno.

## As grandes epidemias

Isoladas por milhares de anos da Europa e da Ásia, as populações do Novo Mundo não tinham desenvolvido resistência para certas doenças que, comuns para seus invasores, eram inteiramente desconhecidas por elas. Não é possível ter números precisos, mas chega-se a falar em 90% de mortandade indígena; o fato é que morreram populações inteiras.

Ironicamente, enquanto os jesuítas percorriam o território encarregando-se de promover a saúde dos indígenas, também espalhavam doenças trazidas por eles e por outros europeus.

Entre as doenças que dizimavam a população nativa, uma das mais terríveis era a varíola, que devastou as populações indígenas da América espanhola. Em 1559, quando ocorreu o primeiro caso no Brasil, a doença matou 600 escravos indígenas no Espírito Santo e atingiu seu auge em 1662, quando matou mais de trinta mil nativos.

Theodore de Bry. Gravura retrata como os indígenas tratavam seus doentes, publicada em 1591.

Nativos da Flórida tratam de doentes de varíola à base da perfuração das feridas, retirada do sangue infectado e também por meio de defumação com ervas curativas.

Como era comum naquele período, foram criadas justificativas religiosas para explicar a epidemia, e surgiu a noção de que a devastação das populações indígenas pelas doenças era um sinal de que o território do Novo Mundo estaria sendo "limpo" para ser ocupado pelos cristãos. Sem ter ideia de que sua presença no território era a verdadeira causadora das epidemias, os jesuítas fizeram grandes esforços para combatê-las: em 1574, por exemplo, o jesuíta Inácio de Tolosa ordenou a criação de enfermarias e de casas isoladas para funcionar como hospitais em todas as aldeias.

Podemos imaginar como teria sido o processo de colonização do Novo Mundo se os indígenas não tivessem sido atingidos por doenças, na guerra dos europeus contra os nativos. Não há como saber se a grande quantidade das populações nativas impediria a conquista do território americano, mas é certo que a presença indígena seria muito maior do que é hoje.

Vários povos indígenas foram completamente extintos, e seu idioma, cultura e modos de vida desapareceram totalmente. Estima-se que a população indígena chegasse a quatro ou cinco milhões no período anterior ao descobrimento. Atualmente, a população é inferior a um milhão, mas, em vez de continuar diminuindo, tem mostrado aumento significativo desde a década de 1990, período em que triplicou e apresentou um ritmo de crescimento seis vezes maior que o da população em geral.

 **Ampliar**

**Yamã, Yaguarê. Kurumi Guaré no coração da Amazônia,** de Yagurê Yamã (FTD).

O autor, ilustrador e geógrafo de origem indígena do povo maraguá, conta as histórias de sua infância na aldeia em que viveu, na Amazônia, até os 11 anos.

# Culinária dos tempos coloniais

Para os seres humanos, a alimentação não é apenas a simples satisfação da necessidade de alimento, mas uma manifestação cultural. Cada sociedade tem a própria maneira de comer, ingredientes preferidos e jeito de prepará-los. Para comprovar isso, basta ver de quantas maneiras diferentes os povos preparam os mesmos ingredientes, por exemplo. Essas características, no entanto, não são estáticas, mudam constantemente com novas influências.

Nenhuma época na história humana foi mais revolucionária para os hábitos alimentares do que a Idade Moderna; ao descobrir a América, os europeus encontraram nela enorme quantidade de espécies comestíveis antes desconhecidas. Boa parte das comidas que consideramos tradicionais de países europeus e asiáticos, na realidade são de origem americana.

Jean-Baptiste Debret. *Frutas do Brasil*, 1834-1839. Litografia, 34 cm × 49 cm.

A obra retrata plantas do Novo Mundo, como abacaxi, mamão e caju, e outras que já eram conhecidas pelos europeus, como a cana-de-açúcar e a banana.

O tomate, usado na *pizza* e no macarrão, alimentos tipicamente italianos, é de origem americana. As pimentas, tão características da cozinha asiática, também são daqui, assim como a baunilha, a batata, o milho, o abacaxi e o cacau, com que é feito o chocolate.

Enquanto os europeus nas Américas aprendiam a se alimentar com as espécies disponíveis na região, algumas delas – principalmente a batata – revolucionavam a alimentação na Europa.

## A alimentação dos brancos

Algumas espécies comestíveis foram trazidas do Velho Mundo. Os portugueses que chegaram à Bahia para instalar o governo-geral já encontraram ali laranjas e limões (frutos de origem asiática), levados pelo primeiro donatário da Bahia. Nos navios vieram bois e porcos, que logo passaram a fazer parte da dieta colonial, mas nunca com grande fartura: eram frequentes no período as reclamações de falta de abastecimento. Uma das razões era a total predominância da cana-de-açúcar, produto mais lucrativo da colônia, e por isso não se estimulava a produção de outros alimentos.

A elite, especialmente, nunca deixou de importar de Portugal produtos como vinho, azeite, vinagre, azeitonas, queijos. O feijão, por sua vez, de fácil cultivo e transporte, logo tornou-se um dos principais alimentos da colônia, consumido com farinha de mandioca.

Jean-Baptiste Debret. *Açougue de carne de porco*, 1834-1839. Litografia, 34 cm × 49 cm.

## A alimentação dos indígenas

Assim como os povos nômades e seminômades, os indígenas brasileiros tinham uma alimentação rica e variada, no tempo da chegada dos europeus, provavelmente bastante saudável. Por se deslocarem bastante e não serem totalmente dependentes da agricultura, tinham acesso a uma grande variedade de espécies animais e vegetais para consumo, que caçavam e coletavam em meio à fauna e à flora brasileiras.

Os relatos sobre a alimentação indígena descrevem essa variedade. Hans Staden, viajante alemão que foi feito prisioneiro durante meses pelos tupinambás, ao voltar para a Europa escreveu um livro narrando suas aventuras. Ele relatou ter se alimentado de frutas, mel, raízes, pimentas e diversas caças, como macacos, peixes e pássaros. Descreveu também a técnica usada para a conservação do peixe, transformando-o em farinha, que era misturada à farinha de mandioca.

O pastor calvinista Jean de Léry esteve no Brasil acompanhando a tentativa da França de se instalar na Baía de Guanabara, e também escreveu um livro em que comentou os hábitos alimentares dos tupinambás. Além do cardápio, registrou outros hábitos relacionados à alimentação, como o fato de que os nativos não tinham horários para refeições, comiam quando tinham fome. Elogiou o hábito de ficarem em silêncio enquanto comiam e de lavarem as mãos e a boca antes e depois das refeições; surpreendeu-se com o cuidado de não comerem e beberem ao mesmo tempo. Observou que eles não comiam animais lentos, pois acreditavam que, ao comê-los, assimilariam sua lentidão.

A principal bebida dos tupinambás era o cauim; sua preparação era um trabalho exclusivo das mulheres, que cozinhavam e mastigavam a mandioca, e depois cuspiam-na de volta ao cozimento. Dessa maneira, provocavam, por meio das enzimas da saliva, o processo de fermentação que tornava a bebida alcoólica.

**Ampliar**

**Hans Staden**
Brasil, 1999.
Direção: Luiz Alberto Pereira.
Conta a história do náufrago alemão Hans Staden com uma cuidadosa reprodução de uma aldeia indígena do século XVI.

Hans Staden. Gravura do livro *Hans Staden: suas viagens e cativeiro entre os selvagens do Brasil*, 1900.

## A alimentação dos escravos

A alimentação dos escravos não era muito diferente do restante da população, a não ser pela ausência de "luxos" como pão de trigo e carne. Cabia-lhes, em geral, menor variedade e menor qualidade, pois na colônia nada era abundante, nem para os mais ricos. Quando tinham opção, preferiam o inhame, de origem africana, à mandioca, mas no geral adaptaram-se, como os portugueses, aos ingredientes disponíveis no Brasil.

Com o passar do tempo e o aumento da população escrava africana, sua influência tornou-se maior. A contribuição culinária dos africanos ocorria, principalmente, na cozinha das casas senhoriais onde as **escravas de ganho** preparavam quitutes para vender nas ruas, a mando dos seus

Jean-Baptiste Debret. *Negras cozinheiras vendendo angu*, 1826. Aquarela sobre papel, 16 cm × 22 cm.

senhores. O ingrediente característico da culinária afro-brasileira era o dendê, que ficou muito identificado com a culinária baiana.

A cozinha afro-brasileira foi, assim como a cozinha euro-brasileira, uma adaptação cultural ao novo ambiente. Levados para a África por escravos libertos, seus pratos eram considerados brasileiros.

## De olho no legado

### A influência da culinária africana

A alimentação dos africanos escravizados ganhou seu espaço e está presente até hoje na culinária brasileira. A pimenta malagueta, a da costa ou ataré e o azeite de dendê são ingredientes usados e valorizados em todo o país. A mistura com os ingredientes e as formas de preparo da culinária portuguesa e indígena é presente até hoje.

O prato mais conhecido como parte da culinária afro-brasileira – inclusive internacionalmente – é a feijoada, mas existem outros pratos que fazem parte do dia a dia, especialmente na Bahia: o abará, que mistura os temperos africanos com o método europeu de salgar carnes; ou o pirão, que mistura a maneira africana de se fazer caldos com a farinha de mandioca tradicional das populações indígenas.

Outra prova da mistura entre as três cozinhas é que no culto das religiões de matriz africana, algumas oferendas são de alimentos de origem não africana, como a pipoca, de origem indígena, para Obaluaê, o orixá que cura varíolas e outras doenças.

Curiosamente, além da influência da cultura africana na mesa do brasileiro, o oposto também ocorreu: hoje, é possível encontrar diversos pratos que surgiram da fusão de ingredientes africanos, europeus e indígenas sendo servidos nas mesas de Angola.

1. Quais são as influências mais conhecidas da culinária africana na culinária brasileira?
2. Quais são os ingredientes comuns à culinária brasileira atual que têm origem africana?
3. Na sua casa são usados ingredientes de origem africana? Quais?

# As mulheres do Novo Mundo

A sociedade branca colonial era marcadamente masculina. Como não havia nada na colônia que atraísse a imigração espontânea, os únicos a desembarcar nas terras brasileiras eram, naquele momento, homens a serviço do rei, que vinham para o Brasil sozinhos.

Muito mais interessada em extrair recursos da colônia do que fundar uma verdadeira comunidade europeia, a Coroa portuguesa tinha muita resistência em mandar mulheres para as colônias, fazendo exceção somente às órfãs, que vinham, mesmo assim, em pequena quantidade.

Dessa maneira, as mulheres da colônia eram sobretudo indígenas, com quem os portugueses iam constituindo uma sociedade mestiça. Os filhos dessas uniões procuravam sempre se identificar com os portugueses, mesmo que seu idioma fosse a língua geral dos indígenas, e não a língua portuguesa.

Os hábitos familiares dos indígenas, muito mais livres do que os europeus, eram vistos pelos padres católicos como bárbaros e pecaminosos. A prática indígena do cunhadismo incentivava a poligamia entre os portugueses, situação que os padres da Companhia de Jesus não podiam legalizar.

Com o passar do tempo, o número de mulheres brancas vindas de Portugal ou mestiças da elite (que eram consideradas brancas), foi aumentando e os casamentos celebrados pela Igreja Católica passaram a se tornar a regra.

À medida que a escravidão indígena entrava em declínio, aumentava o **protagonismo** das mulheres negras na sociedade colonial. As mulheres escravizadas que trabalhavam na lavoura eram sujeitas às mesmas condições dos homens escravizados, com jornadas exaustivas de trabalho, alojamento subumano nas senzalas e não tinham autorização para constituir as próprias famílias.

Quando trabalhavam nas casas dos senhores, elas traziam seus conhecimentos culinários; no entanto, ficavam mais vulneráveis aos abusos dos senhores que, a qualquer momento, podiam separar famílias, vendendo os filhos ou maridos delas.

As escravas de ganho tinham certa autonomia, pois vendiam produtos nas ruas e ganhavam uma pequena porcentagem do lucro, tendo a possibilidade de juntar dinheiro para comprar, um dia, sua liberdade.

### Glossário

**Escravo de ganho:** escravo que prestava serviços remunerados e entregava parte da quantia recebida a seu senhor.

**Protagonismo:** ato de se destacar em qualquer acontecimento ou situação.

**Tabuleiro:** bandeja rústica de madeira na qual o vendedor ambulante carrega seus produtos comestíveis.

### Ampliar

**Desmundo**
Brasil, 2003.
Direção: Alain Fresnot.

O filme narra a vinda de uma órfã portuguesa nos primeiros anos da colonização do Brasil.

Henry Chamberlain, *Quitandeiras da Lapa*, 1818. Aquarela, 20,6 cm × 28 cm.

As cenas urbanas coloniais registram a presença de muitas mulheres escravizadas prestando os mais variados serviços, como quitandeiras, negras de **tabuleiro**, lavadeiras.

# Pontos de vista

## As mulheres na colônia

Em contraste com a mobilidade das escravas de ganho, as mulheres ditas "respeitáveis" estavam sempre em casa, saindo somente para festejos religiosos. No texto a seguir, a historiadora Mary del Priore fala das expectativas a respeito das mulheres no período.

> O colonizador europeu trouxe para o Novo Mundo uma maneira particular de organizar a família. Esse modelo, constituído por pai e mãe "casados perante a Igreja", correspondia aos ideais definidos pela Igreja Católica no Concílio de Trento, em 1545.
>
> [...] A Igreja Católica procurava assim **universalizar** suas normas para o casamento e a família. A mulher, nesse projeto, era fundamental. [...] Pobre ou rica, a mulher possuía, porém, um papel: fazer o trabalho de base para todo o edifício familiar – educar os filhos segundo os **preceitos** cristãos, ensinar-lhes as primeiras letras e atividades, cuidar do sustento e da saúde física e espiritual deles, obedecer e ajudar o marido. [...] A soma dessa tradição portuguesa com a colonização agrária e escravista resultou no chamado patriarcalismo brasileiro. [...] Tratava-se de uma grande família reunida em torno de um chefe, pai e senhor forte e temido, que impunha sua lei e ordem nos domínios que lhe pertenciam. Sob essa lei, a mulher tinha de se curvar. [...] O dia a dia das famílias senhoriais transcorria em meio a grande número de pessoas. As mulheres pouco saíam de casa, empregando o tempo em bordados e costuras, ou no preparo de doces, bolos e frutas em conserva. Sentadas em esteiras no chão, as pernas cruzadas, vestidas simplesmente com camisolões e chinelos, passavam as horas em trabalhos manuais. À sua volta, crianças brancas e escravas engatinhavam e brincavam juntas. [...] Entre a maior parte da população, a mulher raramente possuía **dote** ou condições para se casar. A luta pelo sustento era sua tarefa principal. Mestiças, mulatas e negras sofriam privações, careciam de educação e tinham a mobilidade controlada. Não podiam ir de um lado para outro quando quisessem, embora muitas fossem beneficiadas nos testamentos de seus senhores com liberdade e bens materiais.
>
> Mary del Priore. *Conversas e histórias de mulher*. São Paulo: Planeta, 2013. p. 11-14.

### Glossário

**Dote:** bens dados ao noivo pelos pais da noiva na ocasião do casamento.
**Preceito:** princípio, regra.
**Universalizar:** generalizar, espalhar.

Jean-Baptiste Debret. *Uma senhora brasileira em seu lar*, 1823. Litografia, 49 cm × 34 cm.

1. Segundo a historiadora, durante a colonização do Brasil desenvolveu-se um modelo de "família patriarcal". Com suas palavras, explique o significado dessa expressão.

2. Em que consistia a prática do dote?

3. Em sua opinião, a oferta do dote era um costume que valorizava as mulheres? Por quê?

# Atividades

1. No Brasil Colonial, a economia voltada para a exportação de açúcar causava carência de alimentos no mercado interno. Por que isso acontecia?

2. Quais hábitos dos indígenas durante as refeições chamaram a atenção de Jean de Léry?

3. Uma prática indígena que os portugueses souberam aproveitar foi o cunhadismo. Por que razão essa prática representava uma vantagem militar?

4. Forme dupla com um colega. Comentem o cotidiano das mulheres indígenas, das mulheres brancas e das mulheres escravizadas na sociedade colonial.

5. Como foi a atuação das mulheres indígenas nos primeiros anos da colonização?

6. Por que, do ponto de vista da Igreja Católica, os homens e as mulheres da colônia nos primeiros anos viviam todos em pecado?

7. Os jesuítas e a Coroa tinham os mesmos objetivos na colônia?

8. Qual era o objetivo da tolerância dos jesuítas em relação a certos hábitos e formas de expressão indígenas?

9. Qual era a diferença entre medicina e religião para os jesuítas? E para os indígenas?

10. Os africanos trouxeram para o Brasil muitas influências da culinária, como as representadas nas imagens a seguir. Explique por que a culinária dos escravizados africanos foi considerada uma forma de resistência cultural à escravidão.

Acarajé.

Angu.

Cocadas.

Feijão preto cozido.

# Visualização

## Capitanias hereditárias
- Colônia dividida em 15 faixas de terra
- Administração particular: capitães donatários
- Defesa
- Produção
- Mão de obra
- Sesmarias: subdivisões das capitanias

## Instabilidade
- Invasão francesa e posterior expulsão
- Governos-gerais: períodos de divisão e centralização do poder
- Nomeação de um vice-rei
- Regras administrativas em constante mudança

## ADMINISTRAÇÃO PORTUGUESA

## Salvador
- Primeira capital
- Prioridade do governo-geral
- Alianças com indígenas
  - Matéria-prima
  - Técnicas de construção
- Construções com características indígenas e europeias

## Governo-geral
- Fracasso das capitanias
- Risco de invasão
- Coroa: financiamento e organização da colônia
- Chegada de mão de obra qualificada
- Tomé de Souza, primeiro governador-geral

→ Desafio português: ocupação do território brasileiro
→ Grande extensão territorial
→ Investimento arriscado

## Ocupação territorial
- Concentração no litoral
- Produção de cana-de-açúcar
  - Africanos escravizados
  - Cultura afro-brasileira
- Catequização
  - Aliança: governo português e Igreja
  - Resistência indígena
  - Escravização dos hostis

## Estrutura

→ Governador-geral
→ Provedor-mor
→ Ouvidor-mor
→ Capitão-mor

# Retomar

1. No início da colonização, de que maneira a Coroa portuguesa se isentou da responsabilidade de povoar, produzir e defender o território brasileiro?

2. Após o fracasso do sistema de capitanias hereditárias, a Coroa portuguesa decidiu implantar na colônia o governo-geral. Em que aspectos o governo-geral era mais eficiente do que as capitanias hereditárias?

3. De proporções quase continentais, o Brasil é a terra da diversidade cultural, da pluralidade de povos, da biodiversidade, das lindas paisagens. É também reconhecido como a terra das oportunidades, das expectativas de desenvolvimento humano, de crescimento econômico, de produção de alimentos, de preservação ambiental.
No entanto, o Brasil ainda tem muitos desafios pela frente. Como nação jovem e em pleno processo de amadurecimento, é preciso aperfeiçoar o funcionamento da democracia, garantir igualdade de oportunidades para todos os cidadãos brasileiros, eliminar as profundas desigualdades sociais, combater as injustiças, as intolerâncias e os preconceitos.

Festa de Nossa Senhora do Rosário realizada pela comunidade quilombola dos Arturos, manifestação cultural afro-brasileira. Contagem (MG).

Reisado é uma manifestação cultural religiosa de origem portuguesa com elementos da cultura africana. Apresentação em praça. Juazeiro do Norte (CE).

Mulheres com vestidos de influência afro-brasileira carregam a imagem de Nossa Senhora de Aparecida durante a festa de São Benedito. São Paulo (SP).

Apresentação de maculelê, dança de origem afro-brasileira e indígena, em frente ao monumento em homenagem a Zumbi dos Palmares. Rio de Janeiro (RJ).

- Forme um grupo e, com base na leitura do trecho acima e na interpretação das imagens do painel, elaborem um *slogan* que, a partir de algum aspecto positivo do Brasil, proponha combater um dos problemas sociais ou econômicos apontados.

**4** Desde o início da colonização, um dos maiores problemas que ocorreram nos primeiros contatos entre os homens brancos e os povos indígenas isolados foi a contaminação por doenças mutuamente desconhecidas. Sobre esse assunto, responda ao que se pede:

a) Os primeiros contatos entre europeus e indígenas expôs ambos os grupos a doenças desconhecidas. Qual foi o impacto das doenças trazidas pelos europeus no processo de colonização do Brasil e do restante da América?

b) Nos dias de hoje, os povos indígenas constituem grupos prioritários nas campanhas de vacinação do governo federal contra a gripe e outras doenças virais. Procure saber por quê.

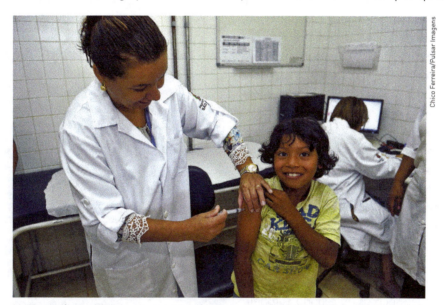

Menino indígena da etnia guarani-mbya é imunizado contra vírus H1N1 na aldeia Tenondé-Porã em Parelheiros. São Paulo (SP), 2016.

**5** Forme um grupo e entrem no *site* da Rádio Yandê, a primeira rádio indígena *web* criada no Brasil.

Logotipo da rádio Yandê – a primeira rádio virtual indígena do Brasil.

Explorem o *site* e escolham um tema para apresentar à turma. Se possível, gravem um programa de rádio ou TV e divulguem na comunidade escolar.

**6** A alimentação indígena original era mais ou menos nutritiva do que a alimentação colonial?

**7** A medicina praticada pelos jesuítas no século XVI conseguia curar os doentes? Por quê?

# UNIDADE 6

> **Antever**
>
> A expressão *Terra Brasilis* foi usada pelo cartógrafo português Lopo Homem para nomear um mapa feito por ele em 1519. Na representação, em que descreveu as terras brasileiras recém-conquistadas por Portugal, fica evidente sua visão de que o território era vasto, com natureza exótica e habitado por povos que não resistiriam ao domínio luso.
>
> No decorrer dos séculos XVI e XVII, no entanto, a Coroa portuguesa enfrentou várias dificuldades para manter seus domínios sobre a *Terra Brasilis*, chegando a correr o risco de perdê-los para outras nações europeias.
>
> Sobretudo no início do século XVII, regiões da *Terra Brasilis* estiveram no centro das disputas que envolveram Portugal, Espanha, Holanda, ora como aliados, ora como rivais, repercutindo na colônia as questões políticas do cenário europeu.
>
> Em que contexto se deram tais tensões políticas e militares?
>
> Que razões teriam motivado os interesses de outras nações pelo Brasil?
>
> De que maneira foi possível a Portugal manter seu domínio sobre a *Terra Brasilis*?

O complexo é um registro da época em que a cidade foi ocupada por holandeses. Originalmente, chamava-se Forte Frederico Henrique, em homenagem ao príncipe holandês, e foi erguido em 1630 pelos holandeses com o objetivo de impedir a circulação de navios inimigos pelo Rio Capibaribe, pelo qual poderiam ter acesso à produção açucareira local. Em 1654, o forte holandês foi rendido por tropas luso-brasileiras. Posteriormente, o local foi renomeado como Forte de São Tiago das Cinco Pontas.

Vista aérea do Forte Cinco Pontas, atual Museu da Cidade de Recife. Recife (PE), 2018.

# *Terra Brasilis* em disputa

# CAPÍTULO 16 - União Ibérica

A língua portuguesa é o idioma oficial do Brasil. Em contraposição, na maioria dos países da América do Sul, fala-se o idioma castelhano, idioma da língua espanhola. Tal diferenciação tem suas origens no processo de colonização das terras sul-americanas iniciado no século XVI, em que o Brasil fez parte do Império Colonial Português e as demais nações sul-americanas fizeram parte do Império Colonial Espanhol, excetuando-se a Guiana Francesa (colonizada por franceses), a Guiana (por ingleses) e o Suriname (por ingleses e holandeses).

Contudo, ao longo de 60 anos, entre 1580 e 1640, a vastidão de terras americanas de colonização ibérica ficou submetida ao reino espanhol, incluindo o Brasil. Isso porque, naquele período, vigorou a união de Espanha e Portugal sob o mesmo governo, fenômeno político denominado pelos historiadores como União Ibérica.

Essa situação **inusitada** foi motivada pela sucessão do trono português quando, em 1578, o jovem rei D. Sebastião morreu no norte da África em batalha travada contra os árabes pela disputa de territórios. Como não tinha herdeiros, o trono foi ocupado por seu tio, o cardeal D. Henrique, que morreu em 1580. Membro do clero, D. Henrique não tinha filhos, portanto não havia para quem deixar o trono português. Criou-se então um impasse: quem seria o próximo monarca de Portugal?

### Glossário

**Inusitado:** incomum; que não aparece com frequência.
**Primogênita:** a filha mais velha; a primeira filha.

Niccolò Granello. *Expedição as Ilhas Terceiras, Açores, campanha de 1580 de Alvaro Bazan*. Afresco do Mosteiro de San Lorenzo de El Escorial. Madrid, Espanha.

Na imagem, esquadra espanhola sendo atacada por navios ingleses, em 1588. O então monarca espanhol Filipe II teve, durante seu governo, imensa extensão de domínios, onde mantinha um forte exército e uma poderosa marinha. Travou diversas guerras com países europeus, incluindo a Inglaterra.

# Sucessão ao trono português

A morte de D. Henrique causou um problema sucessório para Portugal. De acordo com a linhagem real portuguesa, o primeiro na linha de sucessão era Ranuccio I Farnese, sobrinho-neto de D. Henrique, seguido por D. Catarina, neta do antigo rei português D. Manuel I. A linha de sucessão terminava com o rei da Espanha, Filipe II, filho de D. Isabel, a **primogênita** do rei D. Manuel I. Além deles, havia D. Antonio, conhecido como Prior do Crato, neto ilegítimo de D. Manuel I. Se D. Antonio fosse membro legítimo da família real portuguesa, teria sido o primeiro na linha de sucessão.

D. Antonio lutou ao lado de D. Sebastião, na África, e foi governador de Tânger, possessão portuguesa no norte africano. Quando o trono português ficou vago, ele se declarou rei, sendo aceito por parte do país, mas recusado pelos nobres. Sem tropas e sem financiamento, acabou derrotado pelo exército do monarca espanhol Filipe II em 1580. Esse fato selou a sucessão do trono português para Filipe II e, com isso, a união das coroas ibéricas.

> **zoom**
> Nas monarquias europeias dos séculos XVI ao XVIII, assim como em todas as monarquias até hoje, o poder era hereditário. Você sabe o que isso significa? Atualmente em nosso país existe uma transmissão de poder de uma geração a outra? De quais maneiras isso pode acontecer?

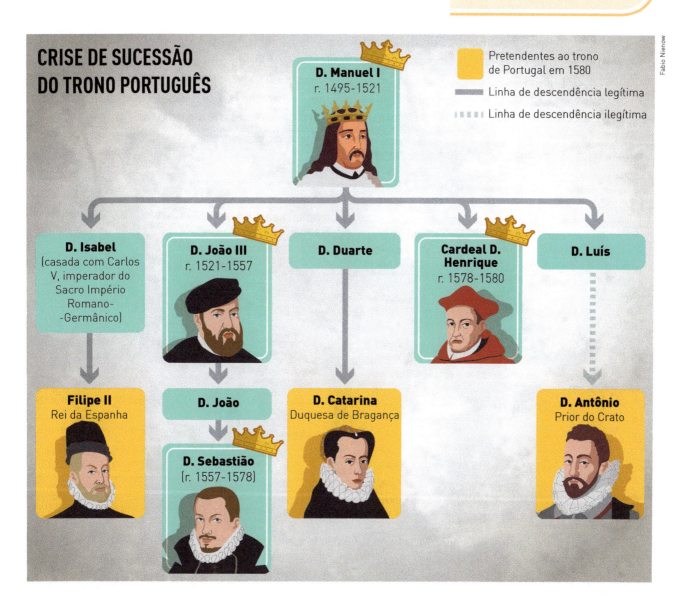

## A consolidação da União Ibérica

O fato de Portugal ser governado por um rei estrangeiro desagradava à maioria de sua população, que manifestou resistência. A situação implicava na perda de soberania do país e o colocava em uma condição subordinada ao reino espanhol, sob as ordens de Filipe II.

**Glossário**

**Legitimar:** reconhecer como autêntico.

No entanto, organizar a resistência contra Filipe II, um dos principais exemplos do absolutismo da época, era algo extremamente perigoso e arriscado. O temor causado pela presença do monarca fica evidente na descrição que o nobre francês Phillipe Hurault, Conde de Cheverny, fez em suas memórias:

> ... E, em matéria de Estado, ele não poupava ninguém que tivesse falhado, fosse grande, fosse pequeno, e segundo as ocorrências ele lhe instaurava o processo sozinho, por sua mão, e o fazia punir, e estabelecia outro no seu lugar... Tinha, por outro lado, a imperfeição da glória espanhola, fazendo-se grandemente respeitar e honrar pelos grandes... nenhuma pessoa viva lhe falava senão de joelhos... e poucas vezes se deixava ver ao povo, e mesmo aos grandes, a não ser em dias solenes...
>
> In: Gustavo de Freitas. *900 Textos e Documentos de História*. v. II. Lisboa: Plátano, s.d. p. 204.

O monarca espanhol e seus conselheiros sabiam da importância de **legitimar** a União Ibérica a fim de evitar futuras rebeliões contra seu domínio. Dessa forma, recorreram a documentos produzidos em fins do século XV, os quais afirmavam que, no caso de um reino se unir a outro por herança, os reinos continuariam sendo unidades políticas distintas.

Com base nessa ideia, Filipe II adotou a estratégia de negociar a manutenção das leis, os órgãos de governo, as tradições e o idioma portugueses. Definiu-se ainda que um vice-rei representaria o monarca espanhol em Lisboa.

Em busca do apoio da burguesia portuguesa, Filipe II concedeu a ela o direito de realizar o tráfico negreiro nas colônias espanholas, pois tratava-se de um negócio lucrativo na época.

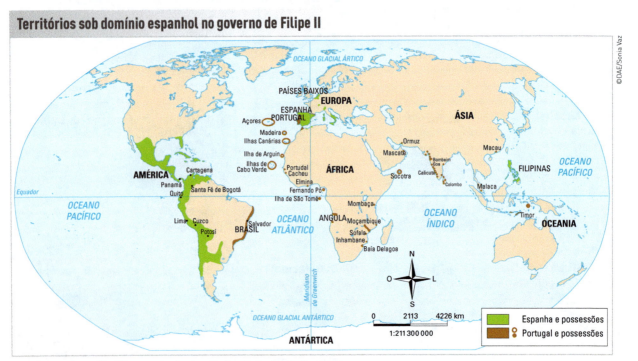

Fonte: Jeremy Black. *World history atlas*. Londres: Dorling Kindersley, 2008. p. 78-79.

A Espanha de Filipe II administrava um vasto império colonial e também controlava diversas regiões da Europa, como a Península Ibérica, Sicília, Nápoles (na Península Itálica) e os Países Baixos (que deram origem à Holanda e à Bélgica). Após sua morte, Filipe II foi sucedido por Filipe III e este, por Filipe IV.

# O domínio espanhol sobre o Brasil

Durante os 60 anos da União Ibérica, os territórios do Império Colonial Português na África, Ásia e América, incluindo o Brasil, ficaram sob domínio espanhol. No entanto, a Coroa espanhola manteve aqui a língua portuguesa e permitiu que os luso-brasileiros permanecessem nos cargos públicos e no controle do comércio colonial. Dessa forma, em um primeiro momento, não houve drásticas mudanças no cotidiano e nas relações com o comércio dos centros brasileiros.

Nesse período, ganharam importância as Câmaras Municipais – órgãos administrativos criados nas principais vilas formadas pelos colonizadores. As Câmaras determinavam a cobrança de impostos, os preços de mercadorias, a nomeação de funcionários públicos, a defesa contra ataques indígenas. Esse poder local era exercido por ricos colonos, em geral donos de terras, conhecidos por "homens bons". Por vezes, as decisões locais chocavam-se com as decisões da metrópole.

No decorrer dos primeiros anos, contudo, foram adotadas aqui algumas práticas usadas no modelo de administração espanhola. Uma das mais importantes foi a criação, em 1587, do Tribunal de Relação da Bahia, composto por juízes vindos do reino. Outra medida inspirada nas ações do governo espanhol foi a visita de membros do Tribunal do Santo Ofício a algumas capitanias, como Bahia e Pernambuco, entre 1591 e 1595.

Esse tribunal religioso, criado no contexto da Contrarreforma católica, teve atuação destacada na Espanha, no combate aos hereges, sobretudo os judeus. No Brasil, a atuação voltou-se a evitar práticas tidas como feitiços.

## As Ordenações Filipinas

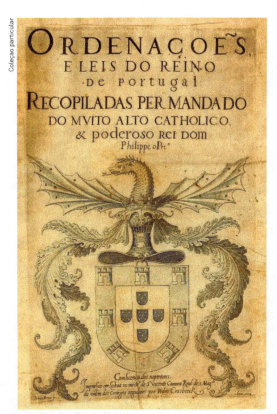

Página de rosto do *Código Filipino ou Ordenações Filipinas*, 1603.

Durante todo o Período Colonial, o sistema político que vigorou foi o mesmo de Portugal, ou seja, as Ordenações Reais, um conjunto de leis definidas pelo rei. As Ordenações Filipinas foram as leis criadas por Filipe II, em 1595, e entraram em vigor em 1603. As novas ordenações não traziam grandes mudanças em relação às Ordenações Manuelinas que até então regiam o Brasil. Pelo contrário, elas são um exemplo de como, no período da União Ibérica, a Coroa espanhola esforçou-se para dar demonstrações de respeito às tradições portuguesas.

Como todas as leis das monarquias absolutistas, elas previam punições diferentes para o mesmo crime, dependendo da classe social do acusado. As Ordenações Filipinas eram consideradas rigorosas até para a época. Uma anedota conta que Luís XIV, rei da França de 1643 a 1715, perguntou certa vez a um embaixador português como havia sobrado alguém vivo em Portugal depois da promulgação dessas ordenações, tamanha era a frequência com que indicavam a pena de morte. Outros tipos de punição violenta, como mutilações e torturas, também estavam presentes por todo o código. Esses **suplícios**, como eram chamados, eram comuns em todos os países europeus da época.

**Glossário**

**Suplício:** grave punição ordenada por sentença; tortura.

A punição não necessariamente cessava com a morte do condenado. A chamada "morte para sempre" determinava que o condenado não tivesse direito à sepultura e, por meio da infâmia e da danação da memória, o castigo poderia ainda ser transmitido aos descendentes ou recair sobre a memória do criminoso.

Apesar da grande quantidade de condenações à morte previstas nas Ordenações Filipinas, uma das principais punições do sistema era o degredo, pena na qual o condenado era obrigado a se mudar para um local específico, fosse fora do Reino (nas colônias), fosse dentro, em determinadas vilas estratégicas. Já muito utilizada anteriormente, a pena de degredo foi ampliada a cada novo código, estendendo-se por uma grande variedade de delitos. O degredo podia ser perpétuo, indefinido (até o perdão do crime) ou ter uma duração limitada, de alguns meses até dez anos.

A pena de degredo tinha a característica peculiar de procurar dar utilidade ao condenado. Em livro de 1627, o Frei Vicente Salvador descreveu a sentença de um condenado: "Vá degredado ao Brasil, donde tornará rico e honrado". Dessa maneira, o degredo era uma forma de colocar o condenado a serviço da Coroa nos empreendimentos coloniais.

> **zoom**
> As leis das monarquias absolutistas não eram iguais para todos: cada "qualidade" de pessoa, como se dizia na época, recebia punições diferentes mesmo tendo cometido o mesmo crime.
> Atualmente, nas democracias, há um outro princípio. Você sabe qual é ele? Na sua opinião, atualmente ele é válido na prática da justiça brasileira? Justifique sua resposta.

Vista aréa da Vila Castro Marim, na divisa entre Portugal e Espanha.

O degredo dentro do reino português costumava acontecer em regiões de interesse da Coroa, estratégicas ou difíceis de habitar.

# Domíno territorial ameaçado

No final do século XVI, ainda por conta da União Ibérica, o Brasil tornou-se alvo de ataques de corsários franceses, ingleses e holandeses. Eles aproveitaram-se da fragilidade do grande império de Filipe II, e da dificuldade de controlar e defender todos os territórios sob seu governo, e fizeram saques de norte a sul do Brasil. Tal situação ampliou a preocupação com a defesa territorial entre os luso-brasileiros que viviam na colônia.

Em 1612, os franceses avançaram sobre o litoral mais ao norte do Brasil, no atual Estado do Maranhão. Lá construíram o Forte de São Luís, que deu origem à cidade de mesmo nome, fundando uma área de colonização denominada França Equinocial. Além do interesse comercial, os franceses também tinham a intenção de expandir o catolicismo. Para isso, associaram-se ao padres capuchinhos e os levaram para realizar a catequese dos tupinambás, povo indígena que lá vivia.

Diante da ameaça de perder parte da colônia, tropas da Espanha e de Portugal uniram-se para derrotar os franceses, que acabaram sendo expulsos da região em 1615. Em dezembro do mesmo ano, Filipe III, que sucedera Filipe II, empreendeu uma expedição colonizadora em direção à foz do Rio Amazonas com o objetivo de assegurar a presença luso-espanhola naquele território. No início de 1616, os colonizadores fundaram o Forte do Presépio, em torno do qual iniciaram um núcleo de povoamento que deu origem à cidade de Belém, no Pará, e começaram a catequese de indígenas. Mas os estrangeiros não desapareceram e, por algum tempo, lá permaneceram fazendo contatos e escambo com povos nativos.

Para aumentar o controle sobre os territórios ao norte, em 1621, o governo filipino criou uma nova unidade administrativa no território brasileiro, o Estado do Maranhão, que abrangia as capitanias do Grão-Pará, do Maranhão e do Ceará, tendo capital em São Luís. As demais áreas continuaram a compor o chamado Estado do Brasil, com capital em Salvador, que havia sido formado pelo governo português em 1548, por ocasião da implantação do governo-geral.

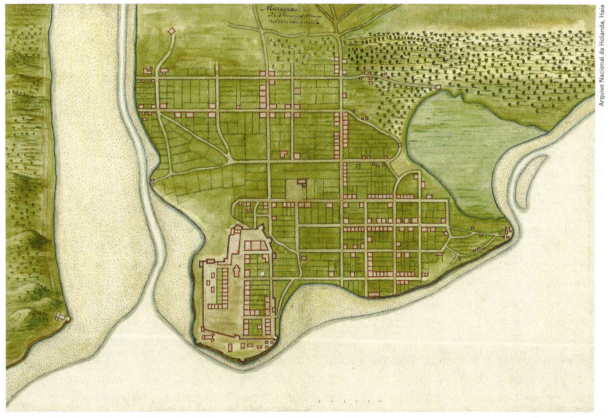

Johannes Vingboons. *Mapa do Maranhão*, 1665, parte da Coleção Buitenland Leupe.

João Teixeira Albernaz I. *Pequeno atlas do Maranhão e Grão-Pará*, c.1629 (detalhe).

Se a ocupação colonial dos territórios mais ao norte foi impulsionada pela criação do Estado do Maranhão, as áreas do Estado do Brasil conheceram um período de desenvolvimento ao longo da União Ibérica, atendendo aos interesses mercantis da metrópole. Em 1590, o número de engenhos mais que dobrou em relação a 1570, especialmente na Bahia e em Pernambuco. Como a navegação entre essas duas capitanias era dificultada pelos ventos e correntes marítimas, o governo filipino ordenou a construção de vias de comunicação terrestre para evitar prejuízos nos negócios dos colonos e na arrecadação de impostos pelo governo.

Criaram-se, assim, vilarejos ao longo do caminho, com governos locais que administravam as relações com os indígenas, estimulavam a roça de subsistência e a criação de bois e cavalos, formavam núcleos de povoamento, consolidando a presença de colonizadores e favorecendo a integração econômica na região.

Em 1580, nos territórios do Estado do Brasil, estima-se que havia uma população de 30 mil habitantes, sendo que 80% desse total vivia na Bahia e em Pernambuco. A produção de açúcar saltou de seis mil toneladas no início da União Ibérica para dez mil em 1610. Em decorrência desse cenário, o tráfico atlântico de escravos consolidou-se, tendo Angola, na África Centro-Ocidental, como grande fornecedora de mão de obra escrava para os engenhos do Brasil. Essa situação foi estimulada ainda por correntes marítimas que favoreciam as navegações entre os portos de Salvador, Olinda, Rio de Janeiro e os portos centro-africanos da costa ocidental. No início do século XVII, o porto de Luanda, em Angola, converteu-se no principal ponto de embarque de escravizados usado pelos colonizadores luso-brasileiros.

A prosperidade dos engenhos de açúcar motivou uma nova investida estrangeira que novamente ameaçou o domínio territorial exercido pelo governo espanhol e pelos luso-brasileiros. Dessa vez, os holandeses invadiram territórios do nordeste brasileiro, tema abordado no próximo capítulo.

# Mudanças políticas da Europa têm reflexo no Brasil

Entre 1618 e 1648, várias nações europeias estiveram envolvidas na Guerra dos Trinta Anos, em um longo e violento conflito no qual a Espanha enfrentava holandeses, ingleses e franceses. Em razão da guerra, a Espanha ficou enfraquecida, possibilitando que os portugueses se organizassem e lutassem contra a União Ibérica. Em 1640, Portugal conquistou sua independência e o monarca português D. João IV ocupou o trono.

Para garantir o fim do domínio espanhol, seu governo aliou-se à Inglaterra, que lhe deu auxílio militar. Uma das primeiras medidas de D. João IV com relação ao Brasil foi diminuir o poder das Câmaras Municipais e dos grandes proprietários rurais; no plano econômico, tratou de tomar medidas para evitar o contrabando de mercadorias. Para isso, em 1642 criou o Conselho Ultramarino, que passou a ser o principal órgão da administração colonial, subordinado apenas ao rei. Esse conselho passou a cuidar de todos os assuntos relacionados ao Brasil, como tributos, autorizações e cargas de navios.

Anônimo. Litografia do rei D. João IV de Portugal, século XVII.

## Documentos em foco

### Carta Atlântica (1586)

O mapa ao lado foi produzido pelo cartógrafo português Bartolomeu Lasso. Trata-se de uma carta atlântica datada de 1586. Nele é possível observar que a linha do Tratado de Tordesilhas está ausente, mas que os escudos das Coroas espanhola e portuguesa permanecem nos respectivos limites territoriais definidos pelo tratado. Note também que outras colônias estão indicadas pelos brasões e que, no lugar de Brasil ou América, o cartógrafo optou por escrever sobre a América do Sul a expressão "Quarta Pars Mundi" (Quarta Parte do Mundo).

Bartolomeu Lasso. *Carta Atlântica*, c. 1586.

1. Em qual contexto político europeu o cartógrafo Bartolomeu Lasso confeccionou a Carta Atlântica?
2. Considerando o ano de sua confecção, por que a linha do Tratado de Tordesilhas está ausente desse mapa?
3. Apesar disso, existe algum vestígio do Tratado de Tordesilhas? Justifique sua resposta com elementos do próprio mapa.
4. O que significa o brasão espanhol sobre o território na América do Norte marcado pelo nome Flórida? A que país pertence hoje esse território?
5. Que territórios e oceanos estão representados na imagem?

## Pontos de vista

### Indígenas e mamelucos na conquista do interior

Uma mudança importante que resultou da União Ibérica foi o fato de o Tratado de Tordesilhas deixar de vigorar, uma vez que Portugal estava sob domínio da monarquia espanhola. Sem os limites territoriais impostos por aquele tratado, que havia sido assinado em 1494, intensificou-se a conquista de terras pelo interior do Brasil. Os textos a seguir tratam do tema.

#### Texto 1

No início da colonização da América portuguesa, ocorreu uma quantidade considerável de uniões entre portugueses e índias, que resultaram em filhos mestiços ou mamelucos. [...] A atenção dada aos mamelucos durante o período filipino [durante a União Ibérica] decorre do papel desempenhado por eles na colonização portuguesa na América. Devido a sua bagagem cultural híbrida – 'Criados por suas mães índias, quer no seio da cultura nativa, quer nos núcleos de colonização, os mamelucos herdaram dos nativos o **savoir-faire** necessário às lides do chamado sertão' – eram capazes de enfrentar os perigos naturais e humanos apresentados pelas matas inexploradas do interior da América portuguesa, levando as fronteiras da conquista americana de Portugal além do limite de Tordesilhas e interiorizando a colonização.

Como intérpretes do colonizador e conhecedores das matas, os mamelucos eram elementos de grande importância para a penetração e a defesa do território [...] Frei Vicente do Salvador, espectador privilegiado desse período, nos fornece diversos exemplos a respeito da participação dos índios e mamelucos na defesa e expansão territorial desse período. Ao falar da conquista de Sergipe diz que a montada contava com 'cento e cinquenta homens brancos e mamelucos e mil índios'. [...]. Na conquista do Maranhão e expulsão dos franceses que ali estavam, [...] foram 'mais de duzentos índios de **peleja**' [...]

Francisco Carlos Cosentino. Mundo português e mundo ibérico. In: João Luis R. Fragoso e Maria de Fátima Gouvêa (Org.). O Brasil Colonial. Rio de Janeiro: Civilização Brasileira, 2014. v. 2. p. 145-146.

Albert Eckhout. *Homem mestiço*, 1641. Óleo sobre tela, 2,65 m × 1,63 m.

**Texto 2**

A **toponímia** brasileira é, em boa parte, indígena, em diversas regiões, e foram mesmo os índios os principais responsáveis pelo alargamento das fronteiras territoriais da América Portuguesa. Foram-no, senão diretamente, nas **hostes** de "frecheiros" que seguiam os bandeirantes, com certeza na figura dos mamelucos. Filhos de índia com português ou "mazombo", eram eles homens de lealdades oscilantes, que ora viviam entre os índios, nus, pintados e guerreiros, ora se bandeavam para o colonialismo, transmutados em bandeirantes a cativar nativos. […]

É vastíssima a lista de lideranças indígenas que conduziram seus grupos a alianças com os colonizadores, escoltando-os nos "sertões" com flecheiros, combatendo "nações" rebeldes ou hostis aos portugueses, guerreando contra os rivais europeus da colonização lusitana. É certo que esta "adesão" aos portugueses não raro obedecia à lógica nativa e por meio dela se buscava reforçar a luta contra inimigos indígenas tradicionais, os quais, muitas vezes, por idêntica razão, se aliavam aos inimigos dos portugueses.

Ronaldo Vainfas. História indígena – 500 anos de despovoamento.
In: IBGE; Centro de Documentação e Disseminação de Informações.
*Brasil: 500 anos de povoamento*. Rio de Janeiro: IBGE, 2007. p. 48 e 50. Disponível em:
<https://biblioteca.ibge.gov.br/visualizacao/livros/liv6687.pdf>. Acesso em: 8 set. 2018.

**Glossário**

**Hoste:** tropa.
**Peleja:** combate; luta.
*Savoir-faire:* expressão francesa que significa "habilidade para executar algo".
**Toponímia:** nome próprio de lugar.

**Ampliar**

**Da crise de sucessão à restauração**
http://ensina.rtp.pt/artigo/da-crise-de-sucessao-a-restauracao/

Linha do tempo que apresenta fatos relevantes relacionados às relações entre Portugal e Espanha durante a União Ibérica.

Nesta gravura, o artista retratou um índio com seu arco e flecha. Na época, utilizava-se o termo "civilizados" para se referir aos indígenas que mantinham contatos com os homens brancos.

Jean-Baptiste Debret. *Caboclo (índio civilizado)*, 1834. Gravura.

1. Quem eram os mamelucos a quem os textos 1 e 2 se referem? Eles são caracterizados da mesma forma nos dois textos? Justifique.

2. Os textos 1 e 2 valorizam ou desvalorizam o papel desempenhado pelos mamelucos na conquista de territórios no interior do Brasil? Justifique sua resposta com base nas informações dos textos.

3. Compare o papel atribuído aos mamelucos na expansão territorial do Brasil pelo autor do texto 1 e pelo autor do texto 2.

# Atividades

1. Nas monarquias europeias da Idade Moderna, a sucessão ao trono era tema da máxima importância. Por isso, para reis e rainhas da época, ter filhos ou filhas era uma questão de política.

   a) Com base no caso que se seguiu à morte do monarca D. Sebastião, em 1578, comente a importância das ligações consanguíneas para a política da época.

   b) Pelas tradições da época, o que impediu D. Antonio, conhecido por Prior do Crato, de assumir o trono português após a morte do cardeal D. Henrique?

2. Em 1580, a questão sucessória em Portugal teve seu desfecho, uma vez que Filipe II assegurou o trono após vencer a Batalha de Alcântara. Tinha início o período conhecido por União Ibérica, o qual se estendeu até 1640.

   a) Do ponto de vista da soberania de Portugal, o que mudou durante a União Ibérica?

   b) Podemos dizer que Filipe II conquistou o trono de Portugal somente por meio da força militar? Justifique sua resposta.

   c) Explique a importância da União Ibérica para a Espanha.

3. No período correspondente à dominação espanhola, muitos fortes militares foram construídos, como o Forte de Santa Cruz, no Rio de Janeiro (1605); o de São Sebastião, no Ceará (1612); o Forte de São Jorge Novo, em Pernambuco (1629), entre outros.
   Comente o que esse fato demonstra sobre as preocupações do governo filipino em relação ao Brasil.

4. Essa ilustração foi produzida pelo francês Gauthier e faz parte do livro *História da missão*, publicado em Paris no ano 1614. A imagem refere-se à França Equinocial. Observe-a e responda às questões a seguir:

   a) Descreva a imagem, destacando seu elemento central.

   b) Essa ilustração indica um dos objetivos dos franceses ao fundar a França Equinocial. Identifique-o.

   c) Comente outro objetivo que levou os franceses a ocupar o território brasileiro, no qual fundaram a França Equinocial.

   d) Em qual região do território brasileiro foi fundada a França Equinocial? Comente a relação entre a fundação da França Equinocial (1612) e a criação do Estado do Maranhão pelo governo filipino, em 1621.

Claude d'Abbeville. Elevação de uma cruz para a bênção da Ilha do Maranhão, 1614. Ilustração publicada em *L' Histoire de la Mission des Peres Capucins en l'Isle de Maragnan et terres circonvoisines*.

5. Para o Brasil, a União Ibérica representou mudanças na situação territorial que havia sido definida pelo Tratado de Tordesilhas. Essa afirmativa está correta? Justifique sua resposta.

6. Durante a União Ibérica, vigoraram no Brasil as Ordenações Filipinas, conjunto de leis que determinava as condutas permitidas e estabelecia as punições aos crimes cometidos, sendo uma delas o degredo.

   a) Explique o que é a pena de degredo e que vantagens ela tinha para a Coroa.

   b) Cite duas outras penas que faziam parte das Ordenações Filipinas.

**7** Forme dupla com um colega para ler e interpretar o seguinte documento, extraído das Ordenações Filipinas.

> Defendemos que nenhumas pessoas levem fora de nossos reinos escravos, para os porem em salvo e saírem de nossos reinos, nem lhes mostrem os caminhos por onde se vão e se possam ir, nem outrossim deem azo nem consentimento ao ditos escravos [para] fugirem, nem os encubram. E qualquer pessoa que o contrário fizer, mandamos que, sendo achado levando algum cativo para o pôr em salvo, aquele que o assim levar, sendo cristão, será degredado para o Brasil para sempre. E sendo judeu ou mouro forro, será cativo do senhor do escravo que assim levava. E sendo judeu ou mouro cativo, será açoitado. (...) (Ordenações Filipinas, V, p. 1212)
>
> Silvia Hunold Lara. *Legislação sobre escravos africanos na América Portuguesa*, 2000. p. 114-115.
> Disponível em: <www.larramendi.es/i18n/catalogo_imagenes/grupo.cmd?path=1000203>. Acesso em: set. 2018.

a) Nessa regra das Ordenações Filipinas, que atitude está sendo condenada como crime?

b) Qual é o critério usado para diferenciar as penas aos que cometerem o crime: nacionalidade, condição social, idade, religião? Justifique sua resposta com elementos do documento.

c) Vocês concordam em considerar crime a atuação de alguém que luta para libertar uma pessoa em situação de escravidão? Por quê?

**8** Em dupla, leiam o trecho a seguir, relacionado às punições previstas aos hereges nas Ordenações Filipinas, para responder ao que se pede. Observem que algumas palavras, embora estejam escritas da forma como eram no século XVII, se forem lidas com atenção e em voz alta, são facilmente compreensíveis. São os casos, por exemplo, de "pola" (que significa "pela"); "anno" (que significa "ano"); "hum" (que significa "um"); "dous" (que significa "dois") etc.

O pedagogo Gilmar Montagnoli estudou as Ordenações Filipinas e concluiu que a influência exercida por esse conjunto de leis sobre a sociedade portuguesa não terminou após a União Ibérica. Ao contrário, suas marcas permaneceram de tal forma que chegaram a afetar também as leis brasileiras, ao menos até o início do século XX. Uma das conclusões a que ele chegou em seus estudos foi que

> [...] fica mais uma vez evidente a marca cultural religiosa presente em Portugal no século XVII. O título [Dos que **arrenegam** ou **blasfemam** de Deus ou dos Santos] é um retrato da Inquisição medieval no País, instituição criada em 1536 com o objetivo de punir os condenados com penas que variavam do confisco de bens e perda de liberdade, até a pena de morte.
>
> <u>A aplicação das penas revela, mais uma vez, os diferentes tratamentos de acordo com a posição social que o indivíduo ocupava.</u> No título II, ao definir as penas daqueles que blasfemassem de Deus ou dos santos, as Ordenações estabeleciam que:
>
> "Qualquer que arrenegar, descrer, ou pezar de Deos, ou de sua Santa Fé, ou disser outras blasfemias, pola primeira vez, sendo Fidalgo, pague vinte cruzados, e seja **degredado** hum anno para a Africa.
>
> E sendo Cavalleiro, ou Scudeiro, pague quatro mil reis, e seja degredado hum anno para Africa.
>
> E se fôr peão, dem-lhe trinta **açoutes** ao pé do Pelourinho com **baraço** e **pregão**, e pague dous mil reis.
>
> E pola segunda vez, todos os **sobreditos incorram** nas mesmas penas em dobro.
>
> E pola terceira vez, além da pena **pecuniaria**, sejam degredados trez annos para Africa, e se fôr peão, para as **Galés**. (ORDENAÇÕES FILIPINAS, liv. 5.°, tit. II)"
>
> Gilmar Alves Montagnoli. As Ordenações Filipinas e a organização da sociedade portuguesa do século XVII, *Revista Urutágua* – DCS/UEM, nº 24, maio/junho/julho/agosto 2011, p.56. Disponível em: <http://periodicos.uem.br/ojs/index.php/Urutagua/article/viewFile/12278/7165>. Acesso em: nov. 2018.

**Glossário**

**Açoute:** açoite, chicote.
**Arrenegar:** detestar.
**Baraço:** corda.
**Blasfemar:** amaldiçoar.
**Degredado:** expulso de sua própria terra.
**Galés:** condenação ao trabalho forçado como remador nas embarcações (galés).
**Incorrer:** estar sujeito a.
**Pecuniário:** referente a dinheiro.
**Pregão:** anúncio público feito oralmente.
**Sobredito:** mencionado.

a) Com base na leitura e na interpretação do trecho acima, expliquem a frase sublinhada.

b) Quais características dessa lei seriam inaceitáveis nos dias de hoje?

# CAPÍTULO 17
# O Brasil holandês e a Insurreição Pernambucana

Um dos temas mais importantes do mundo atual é o poder que grandes empresas privadas multinacionais têm de interferir nas economias de várias nações. Investimentos e desinvestimentos quase diários dessas empresas nos mercados financeiros internacionais movimentam muito dinheiro pelo planeta, o que pode tanto estimular o crescimento econômico das nações como prejudicá-lo.

Mas o poder das empresas privadas não é uma característica apenas do tempo presente. O período das Grandes Navegações e o **subsequente** período colonial foram marcados pela forte participação dos empreendimentos privados. Lembremos que o comércio foi a primeira razão para os europeus se lançarem na aventura das navegações.

**Glossário**
**Subsequente:** seguinte.

No século XVII, as potências marítimas europeias envolveram-se em conflitos e disputas em que companhias de comércio privadas desempenharam papéis que normalmente atribuímos aos Estados: manter exércitos e navios de guerra, dominar e governar territórios.

Por seu vasto império colonial, a Espanha esteve no centro desses conflitos e, em consequência da União Ibérica, isso teve repercussões diretas no Brasil, principalmente nas principais regiões produtoras de açúcar.

Andries van Eertvelt. *Batalha das frotas espanhola e holandesa em maio de 1573, na época do cerco de Haarlem*, c. 1620. Óleo sobre tela, 1,34 m × 1,65 m.

A obra representa um dos ataques holandeses às possessões espanholas na América.

# Invasões e domínios dos holandeses

Entre as várias rivalidades e conflitos que envolveram a Espanha e as demais nações europeias na época, destacou-se a guerra das províncias dos Países Baixos (dos quais se sobressaiu a Holanda) contra as tropas **hispânicas**. A região esteve sob domínio espanhol e, durante o governo de Filipe II, cresceram os descontentamentos com sua política, que contrariava interesses holandeses, provocando a Guerra de Independência em 1581.

> **Glossário**
> **Hispânico:** relativo à Espanha.

Em 1598, o sucessor de Filipe II, o rei Filipe III, proibiu o comércio entre as regiões do império espanhol e os holandeses, em uma tentativa de prejudicar a economia da Holanda e forçar a volta de sua submissão à Espanha.

Contudo, a Holanda reagiu e, para romper o bloqueio e participar do comércio colonial, comerciantes e banqueiros holandeses associaram-se e fundaram, em 1602, a Companhia de Comércio das Índias Orientais, destinada a estabelecer relações comerciais com o Oriente. Anos depois, em 1621, fundaram a Companhia de Comércio das Índias Ocidentais, voltada para os negócios na América. Elas atuaram como empresas privilegiadas pelo Estado, que detinham o monopólio dos mercados de determinada nação ou colônia no comércio internacional.

Gravura anônima que representa a sede da Companhia da Índias Ocidentais em Amsterdã, 1655.

## Ataque à Bahia

A fim de voltar a ter lucros com a revenda do açúcar brasileiro na Europa, os holandeses da Companhia das Índias Ocidentais, prejudicados pelo bloqueio comercial espanhol, decidiram invadir o nordeste do Brasil, principal região produtora de açúcar naquela época.

Em maio de 1624, 26 navios holandeses armados com 450 canhões e mais de três mil homens aportaram em Salvador e dominaram a cidade. O governador da Bahia foi preso e levado para a Holanda. O bispo local, temendo a propagação da religião calvinista, alertou a Espanha para a necessidade de combater os holandeses e liderou senhores de engenho, escravos e indígenas na luta contra os invasores.

Auxiliados por tropas navais luso-espanholas, que somavam mais de 12 000 homens, expulsaram os holandeses um ano depois, em maio de 1625. O prejuízo da Companhia das Índias Ocidentais foi recuperado em 1628, quando os holandeses atacaram e tomaram a carga de navios espanhóis que transportavam metais preciosos. Com tais recursos, organizaram uma nova investida ao território brasileiro. Dessa forma, as tensões e disputas entre Holanda e Espanha estavam longe de acabar.

## A vez de Pernambuco

Em 1630, os holandeses invadiram a capitania de Pernambuco. Com 67 navios, 1170 canhões e 7000 homens, eles iniciaram a conquista por Recife e Olinda, avançaram pelo interior e se expandiram por grande parte do litoral nordestino. A Espanha, envolvida em guerras na Europa e com as finanças comprometidas por essas lutas, não conseguiu reagir com rapidez e enviar tropas numerosas e bem armadas para evitar a ocupação holandesa.

Os senhores de engenho luso-brasileiros resistiram à dominação convocando os escravizados e aliando-se aos indígenas para lutar contra o inimigo. Os conflitos mais intensos ocorreram no Arraial do Bom Jesus, região entre Recife e Olinda.

A consolidação do domínio holandês ocorreu apenas em 1635, quando os últimos focos de resistência foram derrotados pelos militares a serviço da Companhia das Índias Ocidentais.

> **zoom** De acordo com o mapa, os territórios que estiveram sob domínio holandês se localizam no litoral de quais estados brasileiros atuais?

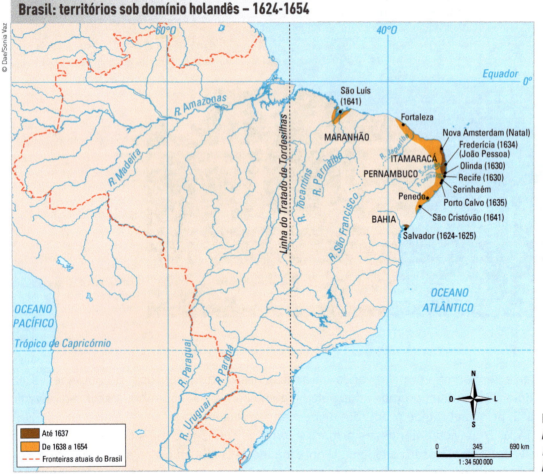

Fonte: José Jobson de A. Arruda. *Atlas histórico básico*. São Paulo: Ática, 2011. p. 37.

## Calabar, um traidor?

No contexto das invasões holandesas e das lutas contra a população local, que, a princípio, resistiu ao domínio estrangeiro, destacou-se Domingos Fernandes Calabar, sobre quem há poucas informações, mas sabe-se que conhecia bem a região e a língua dos nativos. Por dois anos, lutou junto às tropas luso-brasileiras, porém, em 1632, passou a lutar ao lado das tropas inimigas. O motivo de sua mudança de lado é desconhecido.

Uma das hipóteses é a de que, percebendo a desvantagem luso-brasileira, optou por se unir aos rivais, talvez em troca de favores ou dinheiro, como muitos outros fizeram. Nesse sentido, agiu em defesa de seu interesse, situação comum na época. O fato é que a ajuda de Calabar como guia para as tropas holandesas serviu para efetivar a conquista dos territórios. Sua sorte mudou em julho de 1635, ao ser capturado pelos portugueses. Foi então condenado à morte e executado; seu corpo foi esquartejado, à moda da justiça da época.

Mattheus Merian. Mapa holandês de 1637 sobre a conquista de Porto Calvo, no atual Estado de Alagoas.

### Ampliar

**Major Calabar,** de João Felício dos Santos (José Olympio).

O livro conta a história de Domingos Calabar e traz um painel da sociedade pernambucana do século XVII.

## Administração holandesa no Brasil

Em 1637, a Companhia das Índias Ocidentais enviou ao Brasil o nobre europeu Maurício de Nassau com a tarefa de administrar as terras conquistadas e reorganizar a produção açucareira. Nassau estabeleceu a sede do governo em Recife e realizou uma revolução na paisagem da cidade, modernizando-a. Implantou o calçamento de ruas e o saneamento urbano, construiu pontes de grandes dimensões, ergueu palácios e criou jardins botânicos.

Ao longo de sete anos de governo, Nassau incentivou a vinda de médicos, cientistas, artistas e pintores europeus para estudar, pesquisar e representar a diversidade da flora e fauna brasileiras, do povo e de seus costumes. Foi também ele o responsável pela instalação do primeiro observatório astronômico das Américas.

Procurando manter boas relações com os senhores de engenho, aliança necessária para garantir a produção colonial e os lucros holandeses, formou um governo com membros holandeses, portugueses e brasileiros. Estimulou a agricultura de subsistência e concedeu empréstimos para a reconstrução dos engenhos e para a compra de novos escravos. Permitiu ainda a liberdade religiosa, evitando confrontos entre a população local, de maioria católica, e os calvinistas e judeus, que vinham da Holanda. Essa atitude de Nassau demonstrou sua disposição em não transformar as diferenças de crenças em obstáculo para sua aproximação dos produtores luso-brasileiros de açúcar. Nesse processo, ele ganhou a confiança de brasileiros e portugueses.

### Ampliar

**O Brasil dos holandeses,** de Luiz Geraldo Silva (Atual).

O livro aborda como viviam os colonos brasileiros durante o período de dominação holandesa no Nordeste.

Percebendo que a produção açucareira dependia da mão de obra escrava, Maurício de Nassau empreendeu, em 1641, a conquista de Luanda, na África, principal porto de embarque de escravizados para os engenhos. No entanto, após alguns anos, a Companhia das Índias Ocidentais começou a ficar descontente com o governo de Nassau, pois almejava a ampliação dos lucros e considerava as obras públicas dispendiosas e desnecessárias. Temia também que ele se aproveitasse de sua popularidade e formasse um reino independente nas terras sob sua administração.

**Zoom:** Como você avalia as decisões de Nassau durante seu governo? Por quê?

187

## Documentos em foco

### O Brasil de Frans Post

A comitiva de artistas e cientistas que chegou ao Brasil holandês em 1637, por ordem de Nassau, teve como um de seus principais integrantes o jovem artista Frans Post, que nasceu na Holanda, em 1612. Pintor, desenhista e gravurista, ficou encarregado de documentar os territórios brasileiros ocupados por holandeses, a arquitetura militar e civil e as cenas de batalhas travadas nas conquistas.

Em 1644, retornou à Holanda e, com uma seleção dos inúmeros desenhos que retratavam o Brasil, ilustrou o livro *Rerum per Octennium in Brasilia*, de Gaspar Barléu (1584-1648), publicação de 1647 que relata os feitos do governo de Maurício de Nassau. Observe alguns de seus trabalhos.

Frans Post. *Igreja de Cosme e Damião*, s. d. Óleo sobre madeira, 33,4 cm x 41,4 cm.

Frans Post. *Vista panorâmica de Olinda*, s. d. Óleo sobre tela, 90 cm x 122 cm.

Frans Post. *O Rio São Francisco e o Forte Maurício*, 1638. Óleo sobre tela, 60 cm x 95 cm.

Frans Post. *Serinhaim*, 1647. Gravura em metal, aquarelada, 44 cm x 53,5 cm.

① Com base na observação das obras, responda às questões.

a) Nas representações de Frans Post, como eram os povoados, as habitações e as estradas da região?

b) De acordo com as obras, que meios de transporte eram utilizados no Brasil na época de Post?

c) Esses trabalhos do artista revelam um ambiente hostil, de inimizade, entre holandeses e luso-brasileiros? Que razões poderiam justificar isso?

# O fim do domínio holandês

Os desentendimentos entre Maurício de Nassau e a Companhia das Índias Ocidentais agravaram-se em 1643, quando os comerciantes holandeses passaram a se sentir prejudicados pela queda dos ganhos na venda do açúcar e pelo aumento das dívidas dos senhores de engenho. Em 1644, Nassau foi demitido e substituído por um Conselho que acabou com a liberdade religiosa, cobrou as dívidas dos senhores de engenho e confiscou terras e escravos daqueles que não as pagaram.

Instalou-se, assim, um clima de rivalidade entre luso-brasileiros e holandeses que culminou em revoltas da população local. Entre 1645 e 1654, os senhores de engenho lideraram lutas para expulsar os holandeses do Brasil, processo conhecido como Insurreição Pernambucana. Em 1648, organizou-se no Rio de Janeiro uma expedição de luso-brasileiros para Luanda a fim de expulsar os holandeses e recuperar o mercado negreiro. A derrota imposta à Companhia das Índias Ocidentais na África enfraqueceu os holandeses e animou a luta contra eles em Pernambuco.

Na época, a Holanda estava envolvida na Guerra dos Trinta Anos e não encaminhou auxílio militar aos poucos soldados que permaneciam no Brasil. Portugal, por sua vez, já tinha restaurado sua autonomia política desde 1640, mas os prejuízos financeiros acumulados nos anos de União Ibérica inviabilizaram o envio de tropas ao Brasil.

Dessa forma, o governo português acompanhou os combates a distância. Somente em 1653, quando os holandeses estavam praticamente derrotados, mandou reforços, consolidando a vitória luso-brasileira.

> **Ampliar**
>
> **Era uma vez no Brasil holandês,** de Glaucia Lewiki (Salesiana).
>
> História ficcional que tem como pano de fundo a presença holandesa no Brasil.

## Crise açucareira: o que era doce acabou

Expulsos do Brasil, os holandeses não desistiram do açúcar. Foram produzi-lo na América Central, nas Pequenas Antilhas. Lá, utilizando a experiência adquirida durante a ocupação da região nordestina, investiram na organização de engenhos e financiaram a compra de mão de obra escrava. Continuaram refinando o açúcar na Holanda e controlando o comércio do produto na Europa.

Com a Insurreição Pernambucana, os engenhos no Brasil ficaram arruinados e carentes de mão de obra; muitos escravizados morreram nos conflitos e outros fugiram. A metrópole portuguesa não tinha recursos para reinvestir na produção açucareira, além disso, a parceria econômica com os comerciantes holandeses na distribuição do açúcar na Europa havia se perdido. Tais aspectos, somados à concorrência antilhana, levaram o Brasil à crise econômica em fins do século XVII.

Fonte: Georges Duby. *Atlas histórico mundial*. Barcelona: Larousse, 2007. p. 190.

## Pontos de vista

### Teria sido melhor uma colonização holandesa e não portuguesa?

Após a independência do Brasil, em 1822, teve início a escrita da história oficial do país com objetivo de criar narrativas que valorizassem os acontecimentos do período colonial sob o olhar dos brasileiros e não dos colonizadores portugueses. Pretendia-se romper com qualquer traço de submissão do Brasil em relação a Portugal. Nesse cenário, historiadores difundiram interpretações que idealizavam o domínio holandês sobre o nordeste açucareiro como uma experiência positiva e superior ao controle português. Assim, imaginavam se a colonização holandesa não teria sido melhor ao país que a colonização portuguesa. No início do século XX, o historiador Sérgio Buarque de Holanda discutiu essa ideia em sua principal obra, *Raízes do Brasil*. O texto a seguir repercute esse ponto de vista:

> Embora sublinhasse o caráter **arcaico** e **deletério** da colonização portuguesa, Sergio Buarque discordou dos que celebravam a superioridade do estilo holandês de colonizar. [...] O esforço dos colonizadores **batavos** limitou-se a erigir uma grandeza de fachada, que só aos **incautos** podia mascarar a verdadeira, a dura realidade econômica em que se debatiam.
>
> A essa explicação geral Sérgio Buarque de Holanda acrescentou o obstáculo da língua e o perfil dos calvinistas atuantes no Brasil holandês, homens mais chegados ao "espírito de aventura" do que à ética do trabalho que caracterizou, por exemplo, os colonos puritanos de uma Nova Inglaterra.
>
> Seja como for, a colonização holandesa foi, antes de tudo, organizada por uma companhia mercantil [...] particularmente centrada no negócio do açúcar, mais tarde entrelaçado com o tráfico de escravos africanos. Enquanto o negócio forma lucrativo, os investimentos e créditos holandeses fluíram para Pernambuco [...]. O declínio das exportações de açúcar, a partir de 1643, e a **insolvência** crescente dos senhores luso-brasileiros tornaram o investimento no Brasil discutível.

Ronaldo Vainfas. Tempo dos flamengos: a experiência colonial holandesa. In: João Luis R. Fragoso e M. de Fátima Gouvêa. *O Brasil Colonial (1580-1720)*. Rio de Janeiro: Civilização Brasileira, 2014. v. 2. p. 260-261.

**Glossário**

**Arcaico:** ultrapassado.
**Batavo:** holandês.
**Deletério:** prejudicial.
**Incauto:** ingênuo.
**Insolvência:** estado do devedor que não tem recursos para pagar sua dívida.

Capa do livro *Raízes do Brasil*, de 1936.

1. O historiador Sérgio Buarque de Holanda concorda com a ideia de que a colonização holandesa era melhor que a colonização portuguesa? Que argumentos utiliza para justificar o ponto de vista dele?

2. A colonização holandesa foi organizada por uma companhia mercantil.
   a) Qual foi ela e que interesses tinha na colonização do nordeste brasileiro?
   b) Mobilize seus conhecimentos e discuta com os colegas se esses interesses eram diferentes daqueles que moviam a colonização portuguesa no Brasil.

## Atividades

1. O poder político e econômico da Espanha foi abalado pela guerra de independência da Holanda. O monarca espanhol Filipe III tentou, então, prejudicar a economia holandesa para pressionar a rendição do rival.

   a) Comente qual medida foi tomada por Filipe III e como ela afetou a Holanda.

   b) Como reagiu a Holanda diante da medida de Filipe III contra sua economia?

2. No contexto da colonização holandesa na então capitania de Pernambuco, de 1630 a 1654, os holandeses dominaram também Luanda, na costa ocidental da África, em 1641. Em que medida esses dois domínios estiveram ligados?

3. Maurício de Nassau foi um nobre humanista e ligado às artes que, enquanto administrou o Brasil holandês, manteve um clima de paz e o desenvolvimento em Pernambuco. Em sua opinião, que ações de Nassau justificam essa visão sobre ele?

4. Mobilize seus conhecimentos e explique o significado da palavra **insurreição**. Se precisar, consulte o dicionário. Em seguida, identifique os motivos que, em meados do século XVII, levaram luso-brasileiros e holandeses a se enfrentarem no conflito denominado Insurreição Pernambucana.

5. Durante o movimento de resistência dos luso-brasileiros contra a ocupação holandesa em Pernambuco, entre 1630 e 1635, destacou-se a figura de Domingos Fernandes Calabar.

   a) Por que ele foi considerado traidor pelos luso-brasileiros e executado em 1635?

   b) Para você, Calabar foi um traidor? Por quê?

6. Leia o seguinte texto, retirado de uma reportagem sobre os 370 anos do início da Insurreição Pernambucana, completados em 2015:

   > Mesmo sendo uma colonização de apenas 24 anos (1630-1654), identificada através dos tais resquícios arqueológicos, o período holandês deixou marcas que até hoje perduram no imaginário dos pernambucanos. A crença popular vai desde os guias que espalham aos turistas informações equivocadas sobre o período até a ideia de que, se os holandeses não tivessem sido expulsos, a realidade hoje seria melhor. Especialistas [...] entretanto, afirmam: essa idealização do período não passa de uma ilusão.

   Especialistas analisam legado deixado pelos holandeses em Pernambuco. G1. Disponível em: <http://g1.globo.com/pernambuco/noticia/2015/05/especialistas-analisam-legado-deixado-pelos-holandeses-em-pernambuco.html>. Acesso em: set. 2018.

   Que argumentos confirmam que a idealização do período da colonização holandesa no Brasil não passa de uma ilusão?

7. Mesmo com o fim da União Ibérica, em 1640, Portugal não conseguiu retomar o domínio sobre o nordeste açucareiro porque ele estava em poder dos holandeses da Companhia de Comércio das Índias Ocidentais. Quando os holandeses foram expulsos, em 1654, a euforia da retomada durou pouco devido à crise que se instalou na economia açucareira brasileira no final do século XVII. Explique o que causou esse cenário de crise.

8. A derrota dos holandeses na Insurreição Pernambucana foi selada em duas batalhas campais, ocorridas entre 1648 e 1649, em território que hoje compreende Jaboatão dos Guararapes, na Grande Recife. As tropas coloniais que lutaram contra os holandeses reuniram luso-brasileiros, negros e indígenas, cujas principais lideranças foram André Vidal de Negreiros, Henrique Dias e Felipe Camarão.

   Pesquise e descreva a situação social de cada um e as atuações que tiveram nas lutas contra os holandeses. Na data combinada, discuta com a turma o papel de cada um naquele contexto.

# Visualização

**Precedentes**
- 1578: Morte do rei D. Sebastião
- 1580: Morte do cardeal D. Henrique
- Disputa pelo trono
- Na linha de sucessão: Felipe II, monarca espanhol
- Apoio dos nobres portugueses
- Apoio militar
- Conquista o trono português

**Fim da União Ibérica**
- Guerra dos Trinta Anos
  - Enfraquecimento da Espanha
- Independência portuguesa
  - Apoio inglês
- Conselho Ultramarino

**UNIÃO IBÉRICA**

**Portugal**
- Perda da soberania
- Submissão a um monarca estrangeiro
- Tráfico negreiro em colônias espanholas
- Legitimação
- Unidades políticas distintas
- Leis, órgãos de governo, tradições e idioma mantidos

**Domínio ameaçado**
- Grande extensão territorial
  - Difícil defesa
- Ataque de corsários ingleses, franceses e holandeses
- Invasão francesa: França Equinocial
- Expedição colonizadora na foz do Rio Amazonas
- Divisão administrativa
  - Estado do Maranhão
  - Estado do Brasil
- Prosperidade econômica
  - Produção de açúcar
  - Escravidão

**Brasil**
- Tratado de Tordesilhas sem efeito
- Manutenção das estruturas de poder
- Protagonismo das Câmaras Municipais
- Adoção de práticas da administração espanhola
- Tribunais de Relação
- Atuação de membros do Tribunal do Santo Ofício

**Ordenações**
- Conjunto de leis dos monarcas para administração das colônias
  - Ordenações Filipinas
- Punições severas
  - Degredos
  - Suplícios
  - "Morte para sempre"

Fabio Nienow

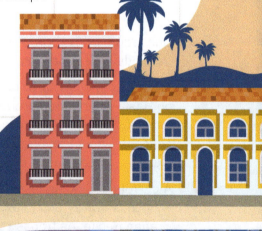

192

# Retomar

1. Nesta unidade, foram abordadas as disputas que se travaram no território brasileiro entre fins do século XVI e meados do século XVII. Grande parte dos acontecimentos envolveu simultaneamente Brasil, Portugal, Espanha e Holanda.

   Crie uma cronologia dos principais fatos ocorridos no Brasil ou que aqui repercutiram desde a formação da União Ibérica, em 1580, até a expulsão dos holandeses do nordeste, em 1654. Escolha dois fatos que estejam relacionados e crie um desenho para representá-los. Elabore uma legenda explicativa sobre os assuntos do desenho. Na data combinada, apresente seu desenho à turma e acompanhe a apresentação dos colegas.

2. O período da União Ibérica representou mudanças significativas para Portugal, Espanha e Brasil.

   a) Qual era a legitimidade de Filipe II ao trono português após a morte de D. Sebastião?

   b) Em sua opinião, Filipe II teria conseguido tomar o trono de Portugal mesmo se não estivesse na linha sucessória? Justifique.

   c) Você considera que Portugal se beneficiou de algum modo da União Ibérica? Justifique.

3. Uma diferença fundamental entre o modelo de colonização holandês e o modelo de colonização português era o grau de participação direta do Estado, muito maior no segundo. Mas Portugal já havia tentado, com as capitanias hereditárias, um modelo privado de colonização do Brasil.

   Mobilize seus conhecimentos e identifique a diferença entre o modelo das capitanias hereditárias e o da Companhia das Índias Ocidentais.

4. Qual é a diferença entre o modelo de administração holandesa e o modelo de administração ibérico implantados no Brasil durante o domínio colonial?

5. Observe obras que representam a vitória luso-brasileira sobre os holandeses na Insurreição Pernambucana, especificamente na Batalha dos Guararapes.

Victor Meirelles. *Batalha dos Guararapes*, 1875-1879.
Óleo sobre tela, 5 m x 9,25 m.

Paulo Brabo. *Batalha dos Guararapes*, s.d. Xilogravura.

   a) Quais foram as causas de Insurreição Pernambucana contra os holandeses?

   b) Compare a representação da Batalha dos Guararapes nas duas obras e o contexto em que foram produzidas. Que diferenças você observa entre elas?

6. Os povos indígenas que ocupavam o território brasileiro desenvolveram culturas orais e seu contato com a comunicação escrita se deu a partir da colonização. Desta forma, os registros escritos sobre eles que nos chegam dos primeiros tempos coloniais são relatos de viajantes, padres missionários e cronistas europeus. No entanto, embora não sejam documentos produzidos diretamente pelos povos indígenas, ao descreverem diálogos que tiveram com ameríndios e situações de suas convivências com comunidades indígenas específicas, grande parte desses relatos tem informações valiosas sobre as tradições e as práticas sociais dos povos nativos. Esse é o caso do texto a seguir, que faz parte de um estudo sobre relatos do cronista francês Yves d'Évreux, padre capuchinho que viveu no Maranhão no período da França Equinocial e conviveu com indígenas tupinambás. Leia-o com atenção:

> Filha de Japí Guaçú. Existem poucas informações sobre essa ameríndia. Sabe-se apenas que era filha do **morubixaba** Japí Guaçu. Ela sai da função de espectadora para narrar a Yves d'Évreux uma importante prática social dos Tupinambá: o "serviço da noiva". Embora esse rapaz esteja casado, e a moça também, tal fato não os isenta da obrigação natural de assistir os pais; pelo contrário continuam obrigados a ajudá-los nos trabalhos da terra e a socorrê-los. É uma advertência que foi feita, em minha cabana, pela filha de Japí Guaçú, batizada e casada na igreja, para um outro selvagem, seu marido, também cristão, que estava indo para Tapúi-tapéra auxiliar o Pe. Arsênio, a batizar numerosos selvagens. Ela disse o seguinte: "Para onde queres ir? Tu bens sabes muito bem que há ainda muito trabalho para fazer nas roças de meu pai, e faltam mantimentos. Não sabes que se ele me entregou a ti para que o ajudasse na velhice? Se queres abandoná-lo, vou voltar para a casa dele.
>
> A. P. Silva. *História e memória: os Tupinambá e o seu tempo*. Disponível em: <http://books.scielo.org/id/yp857/pdf/portugal-9788579836299-06.pdf>. Acesso em: set. 2018

- Descreva a prática social tupinambá que se pode notar pela advertência da filha do morubixaba Japí Guaçú ao seu companheiro.

7. A obra Mulher mameluca, foi produzida pelo artista holandês Albert Eckhout, em 1641, quando esteve em Recife a serviço de Maurício de Nassau. Atualmente, ela faz parte do acervo do Museu Nacional da Dinamarca.
Observe-a e discuta com um colega que elementos da imagem remetem à visão de que o Brasil era uma terra de natureza exuberante e quais elementos remetem à idealização do artista sobre a condição social da mulher mameluca na sociedade colonial.

**Morubixaba:** denominação do cacique entre povos indígenas da Amazônia.

Albert Eckhout. *Mulher mameluca*, 1641. Óleo sobre tela, 2,67 m x 1,6 m.

# UNIDADE 7

### Antever

Em 1627, o historiador baiano Frei Vicente do Salvador escreveu que os portugueses deviam se aventurar mais pelo interior do Brasil, pois "sendo grandes conquistadores de terras, não se aproveitam delas, mas contentam-se de a andar arranhando ao longo do mar como caranguejos".

De fato, nos primeiros tempos de colonização, a exploração da colônia ocorreu, predominantemente, nas áreas litorâneas, principalmente porque os portugueses não conheciam a terra e temiam os confrontos com os indígenas. Essa situação se alterou no século XVIII, quando a colonização chegou ao interior do território brasileiro, chegando a Minas Gerais, Mato Grosso e Goiás.

A ocupação territorial ganhou novo impulso e muitas vilas foram formadas naqueles sertões. Também ao sul do território, as fronteiras da colônia portuguesa se alargaram. Esse processo configurou grande parte das dimensões do Brasil atual.

Que grupos sociais se interessaram em desbravar o sertão e por quê? Quais caminhos tiveram de usar para alcançar os territórios do interior da colônia? Nos séculos XVII e XVIII, que situação pode ter encorajado a ocupação do interior do território brasileiro?

A obra representa a partida de uma expedição fluvial pelo Rio Tietê, que reunia mamelucos, índios e brancos de Porto Feliz (interior paulista), em direção a Mato Grosso, pelo Rio Cuiabá.

Almeida Junior. *A partida da monção*. 1897. Óleo sobre tela, 6,6 m × 3,9 m.

# Novas fronteiras do Brasil

# CAPÍTULO 18
# Rumo ao sertão

O Brasil é o maior país da América do Sul e seu vasto território é uma das razões para que exerça liderança econômica frente às demais nações sul-americanas, ocupando o lugar de potência regional. As dimensões territoriais e a diversidade étnica e cultural da população são elementos que compõem a identidade nacional brasileira.

As origens dessa situação do presente estão relacionadas ao processo de expansão e ocupação territorial de áreas do interior da América portuguesa a partir do século XVII. Os colonizadores portugueses denominavam **sertões** à imensidão de terras desconhecidas e distantes dos núcleos de povoamento que, em grande parte, concentravam-se no litoral. Os sertões eram áreas com acentuada presença de povos indígenas e algumas delas tinham sido alvo de conquistas espanholas malsucedidas.

A conquista dos sertões iniciou-se especialmente por causa das condições precárias de subsistência da população da capitania de São Vicente, localizada ao sul da colônia.

Rodolfo Amoedo. *Varação de Canoas ou Os bandeirantes*, 1923-1929. Óleo sobre tela, 2,3 m × 1,5 m.

# Bandeiras: a solução para uma capitania em crise

Nos séculos XVI e XVII, enquanto no nordeste prosperava a produção de açúcar e tabaco para exportação, nas demais regiões da colônia praticava-se a agricultura de subsistência. A capitania de São Vicente, apesar da prosperidade inicial, com a instalação de engenhos de açúcar no início da colonização, entrou no século XVII já empobrecida devido à concorrência dos engenhos nordestinos, mais produtivos. Além disso, os produtores de São Vicente não tinham apoio da metrópole, interessada apenas nas capitanias lucrativas.

A população local começou, então, a buscar maneiras de reduzir a pobreza na qual vivia. Nesse processo, ao longo do século XVII, organizou as chamadas **bandeiras**, expedições que partiam para o interior do território à procura de riquezas. Elas reuniam de dezenas a centenas de homens conhecidos como bandeirantes, pessoas pobres da capitania de São Vicente, principalmente da vila de São Paulo. Os bandeirantes iam em busca de indígenas para escravizar e de mercadorias valiosas como madeira e minérios. Alguns deles tinham origem indígena, outros portuguesa, mas a maioria era de mamelucos (mestiços de europeus e indígenas).

Apoiados por suas lideranças, muitos indígenas participaram das bandeiras a fim de capturar povos inimigos, enquanto os mamelucos forneciam cativos como força de trabalho aos seus parentes e aliados brancos. Isso mostra que, ao longo da colonização, os indígenas estabeleceram diferentes maneiras de lidar com os conquistadores, buscaram alianças que fossem também de seu interesse.

A participação de populações indígenas e de mamelucos nas bandeiras foi essencial para que chegassem a terras remotas. Eles guiavam o bando pelas matas, abriam trilhas para plantar alimentos e praticavam as atividades de caça, pesca e coleta. Dominavam a técnica de construir canoas e manejá-las para avançar rumo ao interior.

Os bandeirantes carregavam muitas armas, incluindo arcos e flechas; andavam descalços ou com sandálias indígenas. Alguns seguiam seminus, fiéis às tradições indígenas; outros se vestiam com camisas e calças rústicas e chapéus de abas largas. Item importante do vestuário dos bandeirantes era o colete de couro acolchoado, usado sobre a camisa para protegê-los de flechas inimigas. A duração das bandeiras variava de poucos meses a alguns anos, dependendo das dificuldades enfrentadas.

Benedito Calixto. *Domingos Jorge Velho*, 1903. Óleo sobre tela, 1,4 cm × 1 m.

## Mito bandeirante

No começo do século XX, os ricos fazendeiros de café paulistas buscaram valorizar a importância da região e de seus antepassados na História do Brasil, difundindo a imagem dos bandeirantes como exploradores destemidos, responsáveis por desbravar os sertões e alargar o território nacional. Nascia assim o mito em torno dos bandeirantes.

Influenciados por esse contexto, muitos artistas criaram obras que reverenciavam a saga bandeirante, como o quadro de autoria de Benedito Calixto.

Atualmente, os historiadores reconhecem esses personagens como pessoas comuns que buscavam meios para garantir sua sobrevivência e se inserir na economia colonial, com base nas condições da época em que viveram.

## A vila de São Paulo na época dos bandeirantes

Em fins do século XVII, a pequena vila São Paulo de Piratininga no planalto paulista em nada se parecia com o que, cerca de duzentos anos depois, se tornaria a cidade de São Paulo. Sua população na época das bandeiras era composta por cerca de 200 pessoas brancas e alguns milhares de indígenas e mestiços. Muitos hábitos dos moradores da vila foram aprendidos com os indígenas da região e a língua falada era o tupi. Portanto, havia um universo fortemente marcado pela cultura indígena, presente também nos nomes dos rios e dos acidentes geográficos locais.

As casas, feitas de taipa, tinham poucos cômodos e janelas, o chão de terra batida era recoberto por esteiras de palha ou peles de animais. Havia poucos móveis, apenas alguns banquinhos e arcas onde as roupas eram guardadas; dormia-se em redes como era costume entre os povos indígenas. Nas cozinhas, usavam-se fogões a lenha. A água para consumo era retirada dos rios e transportada em vasilhas de barro até as casas. Havia roças de subsistência com pequenas hortas onde se plantava o básico para a alimentação, como abóbora, mandioca e milho. A maioria das pessoas tinha por hábito andar descalças e suas roupas eram confeccionadas em algodão rústico ou couro.

Os filhos dos colonos, principalmente os meninos, aprendiam a ler e a escrever com os jesuítas do Colégio de Piratininga, em torno do qual a vila fora fundada em 1554.

As ocasiões festivas eram sempre religiosas, quando havia procissão e missas. Os padres convocavam todos os fiéis a comparecer e penalizava os ausentes com multas em forma do pagamento de dízimo à igreja.

Doenças e o trabalho forçado, imposto às tribos indígenas dos arredores, diminuíram o número de nativos das áreas próximas, estimulando os paulistas a criar as bandeiras para buscar mão de obra.

José Wasth Rodrigues. *Paço Municipal, 1628*, 1920. Óleo sobre tela.

A obra retrata a vila de Paulo de Piratininga no século XVII.

### Ampliar

**Os bandeirantes,** de Mustafa Yazbeck (Ática).

O livro aborda a partida de bandeiras da vila de São Paulo e o cotidiano dos bandeirantes.

**Entradas e bandeiras**

http://tvbrasil.ebc.com.br/historiasdobrasil/episodio/entradas-e-bandeiras-episodio-4

Episódio de série que recria uma expedição bandeirante liderada pelo mameluco Jerônimo.

**zoom**

Que característica da vida em São Paulo no século XVII você considera a mais significativa da presença indígena no cotidiano local? Por quê?

## Atividades iniciais das bandeiras

Inicialmente, os bandeirantes capturavam indígenas, que eram escravizados e vendidos a fazendeiros que não tinham recursos para comprar africanos. Antigos estudos sobre a colonização do Brasil indicavam que os indígenas capturados pelos bandeirantes eram posteriormente vendidos na Bahia para suprir a carência de trabalhadores escravizados, já que o comércio de escravos teria sido prejudicado pelo domínio holandês sobre Angola, na África Central, em 1641. Afirmavam eles que essa situação interrompera a venda de cativos africanos para lá, tendo se mantido o tráfico negreiro apenas para áreas nordestinas controladas por holandeses. Entretanto, recentes pesquisas destacam que luso-brasileiros do Rio de Janeiro assumiram a tarefa de recuperar Angola e, em 1648, restabeleceram o tráfico negreiro para as capitanias livres da presença holandesa.

Os novos conhecimentos indicam que grande parte dos indígenas apresados pelos bandeirantes no século XVII era levada a São Paulo, onde permanecia e trabalhava na produção local de alimentos, abastecendo diversas regiões do território brasileiro.

Nas expedições para aprisionar indígenas, os bandeirantes preferiam capturar nativos que já tinham contato com os europeus. Por isso, seguiram para locais ao sul da vila de São Paulo, onde funcionavam as missões jesuíticas. Essas missões eram aldeamentos de indígenas organizados por padres jesuítas espanhóis com o objetivo de catequizá-los. Formadas em territórios definidos pelo Tratado de Tordesilhas como pertencentes à Coroa Espanhola, as missões jesuíticas (ou reduções) reuniram centenas de nativos, sobretudo da etnia guarani, que em meio aos ensinamentos da religião cristã passavam a trabalhar no cultivo de gêneros de subsistência, no artesanato, na construção das igrejas e habitações que compunham aquelas comunidades.

A adaptação daqueles indígenas à disciplina imposta pelos jesuítas aumentava a cobiça dos bandeirantes, que acreditavam que essa característica valorizava o "negro da terra" em negociações com os futuros compradores. Na caça aos indígenas, os bandeirantes destruíram algumas das mais importantes missões jesuíticas: Guairá, entre 1629 e 1632; Itatim, em 1633; e Tape, por volta de 1636. Essas bandeiras ultrapassaram o limite do Tratado de Tordesilhas, adentrando o território da América espanhola. Contudo, nesse momento a Espanha não reagiu às invasões porque ocorreram enquanto o Brasil estava sob seu domínio, devido à União Ibérica, que foi encerrada em 1640.

Museu Paulista da Universidade de São Paulo, São Paulo

Henrique Bernardelli. *O ciclo da caça ao índio*, 1923. Óleo sobre tela, 2,32 m × 1,60 m.

## Documentos em foco

### Ruínas da Igreja de São Miguel das Missões

Atualmente, o município de São Miguel das Missões, no Rio Grande do Sul, guarda o sítio arqueológico brasileiro do complexo de São Miguel Arcanjo, um conjunto arquitetônico erguido para abrigar as missões jesuíticas formadas na região em 1632. Na época de sua construção, localizava-se em área da Coroa espanhola na fronteira sul; posteriormente, parte dele passou a integrar o território brasileiro e outra parte o território argentino. Da construção original restaram ruínas mas ainda assim é possível perceber a grandiosidade do projeto missionário dos jesuítas espanhóis no período colonial. Conheça mais sobre esse patrimônio cultural:

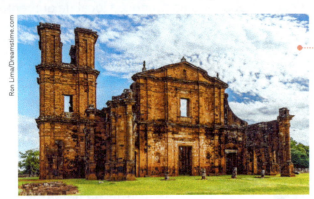

Construída em dez anos, de 1735 a 1745, a parte interna da igreja era, originalmente, decorada com pinturas, entalhes e esculturas de temas sacros. Contudo, ao longo do tempo, ocorreram inúmeros saques e essa riqueza artística e cultural se perdeu.

Ruínas da igreja de São Miguel, em São Miguel das Missões, no Rio Grande do Sul.

### Glossário

**Transfronteiriço:** que atravessa fronteiras; que envolve mais de um país.

As Missões Jesuíticas Guaranis, como um sistema de bens culturais **transfronteiriços** envolvendo o Brasil e a Argentina, compõem-se de um conjunto de cinco sítios arqueológicos remanescentes dos povoados implantados em território originalmente ocupado por indígenas, durante o processo de evangelização promovido pela Companhia de Jesus nas colônias da coroa espanhola na América, durante os séculos XVII e XVIII. Inscritos na Lista do Patrimônio Mundial, em dezembro de 1983, esses remanescentes representam importante testemunho da ocupação do território e das relações culturais que se estabeleceram entre os povos nativos, na maioria do grupo étnico guarani, e missionários jesuítas europeus. No Brasil, estão localizadas as ruínas do sítio arqueológico de São Miguel Arcanjo, mais conhecido como ruínas de São Miguel das Missões.

Esses bens também expressam em parte a experiência da Companhia de Jesus no território americano, produzida na chamada Província Jesuítica do Paraguai, que compreendia um sistema de relações espaciais, econômicas, sociais e culturais singulares, conformada à época por 30 povoados, chamados de reduções. Esse complexo incluía ainda estâncias, ervais, redes de caminhos e vias fluviais estendidas pela bacia do Rio Uruguai e de seus afluentes.

*Os Sete Povos das Missões, Origem de São Miguel das Missões (RS).* Iphan. Disponível em: <http://portal.iphan.gov.br/pagina/detalhes/1652/>. Acesso em: ago. 2018.

### Ampliar

**Atlas histórico do Brasil**

https://atlas.fgv.br/capitulos/colonia-1500-1808

Atlas com variado acervo de mapas interativos e documentos iconográficos brasileiros organizados por períodos da história, da colônia à contemporaneidade.

① As ruínas da igreja de São Miguel das Missões são um vestígio do passado colonial que atualmente atrai inúmeros visitantes de diferentes regiões do Brasil. Mobilize seus conhecimentos e, com base na imagem e no texto, discuta com um colega o papel que o local exerceu na época de sua construção e qual exerce atualmente.

② Observe a arquitetura das ruínas da igreja e as informações do texto, produzido pelo Instituto do Patrimônio Histórico e Artístico Nacional (Iphan). Você caracteriza o projeto de catequese praticado pelos jesuítas nas missões como modesto ou ambicioso? Justifique.

## Novos tipos de bandeiras

Muitos bandeirantes, habituados à vida no sertão, foram contratados por proprietários rurais e pelo governo para procurar e destruir quilombos, e encontrar africanos escravizados fugidos. Surgiu assim um novo tipo de bandeira, chamada de sertanismo de contrato. Foi nesse contexto que o Quilombo dos Palmares foi destruído.

Outro motivo que levava os bandeirantes a adentrar os caminhos do sertão era a busca de metais e pedras preciosas. Entre o final do século XVII e o início do XVIII, eles encontraram ouro nos atuais estados de Minas Gerais, Mato Grosso e Goiás, dando início à exploração de minérios, que traria muito lucro à Coroa Portuguesa principalmente durante o século XVIII.

Os caminhos que levaram os bandeirantes às regiões mineradoras tornaram-se importantes vias, pois ligavam as várias regiões da colônia. Ao longo dessas vias, os pontos de parada deram origem a muitos povoados que mais tarde se tornaram vilas e cidades.

Nesse contexto, os tropeiros foram responsáveis por abastecer a população das regiões das minas com alimentos, animais de transporte e outros produtos de primeira necessidade. As monções – comboios formados por centenas de canoas indígenas que partiam de Porto Feliz, às margens do rio Tietê – cumpriam papel semelhante. Assim, aos poucos se dinamizavam os contatos entre diferentes regiões do Brasil até então isoladas uma das outras.

**Ampliar**

**Casa do bandeirante**
www.museudacidade.sp.gov.br/casadobandeirante.php

*Site* da Casa do Bandeirante, museu localizado na cidade de São Paulo que supostamente foi residência de um bandeirante.

**No tempo das missões,**
de Maria Lúcia Mott (Scipione).

Neste livro, a autora narra, sob o ponto de vista das crianças, o dia a dia das pessoas que viviam nas missões jesuíticas.

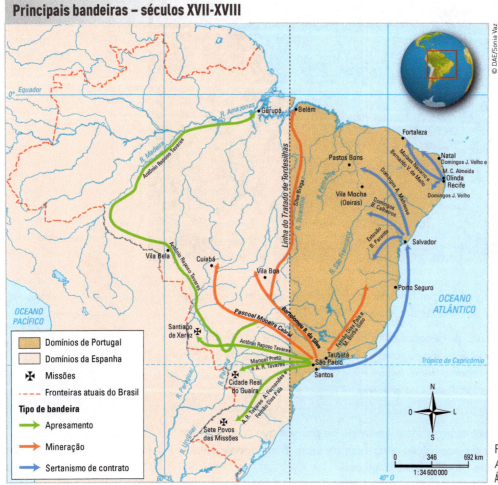

Fonte: José Jobson de A. Arruda. *Atlas histórico básico*. São Paulo: Ática, 2011. p. 39.

## Viver

### Deslocamentos e novas configurações familiares

A expansão territorial dos séculos XVII e XVIII em direção ao interior da colônia foi motivada pela descoberta das minas de ouro e pelo crescimento da pecuária – nessas áreas, o número de homens era superior ao de mulheres, e os **concubinatos**, disseminados. A partir de meados do século XVIII, teve início a urbanização da colônia. Esse conjunto de situações promoveu enormes ondas migratórias, que obrigavam os colonizadores a se locomover da costa para o interior da colônia em busca de trabalho e ocupação. Tais deslocamentos alteraram a estrutura demográfica das populações e incentivaram o aparecimento de formas diferentes de família.

A existência de mulheres sozinhas nas cidades coloniais, por exemplo, dava uma característica especial às famílias, que se constituíam, muitas vezes, apenas de mãe, filhos e avós. Como hoje, multiplicavam-se os **lares monoparentais** com chefia feminina. Algumas dessas famílias incluíam escravos e escravas. Outras, parentes ou compadres e comadres "agregados". Frágeis? Não. Tais arranjos familiares permitiam às **matriarcas** elaborar agendas extremamente positivas para os seus: casavam filhos e filhas interferindo na escolha do cônjuge; controlavam o dinheiro com que cada membro colaborava no domicílio; punham em funcionamento redes de solidariedade; agiam, sós ou em grupo, quando deparavam com interesses contrariados.

Mary del Priore. *Histórias e conversas de mulher*. São Paulo: Planeta, 2013. p. 16 e 17.

### Glossário

**Concubinato:** união livre e estável de homem e mulher não casados.
**Lar monoparental:** lar formado pela mãe e filhos ou pelo pai e filhos.
**Matriarca:** mulher que lidera a família.

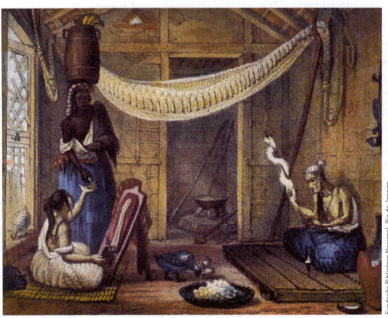

Jean-Baptiste Debret. *Família pobre em sua casa*, 1834-1839. Litografia, 34 cm × 49 cm.

A obra representa uma família pobre formada por uma viúva, sua filha e a única escrava, em uma casa modesta em cujo cômodo, ocupado pelas três mulheres, não se vê móveis, apenas rede e esteira.

① Que mudanças as migrações para o interior do território brasileiro causaram na formação das famílias no contexto dos séculos XVII e XVIII?

② Hoje em dia, os processos de deslocamentos de grupos e pessoas no Brasil e no mundo são constantes por vários motivos, como a busca de melhores condições de vida, mudança do local de trabalho, fuga de guerras e perseguições. Como esse processo afeta as configurações familiares dos envolvidos? Reflita sobre o assunto e discuta-o com os colegas.

③ O conceito de família atualmente inclui um grupo de pessoas que compartilham histórias, circunstâncias, culturas, afetos e também conflitos. É importante valorizar e reconhecer as diferentes configurações familiares?

 **Ampliar**

**Bandeirante,**
de Wanderley Loconte e Regina Helena de Araújo Ribeiro (Saraiva).

A partir do contexto histórico dos bandeirantes, o autor narra a história de um jovem de 14 anos que vive em São Paulo e estuda em um colégio jesuíta.

# Tordesilhas, um limite ultrapassado

As bandeiras foram organizadas pelos paulistas e demais habitantes da capitania de São Vicente para tentar superar a pobreza da região. Na busca de indígenas e de riquezas minerais, os bandeirantes não utilizavam mapas nem tinham a preocupação de respeitar os limites definidos desde 1494 pelo Tratado de Tordesilhas.

Assim, ocorreu a formação de povoados e vilas ao longo dos caminhos abertos pelos bandeirantes em áreas que não pertenciam a Portugal. Além disso, territórios espanhóis do norte e do sul foram ocupados de outras maneiras: na região amazônica, jesuítas portugueses fundaram várias missões; no atual Rio Grande do Sul, criadores de gado formaram fazendas nos extensos pampas gaúchos; e no atual Uruguai, os portugueses fundaram a Colônia de Sacramento, em 1680. Nem mesmo os domínios portugueses estavam garantidos: em 1616, a França conquistou o Pará.

A partir do século XVIII, o território do Brasil já se encontrava ampliado. Tal situação exigiu de Portugal a assinatura de diversos tratados com a Espanha para regulamentar as ocupações decorrentes das ações dos bandeirantes, dos jesuítas e dos criadores de gado.

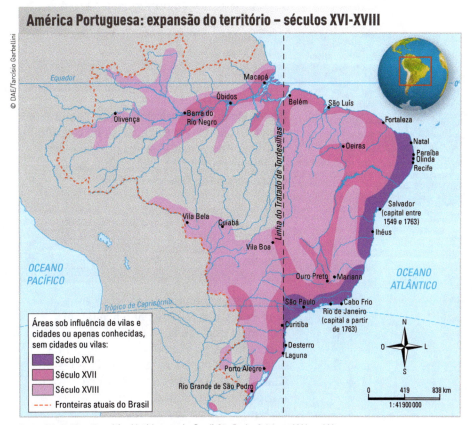

Observe o mapa ao lado e explique por que, no século XVII, o Tratado de Tordesilhas perdeu sua validade.

Fonte: Cláudio Vicentino. *Atlas histórico: geral e Brasil*. São Paulo: Scipione, 2011. p. 103.

## Tratados que definiram o território do Brasil

As novas fronteiras dos territórios portugueses e espanhóis na América não se definiram de imediato; foram necessários seis tratados, assinados ao longo de quase 90 anos, para que isso ocorresse. O contorno do território brasileiro pouco mudou desde o último deles – o Tratado de Badajós, assinado no início do século XIX. A única alteração desde aquela época foi a anexação do Acre ao Brasil, em 1903, com a assinatura do Tratado de Petrópolis entre Brasil e Bolívia. Em 1907 foram fixados os limites entre Brasil e Colômbia com o Tratado de Bogotá, assinado pelos dois países.

Confira as principais determinações firmadas após o fim da validade do Tratado de Tordesilhas.

## 1713
### Primeiro Tratado de Utrecht

A França abriu mão do Pará; em troca, Portugal reconheceu o domínio francês sobre a Guiana, região ao norte do Brasil.

## 1715
### Segundo Tratado de Utrecht

A Espanha reconheceu o domínio português sobre a Colônia do Sacramento. Entretanto, os colonizadores espanhóis não aceitaram as determinações do tratado, pois não queriam a presença portuguesa na região.

## 1750
### Tratado de Madri

Portugal abriu mão da Colônia do Sacramento para a Espanha; em troca, recebeu o território dos Sete Povos das Missões (fundado por jesuítas espanhóis na região onde hoje se localiza o Rio Grande do Sul).

## 1761
### Tratado do Pardo

Os jesuítas espanhóis que viviam em Sete Povos das Missões não aceitaram o domínio português na região e incentivaram os indígenas a lutar contra os portugueses, provocando as Guerras Guaraníticas. Diante disso, Portugal e Espanha assinaram o Tratado do Pardo, anulando o de Madri.

Plano de missão de São João Batista, Sete Povos das Missões, 1753.

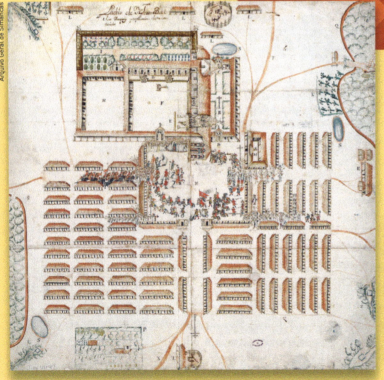

## Principais tratados de fronteiras

Fontes: Flávio de Campos e Miriam Dolhnikoff. *Atlas: história do Brasil*. 3. ed. São Paulo: Scipione, 2006. p. 16; Manoel Maurício de Albuquerque, Arthur Cézar Ferreira Reis, Carlos Delgado de Carvalho. *Atlas histórico escolar*. 7. ed. Rio de Janeiro: MEC-FENAME, 1977. p. 25.

### 1777 — Tratado de Santo Ildefonso

Portugal perdeu a Colônia do Sacramento e os Sete Povos das Missões, recebendo em troca a Ilha de Santa Catarina.

### 1801 — Tratado de Badajós

Desrespeitando o tratado anterior, os portugueses permaneceram em Sete Povos. Essa questão territorial se resolveu somente com o Tratado de Badajós. Portugal ficou com Sete Povos das Missões e a Espanha com a Colônia do Sacramento.

## Pontos de vista

### Atuação dos povos indígenas em debate

Estudos recentes sobre o papel dos indígenas na História do Brasil indicam a ativa participação deles em diversos processos desde o Período Colonial. Essas interpretações são resultado de pesquisas que apontam as várias formas pelas quais os nativos atuaram e defenderam seus interesses diante dos colonizadores.

Vejamos como esses estudos se aplicam na análise das missões jesuíticas.

> Sem dúvida, as aldeias religiosas ou missões visavam não apenas a cristianizar os índios, mas **ressocializá-los**, tornando-os súditos cristãos do Rei de Portugal, que teriam vários papéis a cumprir na nova sociedade que se construía. A Coroa e a Igreja se associaram nesse empreendimento, no qual os aspectos religiosos, políticos e econômicos se misturavam. <u>Os diferentes grupos indígenas que ingressaram nessas aldeias não foram, no entanto, tão passivos como costumava ser sugerido pela historiografia. Muitos deles buscavam o aldeamento como opção pelo mal menor diante de situações ameaçadoras e desfavoráveis.</u> Estudos recentes revelam que, apesar dos imensos prejuízos e da posição **subalterna** na qual se inseriam nas aldeias, eles se interessaram por elas, participaram de sua construção e foram sujeitos ativos dos processos de ressocialização [...]. Para integrá-los à colônia, os padres, principalmente os jesuítas, ensinaram aos índios novas práticas políticas e culturais que foram habilmente utilizadas por eles para obtenção de possíveis ganhos na nova situação em que se encontravam. [...] Para os religiosos, reunir os índios em aldeias para catequizá-los e **extirpar** seus vícios e práticas consideradas diabólicas significava cumprir os ideais missionários aos quais se dedicavam. [...] Para os índios, no entanto, as aldeias missionárias tinham significados e funções bem diferentes: terra e proteção, por exemplo, aparecem nos documentos como algumas de suas expectativas básicas ao buscar a aliança com os portugueses. [...] Os índios, em situação subalterna, foram sempre os mais prejudicados, mas nem por isso deixaram de lutar e obter alguns ganhos.

Maria Regina Celestino de Almeida. *Os índios na História do Brasil*. Rio de Janeiro: Editora FGV, 2010. E-book. [Grifo nosso]

**Glossário**
**Extirpar:** cortar; extinguir.
**Ressocializar:** socializar-se novamente.
**Subalterno:** submisso.

Johann Moritz Rugendas. *Aldeia dos tapuias*, c. 1822-1825. Aquarela.

Forme dupla com um colega e respondam às questões.

1. O texto discute o papel dos indígenas em suas relações com os colonizadores. Identifique a principal diferença na forma como os estudos antigos e os recentes interpretam esse papel.

2. Com base na leitura do texto, explique o que você entendeu sobre o trecho grifado.

1. Foi na capitania de São Vicente que se iniciou a produção açucareira no território brasileiro. No entanto, a iniciativa não prosperou. Explique as razões do empobrecimento dessa capitania.

2. As bandeiras eram compostas principalmente de homens, havendo inclusive participação de adolescentes.
   a) O que foram as bandeiras?
   b) Enquanto esses homens estavam fora, quem cuidava das casas, dos filhos pequenos e da sobrevivência das famílias nas vilas e povoados da capitania de São Vicente?
   c) Explique por que as bandeiras representaram uma tentativa de reduzir a pobreza de São Vicente.

3. Relacione a formação dos povoados no interior do Brasil com o movimento dos bandeirantes.

4. Observe novamente a obra de Benedito Calixto reproduzida na página 199 e releia o texto da mesma página. Depois, faça o que se pede.
   a) O artista representou os bandeirantes da forma como eles habitualmente se vestiam? Qual foi a intenção do artista ao representar os bandeirantes de maneira idealizada?
   b) Crie uma narrativa sobre a atuação dos bandeirantes que se contraponha à visão idealizada na tela de Benedito Calixto. Considere a origem étnica dos bandeirantes, suas motivações para realizar as expedições e as condições reais que enfrentavam durante as bandeiras. Escolha uma linguagem para apresentar sua narrativa à turma (texto verbal, visual, *podcast* ou outra de sua preferência). Na data combinada, apresente sua produção e observe a dos colegas; depois, discutam eventuais semelhanças e diferenças entre elas.

5. Ao analisar os tratados de fronteiras assinados entre Portugal e Espanha, de 1715 a 1801, nota-se um conflito de interesses em áreas localizadas no extremo sul da colônia. Identifique as áreas disputadas e comente as razões dessas disputas.

6. Observe a gravura de Jean-Baptiste Debret.

Jean-Baptiste Debret. *Soldados índios de Curitiba, escoltando selvagens*, c. 1834-1839. Litografia, 49 cm × 34 cm.

   a) Descreva a cena e comente sua relação com as bandeiras.
   b) Em sua opinião, quais eram os sentimentos da família indígena representada?
   c) O que mais chamou sua atenção na obra? Por quê?

7. Leia o texto a seguir sobre o início do povoamento do atual município de Baependi, no sul de Minas Gerais. Em seguida, descreva as relações entre a história de Baependi e a ação dos bandeirantes.

> Em 1692, a bandeira escravista de Antonio Delgado da Veiga e de Miguel Garcia saiu de Taubaté, alcançou a Mantiqueira pela garganta do Embaú, chegou à região de confluência dos rios Capivari e Verde, dando ao local o nome de Pouso Alto. Seguiu para um outro afluente do Rio Verde, em direção nordeste, a que os bandeirantes chamaram de Baependi. Naquela mesma região, andou, em meados de 1693 outra bandeira, mineradora, que em seu roteiro tinha gravado: "e em um destes montes que se chama Baependy se suspeita haver ouro em abundância pela informação que deixaram os índios da região". [...] O arraial de Baependi [...] foi elevado à categoria de vila [...] [em 1814], com a denominação de Santa Maria do Baependi.

Paulo Paranhos. *Primeiros núcleos populacionais no sul das Minas Gerais*. Disponível em <www.historica.arquivoestado.sp.gov.br/materias/anteriores/edicao07/materia03/texto03.pdf>. Acesso em: ago. 2018.

## CAPÍTULO 19

# Enfim, o ouro

Segundo dados do Instituto Brasileiro de Geografia e Estatística (IBGE), Minas Gerais é o quarto maior estado brasileiro e o segundo em tamanho populacional, posições que o destacam no cenário socioeconômico nacional. A história de Minas Gerais está intimamente ligada à busca de riquezas minerais no Período Colonial, fato já atestado no próprio nome do estado.

No final do século XVII, os bandeirantes encontraram as riquezas minerais tão procuradas desde o início da colonização. A descoberta veio em boa hora, afinal, a concorrência com o açúcar antilhano diminuíra sensivelmente as exportações do açúcar brasileiro e a Coroa Portuguesa precisava encontrar uma forma de manter sua colônia lucrativa.

A mineração trouxe muitas transformações sociais e econômicas à vida colonial, sobretudo o aumento do controle do Estado português sobre o Brasil.

Fonte: Cláudio Vicentino. *Atlas histórico: geral e Brasil*. São Paulo: Scipione, 2011. p. 102.

## Disputas pelo ouro

As principais áreas mineradoras estavam concentradas no atual estado de Minas Gerais, no final do século XVII. Tão logo se espalharam as notícias de que havia ouro, prata e pedras preciosas nessas regiões, começaram a chegar colonos vindos de Portugal e de diversos lugares da colônia: brancos ricos e pobres, mestiços, escravizados fugidos e alforriados. Eles abandonaram terra, família e trabalho para "tentar a sorte" nas minas. A chegada em massa dessas pessoas provocou muitos conflitos com os bandeirantes paulistas, já que estes foram os descobridores das minas, pois eles queriam ser os únicos a explorá-las.

A tensão entre os bandeirantes e as pessoas consideradas forasteiras (aquelas que não eram paulistas, como portugueses, baianos e pernambucanos) foi se agravando e transformou-se em uma guerra, travada nos anos de 1708 e 1709: a Guerra dos Emboabas.

Entre 1708 e 1709, ocorreram outros episódios que só aumentaram a rivalidade entre os dois lados. O governo português tinha pressa em resolver a situação: os conflitos já haviam causado cerca de duzentas mortes, o trabalho nas minas estava prejudicado e era necessário que as bandeiras paulistas continuassem a procurar novas áreas mineradoras.

Para acalmar os ânimos, o governo concedeu anistia a todos os envolvidos na luta e criou a capitania das Minas Gerais, com capital na Vila Rica de Ouro Preto, separando a região das minas da capitania de São Paulo. Assim, Portugal se livrou da concorrência dos paulistas e passou a controlar diretamente a rica região do ouro.

Oscar Pereira da Silva. *Bandeirantes a caminho de Minas*, 1920. Óleo sobre tela, 86 cm × 130 cm.

É possível perceber, retratadas na obra, as características da paisagem e da vegetação da região das Minas.

## Documentos em foco

### A Guerra dos Emboabas

O historiador inglês Charles Boxer, especialista em estudos sobre Portugal e Brasil, assim descreveu as razões da Guerra dos Emboabas:

> Desde o início da corrida do ouro, os pioneiros paulistas e os forasteiros [...] não morriam de amores uns pelos outros. Coisa bastante natural, se considerarmos que os paulistas achavam-se com direito à prioridade nas reivindicações, uma vez que tinham sido os descobridores das minas. Contudo, sua forma de vida era mais ameríndia do que europeia, sob certos aspectos. Habituados a uma existência nômade, falando o tupi entre eles, e inteiramente à vontade na braveza do sertão, pouco tinham em comum com os recém-chegados [...].
>
> Ressentimento mútuo entre os dois grupos veio a ser ainda mais inflamado pelos termos ofensivos que usavam para se descreverem uns aos outros. [...] paulistas eram classificados como bandoleiros sem lei. Por sua vez, eles proclamavam sua desdenhosa aversão pelos recém-chegados [...] intitulando-os emboabas. Trata-se de palavra ameríndia [...] usada, obviamente, com intenção injuriosa [pois emboaba significa pássaro de pernas emplumadas, daí ser o termo aplicado como zombaria aos recém-chegados, que usavam coberturas protetoras para as pernas e pés, ao contrário dos paulistas, que andavam descalços e de pernas nuas pelo matagal].
>
> [...] Os emboabas, [...] durante muito tempo, se deixaram intimidar por aquela provocação, mas [...] sua irritação [...] explodiu em ódio selvagem. No dia 27 de junho de 1707, dois chefes paulistas foram linchados por uma turba enfurecida de emboabas [...] a maioria deles apressou-se a deixar o local e a refugiar-se nos matagais, temendo vingança paulista. Alguns deles, entretanto, fizeram barricada [...] e prepararam-se para resistir ao esperado contra-ataque. Realmente, os paulistas surgiram como leões em fúria, mas, vendo que aquele pequeno grupo estava disposto a lutar até o fim, contentaram-se em enterrar seus compatriotas assassinados, retirando-se, após, como cordeirinhos mansos. Bastante encorajados com a atitude inesperada dos outros, os emboabas refugiados voltaram às minas e resolveram que não mais suportariam as tolices de seus adversários. Estes últimos fizeram várias tentativas para chegar a um entendimento pacífico, mas os emboabas resistiram. Por mais de um ano, cada facção vigiou a outra com desconfiança, enquanto se armavam, e a seus escravos, para o encontro que consideravam inevitável.
>
> Charles R. Boxer. *A idade de ouro do Brasil*. São Paulo: Companhia Editora Nacional, 1969. p. 83-86.

**Ampliar**

**O trabalho em Minas colonial,** de Andréa Lisly Gonçalves e Íris Kantor (Atual).

Conheça o cotidiano do trabalho nas minas, com destaque para aspectos da vida de escravos e de homens livres e pobres em busca da riqueza gerada pelo ouro.

Anônimo. *Ex-voto encomendado por Agostinho Pereira da Silva*, 1749. Óleo sobre tela.

Essa obra é uma narrativa das aventuras que ele vivenciou na busca pelo ouro. A pintura é um "ex-voto" de Pereira da Silva, isto é, ela foi oferecida a Deus como agradecimento por ter um pedido atendido.

1. Por que os bandeirantes consideravam a região das Minas sua propriedade?
2. O que o autor quis dizer ao afirmar que a forma de vida dos paulistas era mais ameríndia do que europeia?
3. Por que o uso da palavra **emboaba** para se referir aos forasteiros indicava o desprezo dos paulistas por eles?
4. Na visão do autor, a guerra entre paulistas e forasteiros era "inevitável". Em sua opinião, o que poderia ter sido feito para evitá-la? Comente.

# Exploração das minas

A notícia da descoberta de ouro atraiu um número elevado de pessoas para Minas Gerais. Elas buscavam riqueza fácil e, conforme suas posses, recebiam lotes de terra do governo local. Os tamanhos desses lotes (chamados de **datas**) eram diferentes; os mais extensos eram entregues aos mineradores com maior número de negros escravizados, entre dez e vinte "braços". Apesar de ricos, esses mineradores possuíam em média quatro vezes menos escravos do que os poderosos senhores de engenho nordestinos no auge da produção açucareira.

Boa parte do ouro era encontrada por pessoas a serviço dos grandes mineradores, gerando concentração de renda. Os exemplos a seguir ilustram esta situação: em 1710, apenas cinco mineradores foram responsáveis por quase metade do ouro encontrado na área mineradora do Rio das Mortes. Um século depois, os cinco maiores mineradores da região conseguiram, em média, 16 quilos de ouro por ano cada um, enquanto a média anual de quase 570 pequenos mineradores foi de 347 gramas cada um. Tudo indica que a riqueza gerada pelo ouro ficou restrita a um número pequeno de pessoas e que a fome continuou a ser um problema sério para muitos.

## Fome e abastecimento nas Gerais

Nos primeiros anos da implantação das atividades mineradoras em Minas Gerais, a grande população que lá se instalou enfrentou a escassez de alimentos. Poucos se interessavam em dedicar tempo para cuidar das roças de milho, feijão, mandioca. A falta de alimentos encareceu os produtos. O preço de alguns gêneros chegava a ser dez vezes maior, ou até mais, nas regiões mineradoras que na vila de São Paulo. A fome chegava primeiro aos mais pobres, que não tinham ouro para pagar os altos preços da comida. Mas os enriquecidos também estavam sujeitos a ela, pois nem sempre havia de quem comprar alimentos. A crise de abastecimento foi mais intensa entre 1697 e 1698, 1700 e 1701 e em 1713.

Para solucionar o problema foi aberto um novo caminho que encurtou a distância entre a vila de São Paulo e o Porto do Rio de Janeiro, que eram os principais polos de abastecimento das Gerais. Contudo, o Caminho Novo, como foi chamado, a princípio desagradou os tropeiros, porque eram raros os povoados ao longo da nova rota onde pudessem se estabelecer por uns dias para o descanso deles e de seus animais de carga. Conta-se que nos ranchos improvisados o sono era interrompido por ataques de morcegos e o vaivém de aranhas, baratas e insetos diversos.

Mas a proibição pelo governo português de usar outra rota aumentou o movimento no Caminho Novo, e estimulou a formação de arraiais, nos quais a população miúda passou a se dedicar ao plantio de alimentos. Em pouco tempo, o deslocamento de pessoas e mercadorias no novo caminho aumentou e por ele passavam gado, fumo, açúcar, azeite e escravos, que eram transportados até as vilas mineradoras.

Thomas Ender. *Vila Rica*, 1817. Aquarela sobre lápis.

Esta obra representa Vila Rica (atual Ouro Preto), em Minas Gerais.

# Integração do mercado interno colonial

Ainda que as chances de ascensão social não tenham se estendido a todos que migraram para as regiões mineradoras, nelas se formou uma camada intermediária entre senhores e escravos. Como geralmente ocorre em áreas de expansão econômica, muitas pessoas foram para lá, incluindo médicos, advogados, militares, padres, cronistas e viajantes. Todas essas pessoas precisavam comprar alimentos, roupas, móveis, ferramentas de trabalho, utensílios domésticos etc. Aos poucos, Minas Gerais deixou de abrigar somente quem se interessava pela mineração e transformou-se em uma região que atraía também comerciantes, tropeiros, ferreiros, alfaiates, carpinteiros, sapateiros, ourives, pequenos agricultores e criadores de animais que, com seu trabalho, abasteciam a população.

No entanto, nem sempre a produção local era suficiente para suprir as necessidades daqueles consumidores – afinal, a atividade predominante em Minas Gerais continuou sendo a exploração de riquezas minerais. Em consequência, outras regiões do Brasil começaram a produzir diversos gêneros que eram vendidos nas Gerais. Dos campos do sul, por exemplo, vinham o **charque** e as mulas, utilizadas como meio de transporte nos difíceis caminhos do interior; do norte vinha o gado bovino; dos engenhos vinham açúcar e cachaça; da Bahia vinham sal, farinha, fumo e mão de obra escrava. Ao contrário do que ocorrera na economia açucareira, voltada principalmente para o comércio externo, a atividade mineradora estimulou a criação de um mercado interno na colônia.

**Glossário**

**Charque:** carne seca e salgada.

**zoom**

1. Identifique na imagem o meio de transporte usado para levar as mercadorias.
2. Como eram chamados os comerciantes representados na obra? Descreva suas atividades.

Henry Chamberlain. Gravura publicada em *Vistas e costumes de uma cidade e bairro*, 1822.

A obra representa um comboio de tropeiros deixando a cidade do Rio de Janeiro com mercadorias para abastecer as regiões mineradoras.

# Tecnologia da mineração colonial e escravidão

Os portugueses conheciam pouco as técnicas mineradoras. O papel decisivo nessa atividade coube aos africanos, que traziam importantes conhecimentos das minas da África Ocidental e sabiam manejar os equipamentos para a mineração em locais profundos, perfurando rochas até encontrar água subterrânea. O trabalho nas lavras, lugares de onde se extraía o ouro nas datas, era particularmente perigoso pois havia risco de desabamento.

Bateia do século XVIII.

Bateia é uma bacia grande e rasa, cônica, feita de madeira ou de metal, que deve ser segurada com ambas as mãos.

Desde os primeiros tempos da atividade mineradora, escravizados de origem africana eram vendidos para a região em número cada vez maior. Mas também havia mineradores pobres, que não dispunham de ferramentas nem de escravizados para explorar grandes datas e suas lavras. Esses perambulavam pelas margens dos rios apenas com uma bateia. Com olhos atentos, procuravam na areia pontos que brilhassem à luz do sol – a "faísca" indicava a presença de ouro. Esse tipo de mineração, muito comum naquela época, era chamado de faiscação.

Trabalhando individualmente ou em pequenos grupos, os faiscadores encontravam poucos grãos de ouro, o que lhes garantia somente o alimento diário. No entanto, ao longo do século XVIII, mais e mais pessoas se dedicavam à faiscação.

O pintor esteve várias vezes no Brasil entre 1821 e 1847. Este quadro revela a presença maciça de escravizados nas áreas mineradoras.

Johann Moritz Rugendas. *Lavagem do minério de ouro próximo à montanha Itacolomi*, 1835.

## Por que tantos faiscadores?

Para alguns historiadores, a mineração possibilitou aos pobres que encontravam ouro a chance de enriquecer. Para outros, o crescente número de faiscadores foi resultado da decadência da mineração, pois, quando as minas começavam a se esgotar, as pessoas as abandonavam e iam tentar a sorte à beira dos rios e riachos.

A respeito dos escravizados, nem todos os pesquisadores concordam que houve de fato chances para que pudessem comprar suas cartas de alforria. Na prática, parece ter sido difícil e improvável que conseguissem acumular dinheiro suficiente para comprar a própria liberdade.

Há, porém, um aspecto em que os historiadores concordam: em razão do grande número de pessoas que foram em busca de ouro nas Gerais, formou-se ali uma sociedade bastante diversificada. Entre senhores e escravizados estavam ex-cativos, mestiços e brancos pobres que se dedicavam a atividades variadas, como comércio, artesanato, agricultura e criação de animais.

# O controle português sobre as jazidas

Além do ouro, havia jazidas de pedras preciosas, principalmente diamantes, espalhadas pelos territórios em que hoje se localizam os estados de Minas Gerais, Goiás e Mato Grosso.

Como reagiu o governo português diante de tamanha quantidade de riquezas minerais exploradas no Brasil?

Preocupado em evitar o contrabando e garantir o controle sobre todas essas riquezas, o governo português criou, em 1734, o Distrito Diamantino, próximo à atual cidade de Diamantina, em Minas Gerais, administrado diretamente pela Coroa. Lá, as minas eram exploradas com mão de obra escravizada e sob forte fiscalização, pois temia-se que os escravizados roubassem as pedras preciosas. Esse temor tinha fundamento, pois eram comuns os casos de escravizados que as engoliam ou escondiam nos cabelos, sob as unhas compridas, nas roupas, na esperança de vendê-las fora dos limites do Distrito Diamantino.

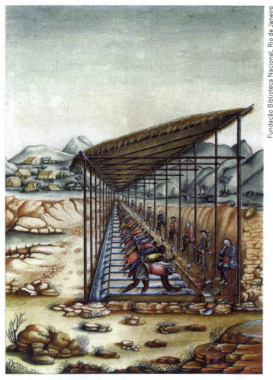

Carlos Julião. Representação de escravizados trabalhando na extração de diamantes em mina de Serro Frio, sob o olhar vigilante de capatazes contratados, século XVIII. Aquarela.

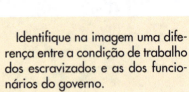

**zoom** Identifique na imagem uma diferença entre a condição de trabalho dos escravizados e as dos funcionários do governo.

## O rigor tributário nas Minas Gerais

A metrópole criou diferentes tributos sobre a extração de ouro e de pedras preciosas e controlou as minas com bastante rigor. O principal imposto era o quinto, que correspondia a 1/5, ou seja, 20% das riquezas encontradas. Havia também a capitação, imposto cobrado sobre cada escravo com mais de 12 anos de idade, além do dízimo – a décima parte sobre tudo o que era produzido em Minas Gerais.

Todo esforço era válido para evitar **fraudes**, **sonegação** e contrabando. Com esse objetivo, Portugal criou, em 1720, as Casas de Fundição, nas regiões mineradoras, cuja função consistia em receber o ouro imediatamente após a extração, para que os funcionários reais o pesassem e descontassem o quinto. Em seguida, o metal era fundido e transformado em barras que recebiam um selo do governo português, indicando que aquele ouro já estava quintado. Dessa etapa em diante, a lei permitia que circulasse na colônia apenas ouro em barras com a "marca" da Coroa.

**Glossário**

**Fraude:** falsificação; abuso de confiança.
**Sonegação:** ato de deixar de pagar um imposto; ato de esconder algo ilegalmente; ato de não cumprir uma exigência da lei.

Barras de ouro quintadas, com impressão do selo da Coroa portuguesa.

A partir de 1720, a circulação de ouro em pó ou em pepitas tornou-se ilegal. Todo o ouro encontrado deveria ser fundido e transformado em barras seladas pelo governo. Esta medida visava combater o contrabando.

## E para onde foi o ouro do Brasil?

A imensa quantidade de ouro retirada do Brasil durante o apogeu da mineração não permaneceu nos cofres portugueses.

A economia metropolitana estava abalada desde a União Ibérica (1580-1640), período no qual Portugal se envolveu em guerras ao lado dos espanhóis, enquanto o nordeste brasileiro estava ocupado pelos holandeses. A situação agravou-se com a crise açucareira colonial.

A partir de 1703, a economia portuguesa ficou ainda mais abalada após a assinatura do Tratado de Methuen com os ingleses. Esse acordo comercial estabelecia que a Inglaterra importaria vinhos portugueses com vantagens **alfandegárias**. Em troca, Portugal importaria tecidos ingleses. Aos poucos, a dívida externa da metrópole cresceu significativamente, pois ela gastava mais com a importação de tecidos do que recebia com a exportação de vinhos. Dessa forma, as riquezas minerais extraídas do Brasil foram parar nos cofres ingleses como pagamento das dívidas.

A Inglaterra investiu esse ouro na ampliação da indústria **têxtil**, o que contribuiu para a sua Revolução Industrial que transformou o país em uma potência econômica europeia da época. Os tecidos ingleses de alta qualidade, produzidos em larga escala, alcançavam preços mais baixos no mercado internacional e eram exportados para outras metrópoles e suas colônias.

### Glossário

**Alfandegário:** relacionado aos impostos cobrados na alfândega, ou seja, à importação e à exportação de produtos entre um país e outro.

**Têxtil:** relacionado a tecido.

### Ampliar

**Século XVIII: a colônia dourada**
Brasil, 1994. Direção: Eduardo Escorel.

Episódio da série Panorama Histórico Brasileiro que apresenta aspectos da arte barroca e da produção artística nas cidades mineiras.

## A arte barroca

Durante a época da mineração, a região de Minas Gerais também se destacou pelo desenvolvimento de um estilo de arte que ficou conhecido como Barroco.

No Brasil, a arte barroca caracterizou-se pela carga emotiva e pelo forte impacto visual, a valorização das cores, dos ornamentos e dos contrastes marcantes entre luz e sombra. As figuras pintadas ou esculpidas têm geralmente inspiração religiosa e transmitem uma impressão dramática.

O estilo barroco está relacionado ao período de prosperidade das regiões mineradoras durante o século XVIII. No Brasil, os mais conhecidos representantes desse estilo foram Aleijadinho e Mestre Ataíde.

Na Bahia, o Barroco destacou-se na decoração de igrejas localizadas em Salvador, tais como a de São Francisco de Assis e a da Ordem Terceira de São Francisco.

Aleijadinho. *Profeta Ezequiel*. Escultura localizada no Adro do Santuário do Bom Jesus de Matosinhos, Congonhas (MG), 2018.

# Conviver

## Patrimônio cultural de Minas Gerais

A arte e a arquitetura barroca das igrejas, as ruas estreitas com calçamento de pedras, o casario colonial compõem a paisagem de várias cidades mineiras, que preservam a memória da época em que o ouro mobilizou milhares de pessoas em busca do valioso metal. Ouro Preto, antiga Vila Rica, foi a primeira localidade brasileira a receber, da Organização das Nações Unidas para a Educação, a Ciência e a Cultura (Unesco), o título de Patrimônio Cultural da Humanidade.

Atualmente, as cidades históricas mineiras são polos de turismo histórico e cultural do Brasil. Essas regiões recebem milhares de visitantes brasileiros e estrangeiros anualmente, interessados em conhecer esse patrimônio.

Vista da entrada principal da praça com monumento a Tiradentes e o Museu da Inconfidência, em Ouro Preto (MG). O prédio do museu funciona onde havia a antiga cadeia de Vila Rica.

Junte-se a alguns colegas, formem um grupo e façam uma visita virtual às cidades históricas de Minas Gerais. Sigam o passo a passo abaixo.

1. O primeiro passo é fazer um levantamento de quais são as principais cidades históricas de Minas Gerais.
2. Em seguida, pesquisem informações sobre essas cidades. Usem livros, revistas ou a internet. Lembrem-se de procurar *sites* especializados e confiáveis, como o do Instituto do Patrimônio Histórico e Artístico Nacional (Iphan). A pesquisa deve conter:
   - informações sobre a história das cidades mineiras na época da mineração colonial e os principais locais históricos e culturais de cada uma;
   - imagens do patrimônio cultural das cidades históricas. Procurem saber qual é a distância de cada cidade histórica em relação à capital de Minas Gerais e as principais vias de acesso aos turistas (aeroporto, rodovias); para isso, utilizem aplicativos de navegação pela internet.
3. Na etapa seguinte, criem pequenos textos contextualizando a história de cada cidade e elaborem legendas informativas para as imagens, com identificação e informações históricas do lugar, sua localização e outros aspectos que julgarem interessantes. Vocês podem organizar uma tabela com os dados sobre as distâncias das cidades até Belo Horizonte e as vias de acesso.
4. Finalmente, é possível criar uma apresentação multimídia com o material produzido usando um programa de sua preferência.
5. Vocês podem compartilhar o trabalho em redes sociais para divulgar à comunidade o patrimônio cultural das cidades mineradoras.

# Atividades

**1** Com base no texto, responda às questões que seguem:

> Na zona de mineração, o preço do escravo era muito alto, o que estimulou o comércio interno de mão de obra. Com a economia agrícola em baixa nesse período, várias capitanias vendiam negros para a região das minas. Esse comércio não agradava a Portugal, que deixava de ter lucros com a venda dos escravos africanos. A Coroa chegou mesmo a proibir a transferência de negros das várias capitanias para Minas Gerais. Ali, os escravos trabalhavam não só nos garimpos, mas também no transporte de carga, levando ouro até o porto do Rio de Janeiro e trazendo para Minas mercadorias importadas de outras regiões. [...] Nos garimpos, os escravos tinham condições de vida até piores do que nos engenhos:
>
> [...] trabalhavam em buracos pouco ventilados, na água ou atolados no barro. Além disso, a alimentação fornecida pelos senhores era reduzida, o que fazia com que os cativos contraíssem facilmente doenças que os levavam à morte.
>
> Júlio Quevedo e Marlene Ordoñes. *A escravidão no Brasil*. São Paulo: FTD, 1996. p. 22.

a) Quais situações motivaram a formação de um tráfico interno de escravizados de origem africana?

b) Em que medida esse tráfico interno prejudicava os interesses do governo português? Que medida foi tomada pelo governo com o objetivo de interrompê-lo?

c) As condições de vida dos escravizados nos garimpos eram adequadas para que resistissem ao trabalho? Por quê?

d) Explique por que a exploração das lavras dependeu dos saberes dos escravizados de origem africana.

**2** O que eram as datas e a faiscação? Como elas se relacionam com as condições sociais dos mineradores?

**3** A notícia da descoberta de ouro levou um enorme número de pessoas para as zonas de mineração.

a) Que razão justifica esse intenso deslocamento populacional?

b) Por que se formou nas regiões mineradoras uma sociedade diversificada?

c) De que modo a mineração estimulou a integração do mercado interno colonial?

**4** Na segunda metade do século XVIII, com o esgotamento das minas, achar ouro tornou-se mais raro. Como consequência, houve a decadência econômica de muitas áreas mineradoras, conforme o relato do viajante inglês Mawe.

> Parei para me refrescar em uma das melhores das poucas miseráveis casas da estrada. Havia na porta um gato semimorto de fome; a visão deste pobre animal fez-me pressentir o que me aguardava nessa moradia, cuja aparência levou-me a pensar não existir aí comida nem para ratos. Contemplava aquela imagem da miséria e da fome, quando surgiu à porta uma pobre mulher descarnada. Pedi-lhe um copo d'água, que ela me deu. Enquanto bebia, pediu-me esmola [...]. Dei-lhe a pequena porção de mantimentos que meus soldados tinham, assim como uma pequena moeda.
>
> Laura de Mello e Souza. *Desclassificados do ouro: a pobreza mineira no século XVIII*. Rio de Janeiro: Graal, 1982. p. 145.

a) Que problemas sociais enfrentados por parte da população mineradora são evidentes no relato do viajante? Justifique sua resposta com elementos do documento.

b) Qual das afirmações a seguir revela uma situação diretamente relacionada à descrita por Mawe? Por quê?

I. A Coroa portuguesa logo impôs um firme controle sobre Minas Gerais, enviando autoridades e fundando vilas.

II. Fortunas se fizeram no controle do abastecimento de alimentos para as Minas.

III. Muitos quilombos se formaram com cativos fugidos das áreas mineradoras.

**5** Houve inúmeros atritos entre os funcionários da Coroa e a população das regiões mineradoras. Que decisão do governo português pode ter gerado maior tensão entre ele e os mineradores? Por quê?

**6** Historiadores afirmam que o ouro extraído pelos portugueses foi parar nos cofres ingleses. Que motivos explicam a transferência do metal extraído para a Inglaterra?

219

# Visualização

## EXPANSÃO TERRITORIAL

### Bandeiras
- Sertão: terras distantes dos núcleos de povoamento
- Capitania de São Vicente
- Empobrecimento: concorrência do açúcar nordestino
- Bandeirantes
- Origens portuguesa e indígena
- Apoio de indígenas e mamelucos

### Limites e tratados
- Avanço das bandeiras pelo sertão
- Formação de povoados e vilas
- Ocupação além dos limites do Tratado de Tordesilhas
- Novos tratados entre portugueses e espanhóis
- Definição das fronteiras

### Atividades
- Apresamento de indígenas
  - Preferência por aqueles ligados aos jesuítas
  - Ataque às missões
- Sertanismo de contrato
  - Procura e destruição de quilombos
- Mercadorias valiosas
  - Madeira
  - Metais e pedras preciosas
- Tropeiros
  - Abastecimento das regiões das minas
  - Vias de ligação da colônia

### Vila de São Paulo
- Maioria de indígenas e mestiços
- Residências precárias
- Igreja presente no cotidiano
- Educação jesuítica
- Declínio da população indígena
- Doenças
- Trabalhos forçados

# O OURO

## Disputas
- Século XVII
- Declínio da economia açucareira
- Descoberta: atual estado de Minas Gerais
- Fluxo migratório
- Rivalidade entre bandeirantes e forasteiros
- Guerra dos Emboabas
- Criação da Capitania de Minas Gerais

## Arte barroca
- Minas Gerais
- Arte emotiva
- Forte impacto visual
- Religiosidade
- Representação de uma época próspera

## Exploração das minas
- Distribuição de lotes
- Quanto mais escravos, maior o lote
- Concentração de renda
- Escassez de alimentos
- Crise de abastecimento
- Caminho Novo
- Mercado interno na colônia
- Comércio de produtos e serviços entre várias regiões
- Africanos
- Conhecimentos de mineração
- Aumento do comércio de africanos escravizados
- Faiscação
- Chance de os pobres enriquecerem
- Decadência da mineração
- Sociedade diversificada

## Controle português
- Temores: fraudes, sonegação e contrabando
- Distrito Diamantino
  - Administração direta da Coroa
- Casa de Fundição
- Fiscalização e tributação intensa
  - Quinto
  - Capitação
  - Dízimo

## Ouro no exterior
- Portugal
  - Pagamento de dívidas
  - Guerras durante a União Ibérica
  - Invasão holandesa e crise açucareira
  - Tratado de Methuen com a Inglaterra
  - Balança comercial desfavorável
- Inglaterra
  - Ampliação da indústria têxtil
  - Contribuição para a Revolução Industrial

221

# Retomar

**1** Forme dupla com um colega, leiam o texto atentamente e respondam às atividades.

> A cultura do milho acompanhou [...] o movimento dos grupos tupis-guaranis, adquirindo importância vital na alimentação desses povos em constante processo de nomadismo. Por crescer rápido e exigir poucos cuidados, o cereal atendia à necessidade desses indígenas de deslocamento e rápida adaptação a um novo meio.
>
> Ao se instalarem nas terras indígenas da região do planalto, vila de Piratininga, e, posteriormente, Minas Gerais, os colonizadores que tinham índios em condição de escravidão terminaram por receber ampla influência desses conhecimentos ecológicos e culinários. Dessa forma, a presença do milho na alimentação dos paulistas desde o século XVII se deve, em parte, ao apresamento da população tupi-guarani a partir do século XVI e a seu transplante para o planalto paulista.

Paula Pinto e Silva. *Farinha, feijão e carne-seca: um tripé culinário no Brasil Colonial*. São Paulo: Senac, 2005. p. 95.

a) Quem fazia o apresamento de indígenas tupis-guaranis?

b) Identifiquem no texto aspectos negativos da influência dos bandeirantes nas regiões de São Paulo e Minas Gerais.

c) Em sua região, quais são as contribuições culinárias herdadas dos povos indígenas?

**2** Um prato típico da culinária brasileira é o "feijão tropeiro". Suas origens remontam ao contexto do abastecimento de mercadorias às populações que viviam nas áreas mineradoras. Você sabe que relação é essa? Sabe por que esse prato permanece como tradição da culinária mineira e paulista? Pesquise o assunto em um *site* apropriado na internet; registre suas descobertas e compartilhe-as com os colegas.

**3** A literatura de cordel é uma poesia popular escrita de forma rimada que aborda temas variados do cotidiano e temas da história por meio de uma narrativa direta.

### A ocupação do território paraibano

> [...] O bandeirante usou escravo
> E índios aculturados
> Na conquista dos sertões
> Que antes era habitado
> Pelos índios cariris
> Tarairiús e tupis
> E estes foram dizimados. [...]
> Os bandeirantes seguiram
> No sertão sempre entrando
> Pra conquistar novas terras
> Currais de gado implantando
> Mais e mais sempre avançavam
> Com pouco tempo estavam
> Os índios escravizando

Vicente Campos Filho. *A ocupação do território paraibano*. Folheto de cordel. p. 2 e 3.

a) Qual é o tema abordado nos versos desse cordel?

b) Comente a relação entre o contexto da expansão territorial do Brasil no século XVII e os versos.

**4** Forme um grupo com os colegas e pesquisem informações sobre o artista Antônio Francisco Lisboa, o Aleijadinho. Elaborem um quadro como o modelo a seguir e preencham com as informações encontradas.

| | |
|---|---|
| Artista | Antônio Francisco Lisboa |
| Data e local de nascimento e morte | |
| Principais obras | |
| Materiais usados | |
| Estilo e técnica empregados | |
| Por que ficou conhecido como Aleijadinho? | |
| Importância para a arte brasileira | |

Em seguida, leiam a entrevista *"Aleijadinho é um personagem de ficção"*, em que a historiadora Guiomar de Grammont conta os resultados de sua pesquisa sobre a vida e obra do artista. Disponível em: <http://g1.globo.com/platb/maquinadeescrever/2008/11/02/> (acesso em: out. 2018).

Com base na tabela e na entrevista, respondam em grupo às questões a seguir.

**a)** Segundo a historiadora, Aleijadinho é um personagem de ficção. Que argumentos ela apresenta para justificar esse ponto de vista?

**b)** Como vocês avaliam a importância do Barroco e de Aleijadinho para a arte brasileira?

**5** Os bandeirantes empreenderam muita violência contra os povos indígenas. Atualmente, os indígenas são cidadãos brasileiros, o que lhes assegura vários direitos por lei, entre eles o de preservar seu modo de vida tradicional. Mobilize seus conhecimentos e discuta com os colegas a situação dos povos indígenas na atualidade e se houve mudanças significativas nos problemas enfrentados por eles.

**6** No contexto da mineração, o governo português implantou uma estrutura tributária rigorosa sobre Minas Gerais.

**a)** Identifique pelo menos dois impostos cobrados na região das minas no século XVIII.

**b)** Explique o motivo pelo qual o ouro brasileiro arrecadado por meio de impostos pela Coroa portuguesa era transferido para a Inglaterra.

**c)** Você sabe para que servem os impostos? Converse com adultos sobre o assunto e elabore uma resposta com suas palavras.

**d)** Dê exemplos de alguns impostos que você ou os adultos de sua família conheçam. Escolha um deles e pesquise como ele é cobrado e com qual finalidade. Registre as informações no caderno e apresente à turma o que descobriu.

**7** Leia o texto a seguir.

No entanto, após 1725, com a abertura do Caminho Novo, ligando as Minas Gerais diretamente ao Rio de Janeiro, entraram em franco declínio e estagnação as vilas do vale do Paraíba. Perdeu-se muito com o deslocamento, para outras paragens, de um trajeto obrigatório intensamente percorrido por quase meio século – sobretudo se pensarmos que, ao longo do Vale do Paraíba, havia importante rede organizada de comércio. O deslocamento da rota levou igualmente à estagnação dos portos situados no litoral norte da Capitania de São Paulo. Desde 1720, Parati deixou de sediar a Casa de Fundição. Aos poucos, toda a população deslocou-se em direção às novas riquezas, permanecendo o litoral praticamente abandonado e isolado do comércio com as minas do ouro. A partir de então, todo o escoamento do metal se fez diretamente via Rio de Janeiro.

Beatriz Piccolotto Siqueira Bueno. Dilatação dos confins: caminhos, vilas e cidades na formação da capitania de São Paulo (1532-1822). An. mus. paul., São Paulo, v. 17, n. 2, jul.-dez. 2009.

- Contextualize a abertura dessa nova rota e, de acordo com o texto, enumere as consequências da abertura do Caminho Novo.

**8** O Quilombo dos Palmares foi formado por volta de 1597 na Serra da Barriga, no atual estado de Alagoas. A tela a seguir representa sua destruição em 1694.

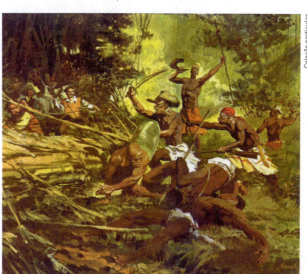

Manuel Victor. *A Guerra dos Palmares*, 1955. Óleo sobre tela.

- Comente a relação entre a ação dos bandeirantes e a destruição do quilombo.

223

# UNIDADE 8

> **Antever**
>
> O texto a seguir aborda a conquista da América durante o processo de colonização. Leia-o com atenção.
>
> Quando começou a matança e a destruição dos templos, ídolos e cidades [...] [o] medo foi compartilhado, medo de morrer com a barriga aberta pelo golpe da espada, ou aos gritos e contorções pelo efeito de uma flecha envenenada. Mas o medo do espanhol era compensado de sobra pelo ouro e pelas mulheres e, ao final, pela vitória.
>
> O medo dos índios se transformou em trauma quando a catástrofe de seu mundo material e espiritual desabou sobre suas cabeças, destruiu a família, tirou-lhes a companheira, emudeceu os deuses e lhes abriu um futuro incerto, no qual jamais tinham pensado. [...] A conquista foi para o índio um turbilhão violento e dolorido demais [...].
>
> Héctor H. Bruit. *Bartolomé de Las Casas e a simulação dos vencidos: ensaio sobre a conquista hispânica na América.* São Paulo: Iluminuras. p.37, 42, 45-46.
>
> Quais foram os impactos da conquista da América para os povos ameríndios das áreas coloniais espanholas e inglesas? Que mudanças a colonização da América provocou no mundo? Que lições a "relação do eu com o outro", estabelecida pelos conquistadores europeus no contexto da colonização da América, pode trazer ao mundo atual?

Vista da Pirâmide do Sol e da Avenida dos Mortos em Teotihuacan, Cidade do México, 2015.

# América colonial espanhola e inglesa

# CAPÍTULO 20

# Dominação e resistência na América espanhola

No Brasil, falam-se português e diversas **línguas indígenas**; no México, Argentina, Paraguai, Chile, Peru, Uruguai, Venezuela, Cuba e Nicarágua, entre outros países de colonização espanhola, falam-se castelhano e **línguas indígenas**. Nos Estados Unidos, falam-se inglês e **línguas indígenas**; no Canadá, inglês, francês e **línguas indígenas**.

Já na América Central, enquanto o castelhano é o idioma oficial da maioria dos países, nas ilhas do Caribe há diversas línguas oficiais: na Jamaica, o inglês; na Martinica, o francês; em Aruba, tanto o holandês quanto o papiamento (língua local, resultado da mistura entre castelhano, português, inglês e holandês). Em alguns países americanos fala-se o francês crioulo, caso do Haiti, ou o inglês crioulo, como em Antígua e Barbados, idiomas variáveis da língua francesa e da inglesa, respectivamente, e que têm pronúncia e gramática próprias.

Como se pode explicar tamanha diversidade cultural e linguística? Por que os idiomas dos colonizadores europeus se sobrepuseram às línguas nativas? E as tradições culturais indígenas, será que elas sobreviveram à colonização do continente?

América: idiomas da época pós-colonial – séculos XX e XXI

**Principais idiomas**
- Inglês
- Francês
- Português
- Castelhano/espanhol
- Holandês

> **zoom** Observe o mapa e responda: Qual é o idioma oficial da maioria dos países de nosso continente? Depois, identifique o país europeu que teve maior número de colônias na América.

Fontes: Vera Caldini e Leda Ísola. *Atlas geográfico Saraiva*. São Paulo: Saraiva, 2013. p. 180; Gisele Girardi e Jussara Vaz Rosa. *Atlas geográfico do estudante*. São Paulo: FTD, 2011. p. 141.

# Divisão da América entre os colonizadores

A presença de outras nações europeias na América, além da espanhola e portuguesa, é explicada pelo desrespeito ao Tratado de Tordesilhas, firmado entre Portugal e Espanha. Países não beneficiados por esse tratado invadiram as colônias ibéricas ou passaram por seus territórios para chegar ao Oriente.

Com a atenção voltada à exploração das riquezas da América Central, do Sul e do atual México, a Espanha não conseguiu tomar conta de todas as terras que lhe pertenciam de acordo com o tratado. Essa foi a oportunidade aproveitada pelos ingleses para ocupar a costa leste da América do Norte.

Em 1499, a Inglaterra contratou o navegador italiano João Caboto para sondar o litoral do território onde hoje são os Estados Unidos em busca de um provável caminho para a Ásia. Entre 1534 e 1535, também visando chegar ao Oriente, a França enviou à América uma expedição comandada por Jacques Cartier. O resultado dessa expedição foi a fundação do Canadá, na época chamado de Nova França. Os holandeses, por sua vez, fizeram as primeiras conquistas territoriais na América no século XVII, graças a sucessivas vitórias sobre a Espanha em diferentes guerras.

| Colonização | |
|---|---|
| Espanhola | Começou com a conquista das ilhas do Caribe, no fim do século XV e início do XVI. As populações nativas foram dizimadas. No México, os astecas foram massacrados em 1519. No Peru, a conquista e a destruição do Império Inca iniciaram-se em 1532. |
| Portuguesa | Decaindo o comércio na Ásia, Portugal passou a ocupar definitivamente as terras brasileiras. Implantou as capitanias hereditárias e instalou as sesmarias. |
| Inglesa | Começou em 1607, com a colonização da América do Norte. Ao norte dos Estados Unidos, instalaram-se os pequenos proprietários de terras. Ao sul, predominaram as grandes propriedades. |
| Francesa | Os franceses formaram, na América do Norte, as colônias de Terra Nova, Nova Escócia e Nova França (Canadá), a partir de 1603. De 1682 em diante, rumaram para o Vale do Mississippi (Louisiana) e fundaram Nova Orleans. |

**zoom**

❶ Como a imagem de Andrew Morris representa o encontro entre europeus e indígenas na região do atual território do Canadá?

❷ Que elementos da imagem indicam que ela representa a visão europeia da conquista, e não a visão dos povos nativos?

Andrew Morris. *Gravura que representa Jacques Cartier e seu primeiro encontro com os índios em Hochelaga*, 1850.

Nesta ilustração, o artista representou o primeiro contato, em 1535, do explorador francês Jacques Cartier com os indígenas da região de Hochelaga, atual Montreal, no Canadá. A mando do rei Francisco I da França, Cartier realizou três expedições ao Canadá em busca de ouro e consolidou a presença francesa no Canadá na primeira metade do século XVI.

Da mesma forma que no território ocupado pelos portugueses no Brasil havia povos de variadas etnias e modos de vida, nos territórios americanos ocupados pela Coroa espanhola a situação era semelhante. Havia sociedades urbanas com governos locais e também comunidades que viviam da pesca. Os conhecimentos técnicos e as formas de organização social variavam de um povo a outro. Tanto o Império Asteca quanto o Império Inca constituíam um Estado estruturado com poder centralizado na figura do imperador, um conjunto de funcionários públicos que cuidavam da administração e força militar capaz de dominar outros povos.

# Lutas e resistências no processo de dominação

A dominação e a colonização da América pelos espanhóis foi um processo marcado por muitas lutas e resistências dos indígenas. Mas, afinal, como os espanhóis conseguiram conquistar a América?

## Conflitos entre espanhóis e astecas

À primeira vista, a superioridade numérica das populações nativas oferecia pouca chance ao grupo de espanhóis. No entanto, a grande diversidade desses povos favoreceu os conquistadores europeus. Antes mesmo do desembarque de Colombo, as relações entre os povos ameríndios nem sempre era amigável, havia tensões e disputas entre eles. Os astecas, por exemplo, no século XV passaram a dominar grande parte dos povos do Vale do México e suas cidades, cobrando-lhes tributos. A situação de submissão provocava o descontentamento desses povos, enquanto os mexicas (como os astecas se denominavam) ampliavam a riqueza e o poder de seu império, cuja capital era Tenochtitlán.

Fonte: José Jobson de A. Arruda. *Atlas histórico básico.* São Paulo: Ática, 2011. p. 21.

As pesquisas sobre a história da conquista e os conhecimentos sobre a América pré-colombiana indicam que as disputas não ocorreram entre duas forças opostas, espanhóis contra indígenas. Inúmeros indígenas se uniram aos estrangeiros nas guerras contra aqueles indígenas que os havia dominado, como os tlaxcaltecas e os totonacas que queriam vencer os mexicas. Eles consideraram os espanhóis seus aliados, sem perceber que posteriormente, seriam alvos da conquista e do domínio espanhol. Os conquistadores, por sua vez, souberam usar a seu favor as rivalidades entre os povos nativos, aliando-se momentaneamente a eles para derrotar os astecas e apoderar-se das riquezas de seu território.

A surpresa causada pelo aparecimento dos espanhóis com seus cavalos – animais desconhecidos no continente americano – foi outro fator que favoreceu o processo de conquista. O uso do cavalo provocou estranhamento e receio entre os nativos, por ser um animal que nunca haviam visto em seu território.

Mas não eram as guerras, nem os cavalos que mais assombravam os indígenas e sim as doenças. O fator que causou maior declínio das populações indígenas foi o contato com doenças epidêmicas transmitidas pelos colonizadores, contra as quais os nativos não tinham desenvolvido **imunidade** ou conhecimentos de cura. Varíola, gripe, tifo, sarampo, malária, entre outras, devastaram populações inteiras. Durante o século XVI as epidemias se sucediam

**Glossário**

**Imunidade:** resistência natural ou adquirida de um organismo contra contaminações.

rapidamente, de forma que não havia tempo para que a população sobrevivente se recuperasse da debilidade e dos sintomas de uma doença e logo era infectada por outra. A morte atingia nativos de todas as idades, no entanto, o elevado número de mortes entre os jovens era especialmente grave, já que reduzia a população em idade de ter filhos e, consequentemente, impedia o aumento da população.

Por outro lado, os indígenas tinham a grande vantagem de conhecer muito bem as áreas em que viviam, ao contrário dos espanhóis, que ainda estavam tentando se adaptar ao novo ambiente e aos costumes locais. Os efeitos do calor e da altitude contribuíram para a dificuldade de adaptação dos estrangeiros. Além disso, a dieta dos indígenas causou muita indisposição aos espanhóis.

Assim, em muitos casos, até mesmo a tecnologia militar dos espanhóis, considerada superior na época, não se mostrou eficaz. O uso de armaduras de ferro, por exemplo, se tornou inviável por causa do calor.

A conquista da América pelos espanhóis envolveu, portanto, inúmeros fatores. É preciso considerar também o grande efeito da conquista espiritual dos indígenas, ou seja, a sua evangelização pelos padres católicos, e a migração maciça de espanhóis para o continente americano, o que impôs aos nativos novas formas de organização social.

**Ampliar**

**Arte popular na América Hispânica**
de Nereide Schilaro Santa Rosa. (Callis)

O livro aborda manifestações da arte popular de origens andina, maia, asteca e de povos anteriores a essas civilizações.

**Assombrosos astecas**
de Terry Deary. (Saraiva)

Apresenta informações sobre os rituais astecas e suas lideranças, como Montezuma e Cuahtemoc.

Ilustração do códice Lienzo de Tlaxcala que representa a batalha de Michoacán entre espanhóis e astecas, 1550.

Os códices constituem uma das mais importantes fontes históricas primárias produzidas pelo povo asteca antes da conquista espanhola e a partir da colonização. São livros formados por variados pictogramas – símbolos e ilustrações – nos quais os astecas registraram aspectos de seu cotidiano, suas crenças e guerras.

229

## Pontos de vista

### Malinche, traidora ou mãe dos mexicanos?

No processo da conquista do Império Asteca pelos espanhóis na região conhecida por Mesoamérica, hoje ocupada pelo México, destacou-se a figura de uma mulher indígena, Malinche. Ainda hoje seu papel na derrota asteca é **controverso**. Leia o texto a seguir para saber o porquê.

Em 1519, um navio espanhol aportou em Tabasco, na costa do Golfo do México. Seus ocupantes, todos estrangeiros, receberam dos nativos diversos presentes de boas-vindas. [...] Entre os regalos estavam 20 mulheres escravas. [...]

Entre as escravas, uma virou polêmica. Fluente em maia e asteca, a moça serviu de intérprete para os estrangeiros e os ajudou na comunicação com os índios locais. Chegou a ter um filho com um dos europeus. O mestiço Martín é considerado o primeiro "mexicano" da história. Malinche, seu nome, continua a ser considerada uma traidora, espécie de Judas de sua nação. [...]

Pouco se sabe sobre Malinche, citada apenas duas vezes nas cartas que Hernán Cortés escreveu para o rei espanhol Carlos I. Acredita-se que ao nascer, por volta de 1496, tenha sido chamada de Malinalli, nome de uma erva que, trançada, era usada para fazer roupas, e também de um dos dias do calendário da época, exatamente aquele em que ela nasceu. Era uma índia nahua, uma das diversas etnias que compunham o México pré-colombiano, provavelmente de Xalixco, na divisa entre o Império Asteca e estados maias. Francisco López de Gómara, que escreveu em 1552 *Historia de las Indias*, conta que a menina era filha de pais ricos, mas que foi sequestrada ainda criança e vendida para índios de ascendência maia, de Xicalango. Eles a teriam passado para o povo de Tabasco até ela ser dada para os espanhóis.

Há outra versão, contada em 1560 pelo conquistador espanhol Bernal Díaz del Castillo [...]. Segundo ele, os pais da índia eram caciques em uma cidade chamada Paynala. Após a morte de seu pai, a mãe teria se casado com outro cacique e tido um filho com o novo marido. Para que o bebê tivesse direito à herança, o casal resolveu dar a filha mais velha para os índios de Xicalango. [...]

[...] Quando descobriram que Malinche falava maia, ela começou a ser usada para fazer Cortés entender o que os povos daquela origem falavam. [...]

Malinche tornou-se fundamental para os planos do conquistador porque, como diz Bernal, "Cortés, sem ela, não podia entender os índios". [...]

Mais de três séculos depois de sua morte, [...] Tzvetan Todorov afirmou em seu livro *A conquista da América*: "É verdade que a conquista do México teria sido impossível sem ela". [...]

Não só sua imagem mudou ao longo dos séculos, mas também a importância atribuída a ela. "Na época da conquista, ela era respeitada. Não foi só tradutora e amante, tinha influência", afirma Leandro Karnal. "Depois da independência, o México construiu a identidade do asteca como ancestral de sua nacionalidade, como um povo feliz, o que é uma visão romântica. Então ela vira a traidora. Sua imagem só começa a ser reabilitada nos anos 80, quando a importância da comunicação, da mulher e dos aliados indígenas cresceu nas análises históricas."

[...] Para Todorov, a índia que ajudou a Espanha a dominar o México "anuncia o estado atual de todos nós, inevitavelmente bi ou tri culturais". O problema é que a mistura que Malinche representa é vista até hoje como impura em seu país, **atrelado** ao passado romântico. [...]

Malinche: a Judas do México. *Aventuras na História*, 8 ago. 2018. Disponível em: <https://aventurasnahistoria.uol.com.br/noticias/reportagem/malinche-a-judas-do-mexico.phtml>. Acesso em: set. 2018.

**Glossário**
**Atrelado:** ligado; preso.
**Controverso:** o que provoca discussão; polêmico.

Ilustração do códice Lienzo de Tlaxcala que remete ao encontro de novembro de 1519 entre Hernán Cortés e o imperador asteca Montezuma, com a presença de Malinche, representada em pé, atrás do espanhol.

A ilustração integra uma coleção de mais de 80 imagens que narram a conquista dos mexicas e foram elaboradas como prova da ajuda dos tlaxcaltecas à conquista do Império Asteca, enviadas ao monarca espanhol Carlos V na expectativa de receber recompensa pelos serviços prestados.

### Ampliar

**Aventuras na História**

https://aventurasnahistoria.uol.com.br/noticias/galeria/em-imagens-o-jogo-da-morte-asteca.phtml.

Informações sobre ollamaliztli, o jogo cerimonial dos astecas, com infográfico interativo.

Anônimo. Representação de Malinche, 1885.

1. Que conhecimentos de Malinche interessaram aos conquistadores? Por quê?

2. De acordo com o texto, quais são os pontos de vista atuais sobre Malinche e como se justifica cada um deles?

3. Em alguns países da América de língua espanhola, o termo "malinche" é apresentado como sinônimo de "pessoa que comete traição". O que explica essa definição?

4. Você concorda com a interpretação de que a atuação de Malinche foi responsável pela vitória dos espanhóis sobre os astecas? Justifique com base nos conhecimentos históricos.

5. Martín (filho de Malinche e Cortés) é considerado o primeiro mexicano.
   
   a) Que razões podem justificar essa interpretação?
   
   b) Para o pesquisador Todorov, Malinche "anuncia o estado atual de todos nós, inevitavelmente bi ou tri culturais". Considerando o processo de colonização da América espanhola e também da América portuguesa – do Brasil –, e seus conhecimentos sobre esse tema, discuta o sentido desta ideia de Todorov com os colegas e registre as conclusões.

## Os incas e a conquista de seu Império

Os incas se estabeleceram na região dos Andes por volta do ano 1100. Lá fundaram a cidade de Cuzco e a partir dela formaram um poderoso império, dominando diversos outros povos andinos. À época da chegada dos espanhóis, o Império Inca ocupava uma imensa área da América do Sul: da atual Colômbia até regiões do Chile e da Argentina, e da costa do Pacífico até a Floresta Amazônica.

Os incas desenvolveram um complexo sistema de organização política e militar. Os cargos da administração pública eram hereditários e exercidos pela elite que, desde cedo, recebia uma educação voltada à guerra e ao governo. Dominavam conhecimentos técnicos em engenharia, construíram canais de irrigação que lhes possibilitava praticar agricultura nas montanhas andinas e ter boas colheitas. Dominavam também técnicas de metalurgia em cobre e bronze, tecelagem e produção de cerâmica.

A população, formada sobretudo por camponeses e artesãos, vivia em aldeias e pagava tributos ao governo, sendo o principal a mita, cujo pagamento era em forma de trabalho. O governo permitia que os povos dominados mantivessem as próprias crenças religiosas e práticas culturais, contudo impunha-lhes a adoração ao deus Sol, principal divindade inca, e a seu representante no mundo, o imperador.

A chegada de espanhóis no território inca, em 1531, liderados por Francisco Pizarro, causou profundas mudanças no modo de vida dos povos do império e culminou em sua desestruturação. Nesse processo, Pizarro e seu grupo foram favorecidos por uma crise política interna: após a morte do imperador Hayna Capac, os irmãos Atahualpa e Huáscar disputaram o poder, cada um apoiado por diferentes setores da elite.

Após anos de conflitos, Atahualpa venceu o embate, mas criou inimigos poderosos. A autoridade do imperador estava fragilizada devido à insatisfação de vários grupos e Pizarro tirou vantagem dessa situação, aliando-se aos descontentes e ampliando o número de soldados. Em 1532, Pizarro armou uma emboscada: enviou um mensageiro ao imperador, convidando-o para uma conversa. Ao chegar no local combinado, os soldados de Atahualpa foram mortos e o imperador foi feito refém. Pizarro exigiu dos incas produtos preciosos para libertá-lo. Mesmo tendo recebido um grande tesouro como resgate, manteve-o prisioneiro para aumentar as tensões e rivalidades entre os grupos políticos do império e, em 1533, Atahualpa foi morto pelos espanhóis.

O império se fragmentou, grupos se aliaram e outros se opuseram aos espanhóis. Ao mesmo tempo, as doenças causadas pelo contato com os conquistadores provocaram epidemias de grandes proporções. A diminuição da mão de obra, resultado das mortes ocasionadas pelas guerras e doenças, levou a uma grave crise na produção de alimentos e, consequentemente, à fome. Nesse cenário de enfraquecimento, Cuzco foi conquistada por espanhóis e aliados, marcando o fim do Império Inca.

Luis Montero. *Funeral de Atahualpa*, 1867. Óleo sobre tela, 5,3 m × 3,5 m.

Museu de Arte de Lima, Peru

### Ampliar

**Confrontos na América – Massacre no novo mundo**

https://super.abril.com.br/historia/confrontos-na-america-massacre-no-novo-mundo/

A reportagem narra as ações de Hernán Cortés e Francisco Pizarro, respectivamente na conquista de astecas e incas.

## Resistências indígenas

Há registros de que, após ajudarem os espanhóis a derrotar os inimigos, líderes indígenas exigiram recompensas ao rei da Espanha. Também houve quem se aliou em troca de privilégios concedidos pela metrópole na administração do território. Mas com o estímulo do governo espanhol à imigração para a América Colonial, os indígenas foram substituídos por espanhóis nos cargos que ocupavam no governo. Embora o saldo dessas alianças tenha sido desfavorável aos indígenas, isso revela que eles agiram e reagiram no processo de conquista conforme seus interesses, e não aceitaram ou obedeceram passivamente às ordens dos europeus. Tanto no México quanto no Peru, rebeliões indígenas marcaram o século XVI. Ocorreram saques a igrejas, assassinatos de padres e ataques a povoados espanhóis.

Miguel Gonzalez. *A conquista do México*, século XVII. Óleo sobre painel, 1 m × 5,20 m (detalhe).

Dentre as formas de resistência das populações nativas destacou-se a recusa de índias em terem filhos. Cientes de que as crianças teriam de trabalhar à força, pagar tributos à monarquia espanhola e enfrentar diferentes tipos de privações no futuro, as mulheres preferiam não ter bebês e, com isso, as famílias indígenas diminuíram. Alguns pesquisadores afirmam que os nativos, quando eram recrutados para trabalhar nas minas e fazendas, fingiam ter se convertido ao catolicismo, contudo, mantinham vivos os cultos ancestrais e seus costumes tradicionais no espaço doméstico. A simulação era proposital para iludir os colonizadores, uma forma de resistência silenciosa.

## Documentos em foco

### A dominação espanhola dos indígenas

O relato a seguir foi escrito por Bartolomeu de Las Casas, um frade dominicano que foi enviado pelos espanhóis para trabalhar na catequização dos indígenas na América. Ele descreve o processo de conquista do território asteca pelos espanhóis. Leia o texto atentamente e responda ao que se pede.

> Um espanhol, subitamente, desembainha a espada (que parecia ter sido tomada pelo diabo), e imediatamente os outros cem fazem o mesmo, e começam a estripar, rasgar e massacrar aquelas ovelhas e aqueles cordeiros, homens e mulheres, crianças e velhos, que estavam sentados, tranquilamente, olhando espantados para os cavalos e para os espanhóis. Num segundo não restam sobreviventes de todos os que ali se encontravam.

*Textos didáticos da História da América*. Disponível em: <www.uel.br/pessoal/jneto/arqtxt/Textosdidaticos-HistoriaAmerica.pdf>. Acesso em: set. 2018.

1. De que maneira o religioso descreve o processo de conquista da América pelos espanhóis?
2. Com base na leitura do texto, é possível afirmar que o religioso concordou com a estratégia utilizada pelos espanhóis para a conquista do território? Justifique sua resposta.
3. Tendo em vista seus conhecimentos sobre o tema, formule uma hipótese para explicar a razão pela qual os espanhóis agiram dessa maneira durante a conquista da América.

# Atividades

1. A imagem ao lado é uma litografia presente no Codex Florentino, produzido por volta de 1540. Observe-a atentamente e, em seguida, responda ao que se pede.

   a) Descreva a imagem.

   b) Relacione-a com a conquista espanhola da América.

   c) Além da situação representada, cite outros fatores que nos ajudam a entender o processo de conquista espanhola da América.

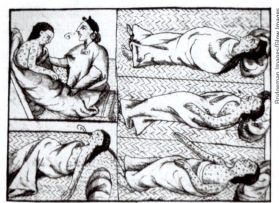

Códice florentino que representa indígenas astecas morrendo de varíola, introduzida pelos espanhóis, c. 1540.

2. No contexto da conquista da América as alianças feitas por alguns povos indígenas com os conquistadores contribuíram para a concretização do domínio espanhol sobre os ameríndios. Explique as motivações indígenas em estabelecer essas alianças.

3. A reportagem a seguir fala sobre as comemorações do dia 12 de outubro na Espanha, data da chegada dos espanhóis na América. Leia o texto atentamente e responda às questões.

   > Oficialmente, em 12 de outubro a Espanha comemora o seu Dia da Festa Nacional, também conhecido como Dia da Hispanidade. Na verdade, o que se comemora é o descobrimento da América por Cristóvão Colombo, em 1492. Um momento... descobrimento? E aqui começa a desavença. A história que se aprende no lado de lá do Atlântico fala de viajantes e descobridores que chegaram ao Novo Mundo capitaneados por um aventureiro que muitos espanhóis acham ser compatriota seu. Essa lição deixa de fora os nativos que já viviam na América antes da chegada dos espanhóis, o saque dos recursos naturais e inclusive a verdadeira nacionalidade de Colombo, que era genovês.
   > Entretanto, a história que se ensina atualmente aqui na América é diferente.
   >
   > Tzvetan Todorov. *A conquista da Améria: a questão do outro*. São Paulo: Martins Fontes, 1983, p. 136-137.

   a) A celebração oficial da Espanha interpreta de que maneira o início do processo de conquista da América pelos espanhóis?

   b) Por que o ensino de História atualmente é diferente na América e na Espanha? Formule uma hipótese para explicar.

4. A conquista da América causou profundos impactos no modo de vida dos povos indígenas. Também causou acentuada diminuição da população local e houve necessidade de reestruturar suas formas de organização social. Longe de permanecerem passivos, os povos indígenas experimentaram diversas formas de resistência.

   a) Há registros de que, após a conquista, mulheres indígenas não quiseram manter a tradição de ter uma família numerosa. Por que essa atitude pode ser entendida como resistência à conquista espanhola?

   b) Analise as ações de resistência dos povos indígenas em relação à adoção de costumes e crenças dos espanhóis.

   c) Houve formas violentas de resistência entre os indígenas? Justifique sua resposta.

5. Os incas formaram um poderoso império na região andina. Mobilize seus conhecimentos sobre o assunto e descreva a organização sociopolítica do Império Inca anterior à conquista.

6. A obra ao lado representa a captura do imperador inca pelos espanhóis que ocorreu em fins de 1532.

   a) No contexto da conquista espanhola, o Império Inca estava envolvido em disputas políticas que o enfraqueceram. Justifique essa afirmativa.

   b) A condenação à morte de Atahualpa está relacionada a um episódio conhecido por **Batalha de Cajamarca**. Pesquise o que foi essa batalha, seus resultados. Depois, com base nas informações pesquisadas, crie uma narrativa para explicá-la.

   c) Com base na pesquisa, descreva a obra acima, relacionando a cena nela representada à batalha.

Atahualpa, rei dos incas, capturado por Pizarro. Ilustração da obra *América do Sul*, 1827, de Giulio Ferrario.

7. Leia a matéria publicada em 2017 em um portal de conteúdos sobre temas de História e resolva as questões sobre ela:

   > Não é incomum encontrar universidades norte-americanas que oferecem cursos de língua estrangeira em suas grades de disciplinas. A University of California, [UCLA] no entanto, inovou recentemente ao oferecer aulas de Nahuatl [pronuncia-se na'wat], a antiga língua dos povos astecas. Já há cursos de nível iniciante e intermediário. Para o ano que vem está previsto um curso avançado. [...]
   >
   > O principal responsável por levar a língua antiga dos astecas para a UCLA é o historiador Kevin Terraciano, diretor do Latin American Institute. Terraciano, fluente em espanhol, tem estudado e trabalhado com o Nahuatl por duas décadas. O conhecimento dessa língua, além de outras, também nativas do México antigo, tem sido fundamental para os seus estudos sobre o período colonial, sobretudo para compreender a colonização espanhola a partir de uma perspectiva indígena.
   >
   > *Historiador leva a antiga língua dos astecas para dentro de sala de aula.*
   > Disponível em: <www.cafehistoria.com.br/lingua-asteca-em-sala-de-aula/>. Acesso em: set. 2018.

   a) Qual é o tema tratado no texto?

   b) Identifique o objetivo do historiador Terraciano em divulgar a língua nahuatl em cursos da Universidade da Califórnia, nos Estados Unidos.

   c) É possível que os estudantes da língua nahuatl passem a ter uma interpretação diferente sobre a colonização espanhola? Por quê?

8. Leia o seguinte documento produzido pelos astecas após a conquista espanhola. Trata-se de um *icnocuícatl*, isto é, canto triste da cultura asteca.

   > Nos caminhos **jazem** dardos quebrados;
   > os cabelos estão espalhados.
   > Destelhadas estão as casas,
   > **incandescentes** estão seus muros.
   > Vermes abundam por ruas e praças [...]
   > Vermelhas estão as águas,
   > como se alguém as tivesse tingido [...]
   >
   > Jaime Pinsky. *História da América através de textos*. São Paulo: Contexto. 2013. E-book.

   **Glossário**
   **Incandescente:** em brasa; ardente.
   **Jazer:** estar no chão.

   a) Que elementos da conquista espanhola sobre os astecas são mencionados no documento?

   b) Com base no documento, que sentimentos podem ser associados a essa narrativa asteca sobre a conquista espanhola?

   c) Mobilize seus conhecimentos e comente se os sentimentos dos conquistadores se assemelhava ao dos astecas.

# CAPÍTULO 21
# Administração colonial espanhola

A dominação espanhola da América significou a sujeição de diversos povos indígenas que viviam em diferentes regiões do continente ao império espanhol. O resultado disso foi que as populações locais começaram a sofrer com um rígido e intenso sistema de exploração de suas forças de trabalho visando a produção de riquezas coloniais.

Ao longo de séculos, esses povos foram marginalizados e explorados. Um grande número de indígenas morreu nesse processo, mas muitos resistiram e continuam lutando até os dias atuais para ter seus direitos plenamente reconhecidos e acabar com a marginalização social que lhes foi imposta desde o Período Colonial.

Um exemplo de movimento pelo reconhecimento dos direitos indígenas em regiões colonizadas pelos espanhóis é o zapatismo. Organizado na região de Chiapas, no sul do México, esse movimento teve início em janeiro de 1994. O objetivo do grupo é o fim da marginalização das sociedades indígenas na sociedade mexicana, além de reformas políticas, econômicas e sociais que reduzam as desigualdades sociais e políticas do país. Inicialmente, os grupos envolvidos com o zapatismo declararam guerra ao Estado mexicano e decidiram lutar por mudanças com ações armadas.

Posteriormente, a liderança do movimento decidiu utilizar outras estratégias, inclusive participando de eleições para fortalecer a luta indígena e tentar acelerar as mudanças sociais que favoreçam esses grupos. Neste capítulo, vamos estudar como a dominação colonial espanhola resultou na marginalização dos povos indígenas, criando uma exclusão de longa duração no continente americano.

Manifestação em apoio à candidatura da primeira indígena à presidência do México, Maria de Jesus Patricio (ao centro, de colar vermelho), da etnia nahuatl. Ela é porta-voz do Congresso Nacional Indígena (CNI) e apoiada pelo movimento zapatista. Cidade do México, México, 2017.

O zapatismo continua sendo, nos dias atuais, um movimento importante no México e incentivou outros movimentos sociais indígenas na América Latina. Uma das marcas do movimento é a incorporação da luta pelos direitos das mulheres indígenas.

# América espanhola: riqueza que sustentou um império

A conquista do Novo Mundo começou desde a primeira viagem do navegador Cristóvão Colombo, financiada pelo governo espanhol em 1492. Enquanto Colombo fazia quatro viagens à América (entre 1492 e 1504), outras expedições espanholas foram enviadas com o objetivo de conquistar as terras, descobrir riquezas e recuperar os altos investimentos que a expansão marítima representava.

A primeira cidade fundada na América pelos conquistadores foi Santo Domingo, em 1502, atualmente capital da República Dominicana. Ali os espanhóis se estabeleceram em busca de ouro, que foi explorado até o esgotamento, fazendo uso de mão de obra indígena.

Nas Antilhas, sobretudo onde hoje se localizam Cuba, República Dominicana e Porto Rico, a Espanha passou a produzir tabaco e açúcar, com base no sistema de *plantation*. As características da região facilitaram a colonização: terra fértil, proximidade geográfica com a Europa e correntes marítimas favoráveis à navegação.

Ao dominar os astecas e os incas nas primeiras décadas do século XVI, os espanhóis iniciaram a exploração de prata. Em pouco tempo a mineração tornou-se a principal atividade econômica de territórios localizados nos atuais México, Peru e Bolívia. Calcula-se que entre 1650 e 1800 cerca de 50 mil toneladas de prata tenham sido enviadas para a Espanha.

Samuel de Champlain. Indígenas trabalham em mina de prata no México. Ilustração do manuscrito *Narrativa de uma viagem às Índias Ocidentais e México*, c. 1600.

## O trabalho dos povos indígenas

Na exploração das minas, os colonizadores mantiveram o sistema de trabalho chamado **mita** – costume inca de exigir que, periodicamente, os homens das aldeias trabalhassem para o Estado. Assim, obrigavam os nativos a trabalhar na mineração por um determinado período em troca de salário, só pago integralmente quando o mitayo (trabalhador sob o regime da mita) entregasse pelo menos 23 quilos de metal. As condições de trabalho eram desumanas e muitos mitayos não sobreviveram.

**zoom**: Como a imagem representa as condições de trabalho nas minas de prata de Potosí?

**Ampliar**

**Aguirre, a cólera dos deuses,** Alemanha, 1972. Direção: Werner Herzog.

Após a destruição do Império Inca, o explorador Gonzalo Pizarro envia uma expedição para uma arriscada missão: encontrar e tomar posse do "El Dorado", um lugar cheio de ouro e riquezas.

Theodore de Bry. Representação do trabalho indígena nas minas de prata em Potosí, na Bolívia, 1602. Gravura.

## Viver

### O trabalho no regime de mita

O historiador Pierre Vilar assim descreveu as condições de trabalho no regime de mita:

> O índio passa oito horas na mina, mas as dimensões das galerias só permitem quatro horas de trabalho por operário; a descida se faz por escadas de madeira e couro [...]. Os operários descem de três em três, o primeiro leva a candeia que ilumina pouco e que frequentemente o vento apaga; cada carregador deve tirar 23 quilos de mineral numa bolsa em forma de saco amarrada ao peito. [...] O que ameaça o índio que trabalha no fundo é a pneumonia, ao sair do calor da mina e encontrar-se na montanha exposta ao vento, a 4 mil metros de altitude.
>
> Pierre Vilar. A exploração de prata em Potosí. In: Manoel Lelo Belloto e Anna Maria Martinez Corrêa. *A América latina de colonização espanhola*. 2. ed. São Paulo: Hucitec, 1991. p. 35-36.

Imagem do Cerro de Potosí, do livro *Crônica de Peru*, de Pedro Cieza de Leon, 1553.

**1** Forme um grupo com alguns colegas. Vocês farão uma pesquisa com base na descrição do historiador. Sigam o roteiro.

**a)** As condições de trabalho dos indígenas na mita eram terríveis. Atualmente, ainda existem diversas atividades profissionais e relações de trabalho que sujeitam os trabalhadores a péssimas situações. Pesquise exemplos em que isso ocorre e pense em ações que a sociedade e os governos podem tomar para modificar essas situações.

**b)** Após a pesquisa, apresente as descobertas aos colegas na sala de aula e conversem sobre o tema. Ao final, produzam um mural sobre o assunto.

## Organização social

Na sociedade colonial viviam espanhóis que foram nomeados pelo rei para se estabelecer como funcionários públicos na colônia. Os altos cargos administrativos, civis, religiosos e militares da colônia eram exercidos por eles, que recebiam a denominação de chapetones.

Os criollos eram os descendentes de espanhóis nascidos na América, geralmente enriquecidos com a exploração colonial. Em suas grandes fazendas, eles exploravam os indígenas por meio da *encomienda*. Sem o mesmo prestígio dos chapetones, os criollos ocupavam cargos públicos secundários.

A sociedade colonial também era composta de mestiços de brancos e indígenas, que trabalhavam como artesãos, vaqueiros e administradores de fazendas.

O preconceito e a intensa exploração foram traços marcantes dessa sociedade contra brancos empobrecidos, indígenas, mestiços, negros e mulatos. Assim, eram muito frequentes os conflitos e as revoltas de indígenas e escravizados de origem africana.

## Documentos em foco

### O mestiço na hierarquia social

O texto a seguir expõe a condição social do mestiço na sociedade colonial espanhola.

[...] Pela incapacidade do Estado em controlar o fluxo total de europeus que se aventurava na busca por metais preciosos no interior da colônia, outro agente histórico do trabalho na colônia estaria por surgir: o mestiço.

De início incentivado pela metrópole, a união de europeus com filhas da nobreza ameríndia tinha o **intuito** de pacificar os índios. Mas principalmente nas áreas mineradoras, os europeus viviam como parasitas nas comunidades indígenas e tomavam as mulheres como suas esposas. Logo, as próprias mulheres ameríndias descobriram que o fruto dessas uniões não seria considerado índio, e, portanto, desobrigado do trabalho forçado e das restrições impostas aos índios.

Mas a sociedade da colônia até então dividida em duas classes, agora via o surgimento de uma terceira que não seria aceita por nenhuma das duas anteriores. Longe do trabalho forçado e muito mais da nobreza, eles se engajam no artesanato e em trabalhos assalariados ou se tornavam vagabundos e desocupados. Com o desenvolvimento das **haciendas**, essas condições dos mestiços começaram a mudar, pois, a necessidade de trabalhadores livres para os cargos de **capatazia** e controle das massas de trabalhadores ameríndios, elevou o papel dos mestiços no mundo do trabalho da colônia. [...]

Fabiano Almeida Matos. O trabalho indígena na América Latina Colonial: escravidão e servidão coletiva. *Ameríndia*, v. 3, n. 1, p. 6-7, 2007. Disponível em: &lt;www.periodicos.ufc.br/amerindia/article/view/1565/1417&gt;. Acesso: set. 2018.

### Glossário

**Capatazia:** exercício da função de capataz.
**Haciendas:** propriedades rurais formadas em terras anteriormente ocupadas por indígenas e onde muitos nativos eram submetidos à escravidão por dívida.
**Intuito:** objetivo.

1. Do ponto de vista da mulher indígena, ser esposa de um espanhol traria algum benefício? Justifique.

2. De acordo com o texto, a sociedade colonial espanhola era dividida em classes e o mestiço era considerado uma terceira classe, não aceito pelas outras.
   a) Identifique as outras classes da sociedade colonial espanhola a que o texto se refere.
   b) Por que o mestiço era excluído das outras duas classes?

Ignacio Maria Barreda. *Novas castas da Espanha*, 1777. Óleo sobre tela, 77 cm × 49 cm.

## O regime de *encomienda* e a escravidão

Na atividade agrícola, os colonos espanhóis estabeleceram um regime de trabalho denominado *encomienda*. Os proprietários rurais recebiam permissão do governo metropolitano para capturar nativos e escravizá-los; em troca, responsabilizavam-se por sua catequese. A *encomienda* era concedida aos colonizadores que tinham algum poder junto à Coroa e tornavam-se proprietários de grandes extensões de terras.

Os colonizadores introduziram ainda outra modalidade de trabalho, denominada *repartimiento* em que eram formados grupos masculinos de indígenas, geralmente da mesma comunidade, para trabalhar em alguma propriedade rural por um tempo determinado. O objetivo desse regime de trabalho era diminuir a resistência dos ameríndios, uma vez que não eram separados de suas comunidades. Por isso, os caciques, chefes indígenas, exerciam sua autoridade junto ao povo para que prestassem o serviço.

Calcula-se um massacre de quase 40 milhões de índios durante os três séculos de colonização espanhola, causado pela mita, pela *encomienda*, pelas doenças trazidas pelos espanhóis e pelas guerras de conquista.

### Escravidão africana

De início, a Espanha não implantou a escravidão de africanos em suas colônias, pois não participava do tráfico pelo Atlântico e, assim, não lucrava com o comércio de escravizados. No entanto, a alta mortalidade dos indígenas causou escassez de mão de obra, fazendo com que o governo autorizasse a compra de escravizados de origem africana de comerciantes estrangeiros, sobretudo portugueses. A utilização de mão de obra africana foi mais significativa no Caribe, no cultivo de produtos tropicais. Vale lembrar que mesmo com o cenário de diminuição drástica da população indígena, nas colônias espanholas a exploração do trabalho indígena não foi abandonada.

Calcula-se que entre os séculos XVI e XIX, cerca de um milhão e duzentos mil africanos tenham desembarcado na América espanhola. No século XIX, a ilha de Cuba, na América Central, foi o destino da grande maioria de escravizados do tráfico transatlântico. Consta que entre 1790 e 1820 a população da ilha triplicou em consequência da chegada frequente de cativos e que em 1841 os escravizados somavam 347 000 indivíduos, sendo esse número maior que o da população livre. Em Cuba, eles eram empregados como mão de obra na produção açucareira.

De maneira semelhante ao que ocorreu em muitas regiões brasileiras, em Cuba também houve rebeliões e fugas de escravizados. Eram reprimidas com violência, sendo alguns participantes executados. A abolição da escravidão em Cuba ocorreu apenas em 1886, dois anos antes que no Brasil.

Os escravizados de origem africana também foram introduzidos na exploração das minas de prata de Potosí, região que na segunda metade do século XVI tornou-se o centro econômico da colonização espanhola e converteu-se na cidade mais populosa do Novo Mundo, título que manteve até o século XVII. O censo populacional de 1611 em Potosí indica a presença de 6 000 negros em uma população total de 160 mil habitantes. Lá eles eram empregados na mineração, mas havia aqueles que executavam serviços domésticos e representavam um símbolo de *status* social para seus senhores, demonstrando sua riqueza.

Victor Patricio Landaluze. *O corte de cana*, 1874. Óleo sobre tela.

# O metalismo não evitou a crise espanhola

De acordo com os princípios do metalismo – prática mercantilista segundo a qual a quantidade de ouro e prata acumulada pelo país determinava sua riqueza –, pode-se dizer que, durante o século XVI, a Espanha foi uma nação rica e poderosa.

No entanto, governo e população acomodaram-se com a abundância de metais que chegavam regularmente das colônias e não desenvolveram suficientemente a produção agrícola e de manufaturados.

Por causa disso, a prata e o ouro acumulados com a exploração colonial foram utilizados para pagar as importações de grande quantidade de produtos que os espanhóis consumiam. A escassez de produtos na Espanha provocou alta nos preços, gerando inflação, o que afetou a economia de outros países europeus. Assim, no final do século XVII, a Espanha estava economicamente arruinada.

Na mesma época, França, Inglaterra e Holanda não praticavam apenas o metalismo. Como todas as nações mercantilistas, queriam acumular metais preciosos, e o fizeram com a ajuda de piratas, que muitas vezes atacavam e saqueavam as embarcações espanholas repletas de ouro e prata retirados das colônias. Mas também investiram em outras atividades geradoras de lucros, como a produção de artigos manufaturados.

## Governo na América espanhola

Para administrar seu império colonial, a Coroa espanhola dividiu-o em quatro vice-reinos – Nova Espanha, Nova Granada, Peru e Rio da Prata – e quatro capitanias-gerais: Cuba, Guatemala, Venezuela e Chile. Os vice-reinos ficavam nas áreas mais ricas e povoadas, enquanto as capitanias ficavam nas regiões mais pobres e menos populosas.

Os vice-reis eram nomeados pelo rei, escolhidos entre os membros da nobreza espanhola e ocupavam o cargo por um período de quatro a seis anos. Os capitães-gerais eram subordinados aos vice-reis e sua função era fiscalizar as fronteiras.

Havia dois órgãos administrativos que funcionavam na metrópole: a Casa de Contratação e o Conselho das Índias. O primeiro fiscalizava o comércio entre as colônias e a Espanha e arrecadava impostos; o segundo elaborava leis e decretos coloniais e indicava ocupantes para os cargos administrativos. A palavra final sobre todos os assuntos, no entanto, era do rei. Nas colônias, os tribunais de justiça eram conhecidos como audiências; os órgãos municipais, como cabildos; e os prefeitos, como alcaides.

> **Ampliar**
>
> **Memorial da América Latina**
> www.memorial.org.br/
> Este site contém informações sobre o Memorial da América Latina, localizado na cidade de São Paulo, além de links para publicações e dados econômicos dos países latino-americanos.

América Espanhola: divisão administrativa colonial

Fontes: Cláudio Vicentino. *Atlas histórico: geral e Brasil*. São Paulo: Scipione, 2011. p. 92; José Jobson de A. Arruda. *Atlas histórico básico*. 17. ed. São Paulo: Ática, 2011. p. 22.

241

## Atividades

**1** A mestiçagem foi uma característica acentuada na sociedade colonial espanhola e também fator de diferenciação social. Sobre o assunto, leia o texto, observe a imagem e resolva as questões que seguem.

A partir do século XVI, inicia-se o uso de uma série de nomes para designar as diferentes combinações raciais surgidas nas colônias espanholas, sendo mais difundidos aqueles que descreviam as mesclas entre os três grupos principais: mestiço (espanhol e índio), mulato (espanhol e negro) e zambo ou zambaigo (negro e índio). Durante o século XVIII, apareceram designações adicionais: castizo (mestiço de pele clara) e mourisco (mulato de pele escura). [...] Este tipo de sistema de classificação se propunha, ao menos sob o ponto de vista ideológico, a exaltar a suposta superioridade espanhola. [...]

Para a elite colonial, este sistema de classificação era uma forma de impor ordem na sociedade que se tornava cada vez mais inclassificável. A produção dos quadros de mestiçagem, estilo pictórico que representava os diversos tipos humanos provenientes dos cruzamentos raciais entre brancos, índios e negros na recém-formada sociedade colonial, teve sua produção surgida na segunda metade do século XVIII. Os quadros de mestiçagem buscavam descrever o avanço da mestiçagem e a vida cotidiana produzida na Ibero-América. A maioria destas pinturas formam séries de 16 a 20 cenas, representando, em cada quadro, um homem e uma mulher de diferentes grupos com seu descendente, resultado da mescla entre eles. Cada uma das personagens é identificada através de uma legenda descritiva. Essa manifestação artística se deu principalmente na Nova Espanha, de onde provêm quase todas as séries de pinturas conhecidas. Foi também naquela região que surgiu o conceito de castas, nome genérico utilizado para identificar os vários tipos mestiços ali presentes e indicar sua posição socioeconômica.

Ricardo Leme Santelli. Castas ilustradas: representação de mestiços no México do século XVIII. In: XXVI SIMPÓSIO NACIONAL DE HISTÓRIA – ANPUH – São Paulo, julho 2011. Anais... ANPUH – SP, 2011. Disponível em: <www.snh2011.anpuh.org/resources/anais/14/1300298691_ARQUIVO_Anpuh2011.RicardoSantelli.pdf> Acesso em: set. 2018.

Escola mexicana. *Um espanhol e sua esposa, uma índia mexicana*, ilustração de casamentos de raça mista no México, século XVIII. Óleo sobre tela.

a) De acordo com o texto, quais eram as categorias de grupos miscigenados nas colônias espanholas?

b) Qual era o objetivo de classificar a população de acordo com a miscigenação entre etnias diferentes?

c) Mobilize seus conhecimentos e responda: na sociedade colonial, que grupo social ocupava a posição mais elevada na hierarquia social? Por quê?

d) Os quadros de mestiçagem, também chamadas pinturas de castas, representavam em imagens a classificação dos grupos miscigenados. Na imagem acima, a criança é indicada como um mestiço. Por quê?

e) O que a obra sugere sobre a condição socioeconômica da família representada? Justifique sua resposta com elementos observados na imagem.

**2** Ao longo de toda a colonização espanhola na América o trabalho dos indígenas foi essencial para a exploração econômica das áreas coloniais. Identifique e descreva os regimes de trabalho aplicados à mão de obra indígena pelos espanhóis.

**3** Desenhe uma pirâmide para representar a sociedade da América espanhola na época da colonização. Identifique, em ordem de importância social, as camadas em que essa sociedade estava dividida.

**4** As perguntas e respostas a seguir fazem parte de um documento oficial do governo espanhol para a educação promovida pelo clero aos jovens indígenas da província do Paraguai, na América espanhola, produzido na segunda metade do século XVIII.

P. Quem sois vós?

R. Sou um fiel Vassalo do Rei da Espanha.

P. Quem é o Rei da Espanha?

R. É um Senhor tão absoluto que não existe outro que lhe seja superior na Terra. [...]

De onde vem seu Poder Real?

R. Do próprio Deus.

P. Sua pessoa é sagrada?

R. Sim, Padre. [...]

P. Por que o Rei representa Deus?

R. Porque é escolhido por sua Providência para a execução de seus planos. [...]

P. É conveniente respeitar o Rei?

R. Sim, como coisa sagrada. [...]

P. Qual é a primeira obrigação de um cristão?

R. Depois de amar, temer e servir a Deus e obedecer [às] suas Santas Leis, ter inteiro respeito, amor, fidelidade e obediência [ao Rei]. Porque isto é um preceito de Deus e a ordem que Ele estabeleceu para o governo do mundo, e quem assim não age, desobedece o próprio Deus, como ensina o apóstolo São Paulo.

Dom Lázaro de Ribera. Asunción del Paraguay, 17 de maio de 1776. Archivo General de la nación, n. 286/4285. Anuário del Instituto Paraguayo de Investigaciones Históricas, Assunção 1961-1962, n. 6-7, p. 56-9. In: Jaime Pinsky (et. al.). *História da América através de textos*. São Paulo: Contexto, 2013. E-book.

Analise os ensinamentos que se pretendia transmitir aos jovens indígenas por meio deste documento.

**5** Ainda hoje a mineração é uma atividade econômica importante no Peru, país de colonização espanhola situado na região andina. Leia o trecho da notícia a seguir, sobre um acidente ocorrido em abril de 2012 em uma mina de cobre naquele país.

Os nove mineiros que ficaram presos durante sete dias em uma mina irregular de cobre no sul do Peru foram resgatados sãos e salvos [...].

O presidente Ollanta Humala, autoridades e seus familiares os receberam na saída do túnel da mina de cobre Cabeza de Negro, cenário do drama iniciado no Peru na quinta-feira passada [...]. "Passamos momentos críticos lá dentro. Tivemos que dormir sobre plásticos, sem colchões", relatou Bellido, um dos primeiros mineiros a contar sua experiência. [...] "Consumíamos os alimentos líquidos que chegavam pelo tubo que nos colocou em contato com o exterior", acrescentou. [...] A mina Cabeza de Negro é uma jazida informal de cobre que é explorada em condições precárias, depois

que a exploração legal da mina foi abandonada há mais de duas décadas por seus proprietários. Neste sentido, Humala convocou os mineiros ilegais e informais a se legalizar para que tenham boas condições de trabalho.[...]

Reynaldo Muñoz. Nove mineiros presos em mina no Peru são resgatados. G1, 11 abr. 2012. Disponível em: <http://g1.globo.com/mundo/noticia/2012/04/nove-mineiros-presos-em-mina-no-peru-sao-resgatados-3.html>. Acesso em: 6 set. 2018.

**a)** De acordo com o contexto da notícia, a mina é "irregular" ou "informal". O que isso significa?

**b)** Com base em seus conhecimentos, compare as condições de trabalho dos mineiros de cobre citados na notícia e as dos mineiros que garimpavam prata nas minas espanholas na América.

**c)** Forme dupla com um colega e, com o auxílio do professor de Língua Portuguesa, selecionem notícias da mídia impressa ou virtual sobre atuais minas de cobre, carvão, ouro, prata, manganês etc. Depois, registrem as semelhanças encontradas entre as condições de trabalho dos mineiros.

**6** Em 1780, ocorreu no Peru uma significativa rebelião de indígenas descendentes dos incas contra o poder exercido pelos espanhóis. Sua principal liderança foi Tupac Amaru II, cujo nome de batismo era José Gabriel Condorcanqui. Ele nasceu em Cusco, antiga capital do Império Inca e descendia da nobreza incaica. Atuava como comerciante e cobrador de impostos para as autoridades locais.

Pesquise a revolta de Tupac Amaru a partir do seguinte roteiro:

- Como teve início a rebelião?
- Quem foi Micaela Bastidas e qual sua participação na rebelião?
- O que a revolta da Tupac Amaru representou para os espanhóis? E para os indígenas?
- Tupac Amaru obteve êxito?

Registre as informações obtidas. Em data combinada, leve o material para a aula; forme um grupo e analisem por que a revolta de Tupac Amaru pode ser considerada um símbolo da resistência dos povos indígenas à sua realidade socioeconômica.

# CAPÍTULO 22 — A Nova Inglaterra

O atual território dos Estados Unidos era ocupado por grande número de povos indígenas até meados do século XVII. A partir do início da ocupação inglesa na América, esses indígenas foram progressivamente expulsos de suas terras, além de sofrerem ataques constantes e outras formas de violência. Estima-se que em meados do século XVII, viviam nesse território cerca de 10 milhões de indígenas. Já no final do século XIX, esse número havia sido reduzido para menos de 300 mil pessoas.

A violência contra os povos indígenas que vivem no território estadunidense continua até os dias atuais. Em 2016, a tentativa de construção de um oleoduto no Rio Missouri provocou grande comoção entre os indígenas que vivem na reserva dos indígenas sioux de Standing Rock. Esse rio é a principal fonte de abastecimento de água dessa comunidade e a obra teria um impacto direto na vida e no cotidiano dos moradores.

Os indígenas da reserva iniciaram um movimento de resistência para impedir a construção do oleoduto. Rapidamente, o movimento ganhou apoio de outros povos indígenas dos Estados Unidos e de outras regiões da América. Isso deu visibilidade ao problema e pressionou o governo dos Estados Unidos a tomar medidas. O presidente Barack Obama, que governava o país naquele momento, ordenou a interrupção das obras para avaliar o impacto ambiental e encontrar alternativas que não desrespeitassem os direitos dos povos indígenas.

Porém, em 2017, quando Donald Trump tomou posse do governo dos Estados Unidos, as ordens de suspensão foram anuladas e as obras recomeçaram. Isso fez com que os povos indígenas retomassem a luta e continuassem pressionando o governo e as autoridades para tentar minimizar os efeitos dessa obra na vida dos moradores da reserva.

Esse é apenas um exemplo de como as comunidades indígenas precisam lutar para manter seu modo de vida tradicional até os dias de hoje. Para entender o início desse processo, vamos analisar neste capítulo como se formou a Nova Inglaterra, a colônia inglesa da América que se transformaria, posteriormente, nos Estados Unidos.

Indígenas da etnia sioux protestam contra a construção de oleoduto sob o Lago Oahe, no rio Missouri (EUA), 2017.

# As Treze Colônias inglesas: características da colonização

Os ingleses colonizaram a costa leste da América do Norte e formaram Treze Colônias: Virgínia, Maryland, Carolina do Norte, Carolina do Sul, Geórgia (colônias do sul); Massachusetts, Connecticut, Rhode Island, Nova Hampshire (colônias do norte); Nova York, Nova Jersey, Delaware, Pensilvânia (colônias do centro).

Comparada às colonizações espanhola e portuguesa, a expansão inglesa na América teve outras características além da busca por riquezas e novos mercados. Por todo o século XVII, a Inglaterra havia enfrentado tensões sociais, religiosas e políticas decorrentes das reformas protestantes, do absolutismo, do desemprego e do êxodo rural. Diante de tal situação, fundar colônias na América significava para os calvinistas ingleses (chamados de puritanos) a possibilidade de fugir das perseguições impostas pelo governo anglicano, obtendo liberdade religiosa no Novo Mundo.

Para os homens e mulheres calvinistas, a América representava uma terra de promessas. Esses puritanos acreditavam serem o povo eleito de Deus, conforme constava na Bíblia, a quem uma nova terra estava reservada. Assim, tinham expectativas de que a emigração ao continente americano lhes possibilitaria criar uma vida autônoma, próspera, pouco vinculada à Inglaterra e com liberdade para seguir sua religião e viver de acordo com os princípios morais ditados nos textos bíblicos. Com esse espírito, em 1620, os primeiros ingleses partiram rumo à nova vida.

As chances de melhores condições de vida e trabalho nas colônias pareciam adequadas aos valores religiosos dos calvinistas, que, ao contrário dos cristãos da **América Ibérica**, consideravam o trabalho e o lucro como graças de Deus, e o **ócio** como pecado. Formadas por ricos burgueses, as companhias de comércio inglesas financiavam viagens de famílias que não tinham recursos. Era um modo de investir na colonização utilizando mão de obra barata.

Nesse sistema, chamado de "servidão por contrato", as pessoas trabalhavam de quatro a sete anos para quitar as dívidas da viagem, em troca de moradia e alimentação. O empreendimento atraiu uma parcela significativa da população urbana pobre da Inglaterra que não tinha meios de garantir seu sustento na terra natal.

**As Treze Colônias inglesas na América – 1763**

Fonte: Patrick O'Brien. *Atlas of world history*. Nova York: Oxford University Press, 2012. p. 130-131.

### Ampliar

**A criação da América,** de Lucia L. Oliveira (Atual).

Conheça detalhes da chegada dos primeiros grupos britânicos à América do Norte, a formação das Treze Colônias e a expansão territorial dos Estados Unidos.

### Glossário

**América Ibérica:** expressão que corresponde às colônias de Portugal e da Espanha na América.

**Ócio:** repouso, desocupação.

245

## Os primeiros colonizadores

Atualmente, o Dia de Ação de Graças (*Thanksgiving*, na língua inglesa) é o feriado mais popular dos Estados Unidos. É tradicionalmente comemorado em novembro com refeições familiares em que não costumam faltar o peru assado, os vegetais da época e a torta de abóbora.

A origem dessa celebração está relacionada aos pioneiros que fundaram a comunidade de Plymouth, no século XVII. Em setembro de 1620, eles haviam partido da Inglaterra no navio Mayflower; após quase dois meses de penosa viagem, os autodenominados "peregrinos" (*pilgrims*) desembarcaram na América do Norte.

No primeiro inverno, logo após a chegada, os peregrinos sobreviveram graças à comida oferecida pelos indígenas wampanoag, que caçaram aves e veados para compartilhar com os recém-chegados. Os wampanoag também ensinaram os peregrinos a cultivar milho e vegetais nativos, e, sobretudo, a estocá-los.

No inverno seguinte, as famílias inglesas já tinham produzido alimento suficiente para celebrar os primeiros tempos na nova terra. De modo semelhante às festas da colheita que se costumava fazer na Inglaterra, os peregrinos rememoraram sua chegada à América, ao que consta partilhando uma refeição com os wampanoag, com pratos preparados à base de milho, abóbora, ervilha, carne de veado, peixes e aves, como o peru, que, com o tempo, tornou-se o prato mais simbólico dessa comemoração. Diziam os peregrinos que a celebração seria a melhor forma de partilhar sua abundância com todos.

Contudo, o Dia de Ação de Graças foi oficializado como feriado nacional nos Estados Unidos apenas em 1863 pelo então presidente, Abraham Lincoln, mais de duzentos anos depois da primeira celebração dos peregrinos. Naquele contexto, o país passava por violenta guerra civil, que ameaçava separar a nação, e a implantação da data no calendário nacional foi uma ação política para lembrar e exaltar a união dos peregrinos na origem do povo e do país americano.

William Formsby Halsall. *O Mayflower em sua chegada ao porto de Plymouth*, 1882. Óleo sobre tela.

Os primeiros colonos ingleses desembarcaram na América do Norte com suas famílias no navio Mayflower e fundaram a Virgínia.

**zoom**

Considerando o contexto histórico da chegada dos peregrinos, explique o significado de "partilhar sua abundância com todos".

Atualmente, a população das tribos wampanoag naquele estado soma aproximadamente 2 000 pessoas.

Membros do grupo mashpee wampanoag participam de uma celebração no estado de Massachusetts (EUA).

246

# De olho no legado

## *Thanksgiving*: memória de celebração e de lutas

Monumentos não servem apenas para decorar uma paisagem. [...] Hoje, o espaço memorial na baía de Plymouth/E.U.A., tido como local de desembarque de colonos ingleses, é altamente contestado, de embate entre os defensores da narrativa dominante que enfatiza a contribuição destes primeiros imigrantes protestantes (conhecidos como "peregrinos"), contra ativistas, muitos deles indígenas, que lutam para introduzir uma versão alternativa da história no local. Ainda que os primeiros ingleses tenham chegado à região no século XVII, grande parte dos memoriais foram construídos há aproximadamente 100 anos. Portanto, foi no início do século XX que se decidiu **memorializar** esta narrativa histórica contra qual se opõem os manifestantes de Plymouth, que se reúnem na baía da cidade todo *Thanksgiving* e veem a chegada dos europeus como o início de uma campanha **genocida** contra a população nativa.

Na baía de Plymouth, próximo do suposto local de desembarque dos peregrinos ingleses, existe um total de 18 monumentos [...]. Sem dúvida a enorme estátua do chefe Wampanoag Massasoit destoa das demais por se tratar do único ícone na baía de Plymouth que homenageia os índios. [...] O espaço monumental de Plymouth parece estar passando por um momento de **transição**, de uma versão de história "celebrativa" para uma "desafiadora". Essa mudança é ilustrada pela adição recente de dois monumentos. A Escultura aos Imigrantes cita as origens dos "outros" imigrantes, oriundos de países como a Itália, Irlanda, e as Ilhas Açorianas, para citar somente alguns. [...] O outro monumento construído em 2001, este colocado ao lado da estátua de Massasoit, é uma placa com a seguinte inscrição:

*Desde 1970, Povos Indígenas se reúnem meio-dia na Cole's Hill de Plymouth para comemorar o Dia Nacional das Lamentações durante o feriado de* Thanksgiving *nos EUA. Muito indígenas não celebram a chegada dos Peregrinos e outros colonos Europeus. Para eles, o dia de* Thanksgiving *é um dia para lembrar-se do genocídio de milhões de seus conterrâneos, o roubo de suas terras, e assalto implacável na sua cultura. Participantes no Dia Nacional das Lamentações homenageiam seus ancestrais Nativos e sua batalha para sobreviver hoje. É um dia de memória e conexão espiritual além de protesto contra o racismo e opressão que os Povos Indígenas continuam a sofrer. [...]*

Samuel L. Gordenstein. A materialidade das práticas de memória na terra do *Thanksgiving*. *Revista de Arqueologia Pública*, v. 10, n. 3, p. 5, 6, 12, 17, 2016. Disponível em: <https://periodicos.sbu.unicamp.br/ojs/index.php/rap/article/view/8639514/14461>. Acesso em: set. 2018.

### Glossário

**Genocida:** relativo a genocídio – extermínio de uma comunidade ou grupo étnico.
**Memorializar:** marcar eventos da história na memória coletiva.
**Transição:** mudança.

Monumento ao chefe Massassoit, em Plymouth (EUA).

**1** O texto revela que há sentidos opostos entre o Dia de Ação de Graças e o Dia das Lamentações em Plymouth, nos Estados Unidos. Discuta de que modo essa situação reflete tanto o passado das relações entre os peregrinos e os povos indígenas quanto o presente dos povos indígenas naquele país.

## Diferenças entre as colônias inglesas

As colônias do sul tinham clima e terras adequados ao plantio de gêneros tropicais, assim introduziram o cultivo de tabaco e, posteriormente de algodão. Lá adotou-se o sistema de *plantation*: produção voltada para exportação em latifúndios monocultores, com mão de obra escrava. Essas colônias tornaram-se, assim, importadoras de escravos de origem africana e também atraíram muitos imigrantes de origem europeia.

Os latifundiários sulistas defendiam a escravidão em suas fazendas e muitos resistiram às ideias de abolição que começaram a se intensificar em outras regiões do país a partir de meados do século XIX. Coleção particular.

Currier & Ives e William Aiken Walker. *Plantação de algodão no Mississipi*, 1884. Litografia colorida.

Já as colônias do norte e as do centro tinham condições climáticas semelhantes às inglesas, o que favoreceu o cultivo dos mesmos produtos da metrópole. Do ponto de vista do comércio externo, essa situação não favoreceu a exportação dos gêneros agrícolas dessas colônias para mercados europeus.

**zoom** Identifique na imagem as características econômicas mais importantes da formação das colônias inglesas do sul.

Nas colônias do norte e do centro, os colonos formaram minifúndios policultores, isto é, pequenas propriedades rurais com produção agrícola diversificada. As famílias cultivavam a terra, criavam animais e faziam artesanato para consumo próprio e para o comércio interno.

As tensões sociais, políticas e religiosas da Europa na época e as condições geográficas da América do Norte fizeram com que a Inglaterra não desenvolvesse um projeto de colonização bem organizado. Com isso, os colonos, principalmente do norte e do centro, desenvolveram relativa autonomia em relação à metrópole.

O controle metropolitano inglês foi um pouco mais atuante nas colônias do sul, pois as condições eram mais lucrativas: de acordo com os princípios do pacto colonial, a burguesia revendia na Europa os gêneros tropicais produzidos no sul, e os colonos importavam desses comerciantes diversos produtos manufaturados.

Nas colônias do centro e do norte houve maior liberdade econômica. Por exemplo, os colonos produziam manufaturados e praticavam o chamado comércio triangular com as colônias do norte, as Antilhas e a África, sem interferência da metrópole.

### Ampliar

**História da América**

www.mundoeducacao.com.br/historia-america/o-comercio-triangular.htm

Texto para entender melhor o comércio triangular, que envolvia as colônias do norte, as Antilhas e a África.

http://revistaescola.abril.com.br/historia/fundamentos/como-surgiu-nome-estados-unidos-america-497279.shtml

Reportagem sobre as colônias inglesas na América e a formação dos Estados Unidos.

As colônias do norte vendiam produtos manufaturados, peles de animais e óleo de baleia para as Antilhas, que, por sua vez, vendiam melaço (cristais de açúcar) para os colonos. Os colonos transformavam o melaço em rum, que depois era levado para a África e trocado por escravos. Os trabalhadores escravizados eram então vendidos para as Antilhas e, quando possível, também para as colônias do sul. Dessa forma, os colonos do norte acumularam capital e investiram nas próprias colônias, fomentando seu desenvolvimento econômico.

### Administração das colônias

As colônias inglesas também tinham relativa autonomia administrativa, tomavam algumas decisões sem necessidade de consultar o governo metropolitano. Cada colônia tinha o próprio governador, nomeado pela Coroa inglesa, geralmente escolhido entre os membros da camada social dominante, os grandes proprietários rurais ou ricos comerciantes.

Em cada colônia havia também um conselho nomeado pelo rei inglês para votar leis e uma assembleia eleita pelos colonos, que votava o orçamento e **ratificava** as leis e os atos do conselho. Todos os homens eram eleitores, sem distinção de nacionalidade ou religião.

> A exemplo dos portugueses e espanhóis, os ingleses desrespeitaram as culturas nativas, invadiram territórios e dizimaram nações indígenas por meio da guerra ou da transmissão de doenças.

**Glossário**

**Ratificar:** confirmar, validar o que foi feito.

## Viver

### A situação dos povos indígenas no presente

Em março de 2010, reuniram-se na Colômbia mais de 100 representantes governamentais, organizações indígenas e trabalhistas da América Latina – incluindo o Brasil – para estabelecer um plano de ações visando à proteção efetiva dos direitos de crianças e adolescentes indígenas em situação de trabalho infantil.

O debate levou em conta os seguintes dados:

- Segundo relatório da OIT e Unicef, na América Latina há 17 milhões de meninos, meninas e adolescentes entre cinco e 17 anos que trabalham, e grande parte deles são indígenas.
- Este fenômeno ocorre mais cedo na zona rural do que na cidade.
- 80% dos meninos e meninas trabalham na informalidade e apenas 10% estão em setores mais organizados.
- O trabalho impede que eles possam ir à escola, o que resulta baixo rendimento escolar.
- Três em cada quatro crianças que trabalham abandonam os estudos.

*Educação e relações étnico-raciais.* Disponível em: <www.revistaplaneta.com.br/educacao-e-relacoes-etnico-raciais/>. Acesso em: set. 2018.

 **Ampliar**

**Pocahontas**

EUA, 1995. Direção: Mike Gabriel e Eric Goldberg.

Filme de animação baseado na história real da filha de um chefe indígena da América do Norte que se apaixona por um soldado inglês em pleno século XVII, na colônia da Virgínia.

**1** Forme dupla com um colega. Conversem sobre o texto e reflitam sobre a situação dos povos indígenas que vivem na América Latina.

  a) Qual é a importância da criação de um plano de ações para proteger os direitos das crianças e dos adolescentes indígenas?

  b) Proponham uma ação que contribua para o fim da exploração do trabalho infantil entre crianças e adolescentes indígenas na América.

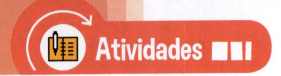 

# Atividades

**1** As Reformas Protestantes que ocorreram na Europa no século XVI deram origem a várias vertentes religiosas, todas elas ligadas ao cristianismo. Mobilize seus conhecimentos sobre o tema e comente a relação entre as Reformas Protestantes na Inglaterra e a colonização da América do Norte pelos puritanos ingleses.

**2** No processo de colonização inglesa na costa leste da América do Norte, os colonos fundaram Treze Colônias. De que maneira as condições geográficas das Treze Colônias se relacionaram ao controle metropolitano inglês nas colônias do sul, do centro e do norte?

**3** A França também participou de empreendimentos coloniais. Além das tentativas frustradas de colonizar o Rio de Janeiro e o Maranhão com a fundação, respectivamente, da França Antártida e da França Equinocial, os franceses se estabeleceram em alguns territórios americanos. Pesquise esse tema para ampliar seus conhecimentos sobre a colonização francesa na América. Oriente-se pelo roteiro a seguir.

a) Forme um trio e escolham qual das seguintes propostas cada integrante vai pesquisar:
- Como foi a presença francesa na América Central?
- Como ocorreu a ocupação francesa no Canadá?

b) Após a pesquisa, compartilhem as informações com os demais integrantes do grupo.

c) Selecionem as informações que julgarem mais importantes e elaborem um texto sobre a colonização francesa na América.

**4** Em relação ao confronto cultural na América do Norte, o escritor Eduardo Galeano cita um documento de 1637, em que o colono John Winthrop, de Massachusetts, afirma:

> O que é comum a todos não pertence a ninguém. Este povo selvagem mandava sobre vastas terras sem título nem propriedade. [...] Deus todo-poderoso, em sua mais santa e sábia providência, dispõe que na condição humana de todos os tempos uns haverão de ser ricos e outros pobres; uns altos e eminentes no poder e dignidade, e outros medíocres e submetidos.
>
> Eduardo Galeano. *Nascimentos.*
> Rio de Janeiro: Paz e Terra, 1983. p. 258-259.

Após leitura atenta, solucione suas dúvidas de vocabulário e responda às questões a seguir:

a) Por que o colono chama os indígenas de selvagens?

b) Qual é o interesse do colono em afirmar que é determinação divina o fato de haver ricos e pobres?

c) De acordo com a opinião do colono, quem seriam os medíocres e submetidos?

**5** A imagem a seguir representa o primeiro Dia de Ação de Graças celebrado pelos peregrinos. Observe-a:

Jean Louis Gerome Ferris. *O primeiro Dia de Ação de Graças, 1621*, 1932. Óleo sobre tela.

a) Com base em seus conhecimentos, contextualize a situação histórica representada na obra.

b) Que elementos da imagem indicam as diferenças culturais entre os peregrinos e os indígenas representados?

**6** Uma tentativa inicial de colonização inglesa em territórios da América do Norte foi feita entre 1584 e 1587 por expedições organizadas pelo nobre inglês Walter Raleight. Contudo, fracassou devido a ataques indígenas, fome e doenças. Em documento de março de 1585 destinado a Raleight pela rainha da Inglaterra, Elizabeth I, fica evidente o interesse da Coroa inglesa na formação de núcleos coloniais americanos:

Walter Raleight poderá apropriar-se de todo solo dessas terras, territórios e regiões por descobrir e possuir, como antes se disse, assim como todas as cidades, castelos, vilas e vilarejos e demais lugares dos mesmos [...] para dispor deles, em todo ou em parte, livremente ou de outro modo, de acordo com os ordenamentos das leis da Inglaterra [...] reservando sempre para nós, nossos herdeiros e sucessores, para atender qualquer serviço, tarefa ou necessidade, a quinta parte de todo o material, ouro ou prata que venha a se obter lá.

Leandro Karnal [et al.]. *História dos Estados Unidos: das origens ao século XXI*. São Paulo: Contexto, 2011, p. 40.

a) Quando este documento foi produzido, em 1585, espanhóis e portugueses já tinham iniciado a colonização na América Ibérica. Desta forma, já circulavam na Europa notícias sobre povos ameríndios que viviam no Novo Mundo. A rainha Elizabeth I leva em conta a possibilidade de as terras alcançadas por Raleight pertencerem a outros povos, os nativos americanos? Justifique com base nas informações do documento.

b) De que maneira, no documento, a monarca assegura à Coroa inglesa acesso às riquezas que Raleight pudesse encontrar na América?

c) A partir do documento, a que conclusão se pode chegar sobre os interesses da monarca inglesa Elizabeth I em apoiar as expedições de Walter Raleight à América do Norte?

7 A colonização da América inglesa foi realizada por companhias de comércio que pagavam a viagem das famílias pobres que saíam da Inglaterra rumo às colônias. Esse processo deu início à servidão por contrato. Explique esse regime de trabalho.

8 Wilma Mankiller é ex-cacique da nação indígena cheroqui, povo nativo que ocupa o território que atualmente integra os Estados Unidos, e foi a primeira mulher a ocupar a posição entre seu povo. No texto a seguir, ela reflete sobre os indígenas no século XXI. Leia-o para resolver as questões que seguem.

Ao contemplar os desafios enfrentados pelos povos indígenas em todo o mundo, é importante lembrar que as raízes de muitos problemas sociais, econômicos e políticos podem ser encontradas nas políticas coloniais. Os povos indígenas do mundo todo estão ligados pela experiência comum de terem sido "descobertos" e submetidos à expansão colonial em seus territórios, o que causou a perda de um número incalculável de vidas e de milhões de hectares de terra e de recursos. Os direitos mais básicos dos povos indígenas foram desrespeitados, e eles foram submetidos a uma série de políticas elaboradas para integrá-los na sociedade e na cultura coloniais. Com demasiada frequência o legado dessas políticas era pobreza, alta mortalidade infantil, desemprego generalizado e abuso de substâncias, com todos os problemas decorrentes. [...] Os valores são importantes nas comunidades indígenas, onde as pessoas mais respeitadas não são aquelas que acumularam riqueza material ou alcançaram grande sucesso pessoal. O maior respeito é reservado àqueles que ajudam outras pessoas, àqueles que compreendem que suas vidas se desenrolam em meio a um conjunto de relações recíprocas. A maneira pela qual os povos tribais se governam também difere de região para região. Nos Estados Unidos há mais de 560 governos tribais com relação direta com o governo federal. Esses governos exercem uma série de direitos soberanos, inclusive administrando seus próprios sistemas judiciais e suas forças policiais, operando escolas e hospitais e dirigindo um amplo leque de empreendimentos comerciais. Governos tribais criam dezenas de centenas de empregos e acrescentam milhões de dólares às economias de seus estados. Todos esses avanços beneficiam toda a comunidade, não apenas os membros das tribos.

Wilma Mankiller. Povos indígenas no século 21. In: *Povos indígenas da atualidade*. Departamento de Estado dos EUA, v. 14, n. 6, p. 4 e 5, jun. 2009. Disponível em: <https://photos.state.gov/libraries/amgov/30145/publications-portuguese/0609p.pdf>. Acesso em: set. 2018.

a) De acordo com a autora, é possível relacionar a atual situação dos indígenas no mundo ao passado colonial? Por quê?

b) Destaque uma diferença cultural entre os povos indígenas e os não indígenas citados pela autora.

c) A autora vê a atuação dos povos indígenas nos governos tribais dos Estados Unidos como positiva ou negativa? Justifique.

251

# Visualização

## AMÉRICA ESPANHOLA

**Exploração colonial**
- Período das Grandes Navegações
- Vasto domínio espanhol e português
- Desrespeito ao Tratado de Tordesilhas
- Expedições inglesas, francesas e holandesas

**Resistência**
- Reivindicações
- Rebeliões
- Ataques
- Assassinatos
- Recusa de descendência

**Conflitos**

**Astecas**
- Diversidade étnica, social e política
- Superioridade numérica
- Conhecimento territorial
- Tensões étnicas
- Derrota dos conquistados

**Espanhóis**
- Propagação de doenças epidêmicas
- Alianças de guerra com nativos subjugados por outros
- Uso de cavalos
- Evangelização
- Migração maciça

**Incas**
- Império com poder centralizado
- Educação para a guerra
- Chegada dos espanhóis
- Desestruturação social
- Lutas internas
- Assassinato do imperador
- Fragmentação territorial

## AMÉRICA INGLESA

**Características da colonização**
- Fundação das Treze Colônias
- Busca além das riquezas
- Calvinistas
  - Oportunidade de livre culto religioso
- Melhores condições de vida e trabalho
- Servidão por contrato

**Colonizadores e administração**
- Navio Mayflower
- Peregrinos
- Indígenas wampanoag
- Dia de Ação de Graças
  - Celebração e lutas
- Relativa autonomia administrativa
  - Governador da colônia
  - Conselho: nomeado pela metrópole
  - Assembleia: eleita pelos colonos

252

# Retomar

**1** Sobre a conquista europeia da América leia o texto a seguir e, depois, responda às questões.

> Os tainos e outros povos arawak não relutaram em se converterem aos usos religiosos europeus, mas resistiram fortemente quando hordas de estrangeiros barbudos começaram a explorar suas ilhas em busca de ouro e pedras preciosas. Os espanhóis saquearam e queimaram aldeias; raptaram centenas de homens, mulheres e crianças e mandaram-nos à Europa para serem vendidos como escravos. Porém a resistência dos arawak deu origem a que os invasores fizessem uso de armas de fogo e sabres, trucidando centenas de milhares de pessoas e destruindo tribos inteiras, em menos de uma década, após Colombo ter pisado na praia de São Salvador, a 12 de outubro de 1492.
>
> Jaime Pinsky et. al. *História da América através de textos*. São Paulo: Contexto, 2013. E-book.

a) Quais foram as razões que fizeram os indígenas que viviam na ilha de Hispaniola resistirem à invasão dos colonizadores europeus?

b) Qual foi o principal desdobramento da resistência indígena diante do avanço dos colonizadores europeus?

**2** O texto a seguir é um relato feito pelo holandês Johannes Megapolensis. Ele viveu em regiões do atual Estados Unidos no século XVII e elaborou um relato sobre o modo de vida de alguns indígenas da região. Leia-o atentamente e responda às perguntas.

> As pessoas e os índios neste país são como nós, holandeses, no corpo e na estatura; alguns têm traços, corpos e membros bem proporcionados; todos têm cabelos e olhos pretos, mas a tez é amarela. No verão andam nus, cobrindo as partes pudendas com um pedaço de pano. As crianças e os jovens até dez, doze e catorze anos de idade andam inteiramente despidos. No inverno, penduram simplesmente no corpo uma pele não curtida de veado, urso ou pantera; ou pegam algumas peles de castor e de lontra; gato do mato, guaxinim, marta, lontra, arminho, caxinguelê, que abundam neste país e costuram umas nas outras, até fazer uma peça quadrada, que lhes serve de roupa; ou compram de nós, holandeses, duas varas e meia de pano de lã felpuda, que penduram simplesmente no corpo; do jeito que o pedaço foi tirado da peça, sem costurá-lo e já saem com ele. Contemplam-se a todo momento, julgando-se muito elegante. Eles mesmos fazem meias e sapatos de couro de veado para si, ou apanham folhas de milho, trançam-nas umas nas outras, e usam-nas como calçados. Assim as mulheres como os homens andam com a cabeça descoberta...
>
> Vivem geralmente sem casamento; e se um deles tem esposa, o casamento só perdura enquanto for do agrado de ambas as partes; quando deixa de sê-lo separam-se e cada qual escolhe outro companheiro. Vi casais separados que depois de viver muito tempo com outros, deixam esses outros também, procuram os companheiros anteriores e reconstituem os pares primitivos. E, embora tenham esposas, não deixam de frequentar prostitutas; e se puderem dormir com a esposa de outro homem, entendem que isso é muito bonito.
>
> Harold C. Syrett (Org.) *Documentos históricos dos Estados Unidos*. Trad. Octavio Mendes Cajado. São Paulo: Cultrix, 1980. p. 34.

a) Quais são as principais informações do relato do holandês sobre o modo de vida dos povos indígenas da região?

b) É possível afirmar que o texto trata os povos indígenas de forma positiva? Justifique sua resposta.

c) Com base no relato, é possível afirmar que havia grandes diferenças entre o modo de vida dos povos indígenas e os dos europeus colonizadores?

**3** Leia o texto a seguir, que analisa o impacto da mita nas sociedades indígenas que viviam na região de Potosí durante o Período Colonial. Em seguida, responda às questões.

> A mita de Potosí recrutava compulsoriamente para o trabalho, todos os anos, para a região de Potosí, cerca de 14 porcento (um sétimo) da população que pagava tributo: os homens entre 18 e 50 anos. O trabalho se iniciava pela manhã de terça-feira e continuava de modo ininterrupto até sábado à noite com jornadas de trabalho de sol a sol. Os indígenas eram submetidos ao excesso de trabalho em condições degradantes nas minas, favorecendo uma gama variada de doenças, principalmente respiraló-

rias. Os mitayos – termo utilizado para aqueles que trabalhavam nas minas – eram obrigados a longos deslocamentos, muitos não resistiam ao longo trajeto e morriam antes de chegar às minas.

Juliana Caravieri Martins Gamba e Julio Manuel Pires. O trabalho humano na América Latina: evolução histórica e condições atuais. *Cadernos Prolam/USP* 15 (27), p. 11-26, 2016. Disponível em: <www.revistas.usp.br/prolam/article/download/110375/114106>. Acesso em: set. 2018.

a) De acordo com o texto, qual era a parcela da população afetada anualmente pela mita na região de Potosí?

b) Os autores afirmam que as condições de trabalho na mita eram adequadas? Justifique sua resposta.

c) Explique o papel desempenhado pela mita na organização do sistema colonial espanhol na América.

4) Sobre os processos de colonização da América espanhola e inglesa, responda ao que se pede:

a) Aponte duas diferenças importantes nos processos de colonização inglesa e espanhola.

b) Cite uma semelhança no processo de colonização dessas duas regiões.

c) Os espanhóis adotaram um sistema de organização de seus territórios coloniais diferente do utilizado pelos portugueses na América. Compare a maneira que os espanhóis organizaram o governo da América espanhola com a maneira que os portugueses o fizeram.

5) O frei espanhol Bartolomeu de Las Casas viveu em regiões coloniais espanholas durante os anos iniciais da conquista da América e denunciou muitos atos de violência praticados pelos conquistadores. Contudo, não abriu mão do projeto da Igreja em relação aos indígenas. Leia o texto sobre o assunto, forme dupla com um colega e respondam às questões que seguem.

> O primeiro grande tratado de Las Casas consagrado à causa dos índios intitula-se: Da única maneira de atrair todos os povos à verdadeira religião. [...] a obra de Las Casas é dirigida contra os conquistadores, que pretendem justificar suas guerras de conquista pelo objetivo almejado, que é a evangelização. las Casas recusa essa violência; mas ao mesmo tempo, para ele só há uma "religião" verdadeira: a sua. E esta "verdade" não é somente pessoal (não é a religião que Las Casas considera verdadeira para ele mesmo), mas universal; é válida para todos [...].

Tzvetan Todorov. *A conquista da América: a questão do outro.* São Paulo: Martins Fontes, 2018. p. 165.

a) Qual é o projeto defendido por Las Casas em relação aos indígenas? Justifique com elementos do texto.

b) Las Casas defendia o direito dos povos indígenas viverem de acordo com sua cultura tradicional? Justifique.

c) Na sociedade atual, há pessoas que consideram a própria religião como a única verdadeira, e, portanto, válida? Em um país multirreligioso como o Brasil, quais são os riscos de tais ideias? Como combatê-las? Discutam o assunto e registrem as conclusões.

6) A pintura abaixo faz parte do códice Durán e foi produzida pelos astecas durante a conquista espanhola. Ela refere-se a um episódio conhecido como Massacre do Templo, promovido por Pedro de Alvorado, que liderava o grupo de conquistadores. Observe-a.

Diego Durán. *Massacre dos mexicanos*, século XVI.

a) O que foi representado na imagem?

b) Pesquise informações sobre o ataque de Alvorado aos astecas no Massacre do Templo e crie uma narrativa acerca do assunto.

# Referências

AGUIAR, Luiz Antônio. Hans Staden. *Viagens e aventuras no Brasil*. São Paulo: Melhoramentos, 1988.

ALENCASTRO, Luiz Felipe. *O trato dos viventes*: formação do Brasil no Atlântico Sul. São Paulo: Companhia das Letras, 2000.

ALMEIDA, Maria Regina Celestino de. *Os índios na história do Brasil*. Rio de Janeiro: Editora FGV, 2010.

ANDERSON, Perry. *Linhagens do Estado absolutista*. São Paulo: Ed. Unesp, 2016.

AVANCINI, Elsa Gonçalves. *Doce inferno*. São Paulo: Atual, 1991.

BELLOTTO, Manoel Lelo e CORRÊA, Anna Maria Martinez. *A América Latina de colonização espanhola*. São Paulo: Hucitec/Edusp, 1979.

Brasil: 500 anos de povoamento. *IBGE*, Rio de Janeiro. 2007. Disponível em: <https://biblioteca.ibge.gov.br/visualizacao/livros/liv6687.pdf>. Acesso em: nov. 2018.

BOTELHO, André; SCHWARCZ, Lilia Moritz. (Org.). *Agenda brasileira*: temas de uma sociedade em mudança. São Paulo: Companhia das Letras, 2011.

BOXER, Charles R. *A idade de ouro do Brasil*. São Paulo: Companhia Editora Nacional,1969.

CHALOUB, Sidney et al. (Org.). *Artes e ofícios de curar no Brasil*. Campinas: Editora da Unicamp, 2003.

CHARTIER, Roger (Org.). *História da vida privada 3*: da renascença ao século das luzes.São Paulo: Companhia das Letras, 2009.

CHASSOT, Attico. *A ciência através dos tempos*. São Paulo: Moderna, 1994.

CORVISIER, André. *História moderna*. São Paulo/Rio de Janeiro: Difel, 1976.

CUNHA, Manuela Carneiro da. *Índios no Brasil*: história, direitos e cidadania. São Paulo: Claro Enigma, 2012.

DAVIS, Kenneth C. *Tudo o que precisamos saber, mas nunca aprendemos, sobre mitologia*. Rio de Janeiro: DIFEL, 2016.

DEL PRIORE, Mary; VENANCIO, Renato. *Uma breve história do Brasil*. São Paulo: Planeta, 2010.

DEL PRIORE, Mary (Org.). *Documentos de História do Brasil*: de Cabral aos anos 90. São Paulo: Scipione, 1997.

_____. *História das crianças no Brasil*. São Paulo: Contexto, 2013.

DEL PRIORE, Mary et al. *500 anos de Brasil*: histórias e reflexões. São Paulo: Scipione,1999.

DEL PRIORE, Mary. *Conversas e histórias de mulher*. São Paulo: Planeta, 2013.

DUBY, Georges (Org.). *História da vida privada 2*: da Europa feudal à Renascença. São Paulo: Companhia das Letras, 1990.

ELIAS, Norbert. *O processo civilizador – Uma história dos costumes*. Rio de Janeiro: Zahar,1990.

FERLINI, Vera Lúcia Amaral. *A civilização do açúcar* (séculos XVI a XVIII). São Paulo: Brasiliense,1994.

FIGUEIREDO, Luciano (Org.). *História do Brasil para ocupados*. Rio de Janeiro: Casa da Palavra, 2013.

FRAGOSO, João Luis Ribeiro e GOUVÊA, Maria de Fátima (Org.). *O Brasil Colonial*, volume 2 (ca. 1580 – ca.1720). Rio de4 Janeiro: Civilização Brasileira, 2014.

HEYWOOD, Linda (Org.). *Diáspora negra no Brasil*. São Paulo: Contexto, 2012.

HOBSBAWM, Eric. *Sobre história*. São Paulo: Companhia das Letras, 1998.

HOLANDA, Sérgio Buarque de. *Raízes do Brasil*. Rio de Janeiro: José Olympio, 1978.

HUBERMAN, Leo. *História da riqueza dos EUA* (nós, o povo). São Paulo: Brasiliense, 1978.

_____. *História da riqueza do homem*. Rio de Janeiro: LTC, 1986.

KARNAL, Leandro. *Estados Unidos*: a formação da nação. São Paulo: Contexto, 2001.

KI-ZERBO, Joseph. *História da África Negra*. Lisboa: Europa-América, 1980.

KOSHIBA, Luiz. *O índio e a conquista portuguesa*. São Paulo: Atual, 1994.

LOPES, Reinaldo José. *1499*: a pré-história do Brasil. Rio de Janeiro: Harper Collins. 2017.

MACEDO, José Rivair. *História da África*. São Paulo: Contexto, 2013.

MAESTRI, Mário. *História da África Negra Pré-Colonial*. Porto Alegre: Mercado Aberto, 1988.

_____. *O escravismo no Brasil*. São Paulo: Atual, 1997.

_____. *Uma história do Brasil*: Colônia. São Paulo: Contexto, 1997.

MANCHESTER, Alan K. *Preeminência inglesa no Brasil*. São Paulo: Brasiliense, 1973.

MARINS, Paulo César Garcez. *Através da rótula*: sociedade e arquitetura no Brasil, século XVII a XX. São Paulo: Humanitas / FFLCH / USP, 2001.

MATTOS, Regiane Augusto de. *História e cultura afro-brasileira*. São Paulo: Contexto, 2016.

MELATTI, Julio Cezar. *Índios do Brasil*. São Paulo: Edusp, 2007.

MORSE, Richard. *O espelho de Próspero*: cultura e ideias nas Américas. São Paulo: Companhia das Letras, 1995.

MUNANGA, Kabengele. *Rediscutindo a mestiçagem no Brasil*. Petrópolis: Vozes, 2003.

PINSKI, Jaime (Org.) et al. *História da América através de textos*. São Paulo: Contexto, 2013.

PRADO JÚNIOR, Caio. *História econômica do Brasil*. São Paulo: Brasiliense, 1962.

_____. *Formação do Brasil Contemporâneo*. São Paulo: Brasiliense, 1979.

PRADO, Maria Lígia. *A formação das nações latino-americanas*. São Paulo: Atual, 1986.

SALINAS, Samuel Sérgio. *México*: dos astecas à independência. São Paulo: Brasiliense,1994.

SANTILLI, Márcio. *Os brasileiros e os índios*. São Paulo: Senac, 2000.

SCHWARCZ, Lilia Moritz e STARLING, Heloisa Murgel. *Brasil*: uma biografia. São Paulo: Companhia das Letras. 2015.

SEIGNOBOS, Charles. *Historia moderna hasta 1715*. Madrid: Jorro, 1921.

SEVCENKO, Nicolau. *O Renascimento*. São Paulo: Atual, 1994.

SILVA, Alberto da Costa e. *A enxada e a lança*: a África antes dos portugueses. Rio de Janeiro: Nova Fronteira, 1992.

_____. *A manilha e o libambo*: a África e a escravidão, de 1500 a 1700. Rio de Janeiro: Nova Fronteira, 2002.

SILVA, Janice Theodoro da. *Descobrimentos e colonização*. São Paulo: Ática, 1987.

SILVA, Kalina V. e SILVA, Maciel H. *Dicionário de conceitos históricos*. 3. ed. São Paulo: Contexto, 2014.

SOARES, Mariza de Carvalho. "A 'nação' que se tem e a 'terra' de onde se vem: categorias de inserção social de africanos no Império português, século XVIII". In: *Estudos Afro-Asiáticos*, ano 26, nº 2, 2004.

SOUZA, Marina de Mello e. *África e Brasil africano*. São Paulo: Ática, 2006.

STEIN, Stanley; STEIN, Barbara H. *A herança colonial da América Latina*: ensaios de dependência econômica. Rio de Janeiro: Paz e Terra, 1977.

TODOROV, Tezvetan. *A conquista da América, a questão do outro*. São Paulo: Martins Fontes, 1983.

VAINFAS, Ronaldo. Idolatrias e milenarismos: a resistência indígena nas Américas. *Estudos Históricos*. Rio de Janeiro, v. 5, n. 9, 1992, p. 29-43.

VISENTINI, Paulo Fagundes et al. *História da África e dos africanos*. Petrópolis, RJ: Vozes, 2014.